미국명작 소설 산책

대표작 36 입문서

현 광 식 저

한림대학교 출판부
Hallym University Press

머 리 말

미국 문학은 유럽대륙의 청교도들이 종교의 자유를 찾아 대서양을 건너 신대륙을 개척한 때부터 약 4세기에 걸쳐 그들이 일구어 놓은 역사와 생활체험이 담긴 문학이다. 미국은 비록 역사는 짧지만 비옥하고 광대한 영토에 다양한 배경을 지닌 여러 민족들이 모여, 정열적으로 일하고 모험하고 좌절과 실패를 겪으면서 굳건히 전진해 온 강대국이다. 그들이 경험하고 인생을 깊이 성찰하여 소설, 시, 연극, 수필 등으로 창작해 놓은 산물이 바로 미국문학이다. 이 중에서 가장 많은 독자를 지닌 분야가 소설이다.

이 책은 미국문학의 입문서로서 소설 분야에 초점을 맞추어 이해하기 쉽게 집필하였다. 여러 소설가들 중에서 명망 있는 작가 26명을 선정하여 작가의 경력과 작품 내용 그리고 해설을 시도하였다. 작가의 경력에서는 출생 배경, 교육, 생활 경험, 작품 등을 간단히 소개하였다. 작품 내용에서는 소설 내용을 구체적으로 파악할 수 있도록 했으며, 해설에서는 주제, 원형, 문체, 배경, 비평 등 원작의 이해에 도움이 될 사항을 기술하였다. 특히 원형은 청교도 정신이 미국인의 삶에 깊은 영향을 준 것을 감안하여, 주로 성경을 중심으로 살펴보았다. 그리고 작품 또는 비평서의 영문 텍스트를 부기하여 원작의 이해와 감상에 편의를 제공하고자 하였다. 이 책이 미국 문학에 생소한 초심자들에게 다소라도 미국 문학에 대한 재미와 흥미를 제공하여 직접 원서를 읽고 원작의 참맛을 보고 싶어 하는 동기를 마련하는 계기가 되기를 소망한다.

끝으로 성의껏 교정을 보아준 현재연 양에게 깊은 감사의 뜻을 표한다.

2014년 5월 **현 광 식**

목차

워싱턴 어빙(Washington Irving, 1783~1859)

(1) 「립 반 윙클」(*Rip Van Winkle*, 1819)

작가의 경력

어빙은 부유한 상인의 11남매 중 막내로 태어나 뉴욕에서 성장하였다. 19세 때 형 피터(Peter)의 신문 『모닝신보』(*Morning Courier*) 지에 뉴욕 사회에 관한 풍자적인 에세이를 쓴 일이 있다. 22세가 되었을 때 유럽으로 여행을 떠났고, 2년 후 귀국하여 변호사가 되었는데 앞으로 문인이 되려고 결심한다. 그 후 디드리히 니커보커(Diedrich Knickerbocker)라는 필명으로 『뉴욕사』(*A History of New York*, 1809)를 집필하기 시작했다. 불행히도 이 책이 완성되기 전에 약혼녀 마틸다(Matilda)가 사망하였으며, 슬픔에 못 이겨 일생을 독신으로 지낼 것을 결심한다. 1819년부터 20년에 걸쳐 발표한 『스케치북』(*The Sketch Book*, 1819~20)은 월터 스콧(Walter Scott) 경의 권고로 쓰기 시작한 것이다. 작품 안에는 영국의 도시 및 전원 풍경, 영국 국민성에 관한 인상 등 여러 스케치와 단편, 수필 등이 들어 있고 이로 인하여 어빙의 작품은 국내 외에 명성을 떨치게 되었다. 장편 소설은 쓰지 않았고 단편소설, 수필, 기행문, 위인전기 등을 주로 집필했다. 또 외교관으로서 스페인, 영국 등 공사관에 근무하기도 했고, 1842년부터 4년간 스페인 공사로 근무했다. 저술로는 위의 것 외에 『브레이스브릿지 저택』(*Bracebridge Hall*, 1822), 『크리스토퍼 콜럼버스의 생애와 항해』(*The Life and Voyages of Christopher Columbus*, 1828), 『그라나다의 정복』(*The Conquest of Granada*, 1829), 『앨햄브라 궁전』(*The Alhambra*, 1832) 등이 있다. 미국 서부의 변경 생활을 묘사한 『대초원 여행』(*A Tour on the Prairies*, 1835), 『애스터 이야기』(*Astoria*, 1836) 등이 있고, 또 전기로는 『올리버 골드스미스의 생애』(*The Life of Oliver*

Goldsmith, 1849), 『조지 워싱턴의 생애』(*The Life of George Washington*, 1855~59) 등이 있다.

작품 내용

미국이 영국의 식민지였던 시절, 캐츠킬(Catskill) 산기슭에 네덜란드 이주민들이 세운 작은 마을이 하나 있다. 그 곳에는 립 반 윙클(Rip Van Winkle)이라는 마음씨 좋은 남자가 살고 있다. 이웃에게 친절하고 이웃들이 부탁이면 무엇이든지 기꺼이 하지만, 집안일이나 밭일은 전혀 할 마음이 없다. 이런 이유로 아내는 굼뜨고 게으르다고 매일처럼 들볶는다. 그는 언제나 아내를 피하기 위해 총을 메고 숲 속으로 들어가 지내게 된다. 어느 가을 날 다람쥐를 쫓아 숲 속을 헤매다가 산 속으로 깊숙이 들어갔으며 어느덧 땅거미가 지자 집으로 돌아가려 한다. 그러자 자기의 이름을 부르는 소리가 들린다. 돌아다보니 한 작은 노인이 큰 술통을 어깨에 메고 서 있다. 술통을 운반하는데 도와달라는 것이다. 술통을 메고 노인을 따라 산간의 움푹 팬 땅인 원형 극장처럼 생긴 장소에 이르게 된다. 거기에는 좀 이상스러운 한 떼의 사람들이 '나인핀즈'(ninepins, 九柱戲) 놀이를 하고 있다. 그들은 술을 마시기 시작했고 립도 권하는 대로 몇 잔 마셨는데 이내 나른해져서 땅에 쓰러져 잠이 들었다.

잠이 깨어보니 풀이 무성한 작은 언덕에서 잔 것을 깨닫는다. 총은 녹이 쓸고 데리고 간 개는 찾아도 없다. '나인핀즈' 놀이를 하던 사람들이 훔쳐간 것으로 생각하고 집으로 돌아가기로 한다. 마을로 돌아오니 이상하게도 낯선 사람들뿐이고 집에 가보니 아무도 보이지 않는다. 광장에서는 많은 사람들이 모여 있고 한 사람이 흥분하여 무슨 연설을 하고 있다. 그들은 립을 보고 누구냐고 무섭게 캐묻는다. 바로 그 때 어린 아기를 안은 한 젊은 여자가 나타난다. 그녀와 말을 주고받는 사이에 그 여자가 딸임을 깨달았고, 아내와 친구들도 이미 죽었음을 알게 된다. 아버지, 즉 립이 실종(失踪)된지 벌써 20년이 되었음을 들려주고, 그 사이에 미국은 영국에서 독립하였고 선거니 민주주의니

하는 알 수 없는 일들이 생겨났음을 알려준다. 그는 점차 세상이 변한 것을 조금씩 깨닫는다. 그 후 립은 마을의 어른으로서 그리고 독립 전쟁 이전의 옛날을 잘 아는 '살아있는 증인'으로서 존경을 받으며 여생을 보낸다.

아래의 인용은 캐츠킬 산에서 20년 만에 돌아온 립이 세상의 변천을 이해하지 못하다가 차차 깨닫게 되는 모습을 나타낸다.

> Having nothing to do at home, and being arrived at that happy age when a man can be idle, with impunity, he took his place once more on the bench at the inn door and was reverenced as one of the patriarchs of the village and a chronicle of the old times "before the war." It was some time before he could get into the regular track of gossips, or could be made to comprehend the strange events that had taken place during his torpor. How that there had been a revolutionary war—that the country had thrown off the yoke of Old England and that instead of being a subject of his majesty George the Third, he was now a free citizen of the United States. Rip in fact was no politician; the changes of states and empires made but little impression on him; there was one species of despotism under which he had long groaned and that was petticoat government. Happily that was at an end—he had got his neck out of the yoke of matrimony, and could go in and out whenever he pleased without dreading the tyranny of Dane Van Winkle.

(집에서 할 일도 없고 또 놀고 지내도 아무도 비난하지 않을 행복한 노령(老齡)이 되었기 때문에, 그는 또 다시 여관 문 곁 벤치에

앉아 마을의 장로로서 또 '독립전쟁 전'의 살아있는 증인으로서 존경을 받게 되었다. 어느 정도 시간이 지나자 다른 사람의 세상 이야기를 제대로 따라가고, 또 혼수상태 사이에 일어난 이상한 사건도 이해할 수 있게 되었다. 즉 독립전쟁이 있었다는 것—미국이 종주국(宗主國) 영국의 지배에서 벗어난 것, 또 자기는 영국왕 죠지 3세의 신민(臣民)이 아니라 합중국의 자유 시민인 것 등. 사실 립은 정치가가 아니었다. 합중국과 대영제국이 어떻게 변하든 아무런 흥미도 없었다. 그러나 그가 오랫동안 고통을 받았던 일종의 전제적 체제가 있었다. 그건 바로 여인천하(女人天下)였다. 하지만 다행히도 끝이 났었다—결혼생활이라는 구속에서 해방된 것이다. 반 윙클 부인의 압제를 두려워하지 않고 어느 때나 마음대로 들락날락할 수 있었다.)

⁘ 해설(구세계에서 신세계로의 변천) ⁘

작품은 독일 전설에서 번안한 것으로서, 작가는 허드슨(Hudson)강 북서 안에 솟아있는 캐츠킬 산으로 무대를 바꾸고 등장인물도 네덜란드 이주민으로 바꿔 놓았다. 어빙은 부주의한 공상가인 립에서 자기 자신의 모습을 발견했을지도 모른다. 또 20년 만에 산에서 귀가한 립은 유럽을 떠나 변모된 미국으로 돌아오는 어빙 자신을 예표(豫表)한다고도 볼 수 있다.

르 훼르브(Le Ferve)는 립이 에덴동산의 목가적인 생활을 그리워하고 일과 물질문명을 혐오하는 인물을 대표한다고 보고 있다.[1] 따라서 남편을 게으르다고 줄곧 볶아대는 아내는 물욕에 사로잡혀 아귀다툼하는 물질문명을 상징한다. 남편을 괴롭혀 캐츠킬 산으로 내쫓고 남편을 지배하는 아내는 목가적인 광대한 미국의 전원이 장차 비참한 기계문명의 도가니가 되도록 촉구하고 있는 셈

---

1) James T. Callow and Robert J. Reilly, *Guide to American Literature from its Beginnings through Walt Whitman* (New York : Harper & Row, Publishers, Inc., 1976), P. 79.

이다. 작품은 급속히 변모하는 미국의 현실에 만족감을 느끼지 못하고 옛날 좋았던 시절을 향수에 젖어 그리워하는 어빙의 심정을 잘 나타내고 있는 것이다. 문체도 낭만주의(romanticism)의 특징인 소위 원시주의적(原始主義的) 경향을 드러내는데 도움을 준다. 소박하고 우아함을 지닌 음악적 문체와 순수한 영어는 미국보다 영국에서 주목을 받았고 문장규범으로서 호평을 받았다.

작품 속에서 제일 실감나는 대목은 립이 산에서 돌아와 영국 식민지에서 신생 독립국가로 완전히 변모된 정치적 현실을 이해하지 못하고 어리둥절해 하는 장면일 것이다. 오늘날 새로운 정당이 나타나 혁신적인 정강(政綱)이나 정책을 발표하면 제대로 파악하지 못하는 기성세대도 립과 다소 유사한 느낌을 받을 수 있다.

또 하룻밤 잤는데 20년이라는 긴 세월이 흘러갔다는 이야기는 세월의 흐름이 허무하게 빠름을 절감시키는 내용이다. 어린 시절 사진을 보고 그 때가 어제 같은 데 벌써 이렇게 세월이 흘렀나 하고 놀라는 노인들의 공통적인 감회(感懷)일 것이다.

제임스 훼니모어 쿠퍼 (James Fenimore Cooper, 1789~1851)

(2) 『모히칸 족의 최후』(*The Last of the Mohicans*, 1826)

작가의 경력

쿠퍼는 뉴저어지(New Jersey) 주 버링톤(Burlington)에서 태어났다. 1801년 예일(Yale) 대학에 입학하였으나 학칙을 위반하여 2년 후 퇴학당했다. 그 후 상선과 해군 생활을 5년간 하였고, 20세 때 왕당파(王黨派)의 딸 랜시(Lancey)와 결혼하여 아버지가 물려준 재산으로 평화로운 지주 생활을 하였다. 처녀작 『경계』(*Precaution*, 1820)는 쿠퍼가 자기의 아내에게 읽어준 영국 소설보다 더 나은 책을 쓸 수 있다고 무심코 아내에게 한 말 때문에 나온 작품이다. 이듬 해 독립 전쟁에 관한 최초의 역사 소설 『간첩』(*The Spy*, 1821)을 발표하여 명성을 얻었고, 선원과 해군 생활의 경험을 기초로 하여 해양 소설 『수로 안내인』(*The Pilot*, 1824), 『적색 해적선』(*The Red Rover*, 1827) 등을 출판했다.

대표작은 다섯 권으로 된 내티 범포(Natty Bumppo)를 주인공으로 한 『가죽각반 이야기』(*Leatherstocking Tales*)이다. 첫 작품은 1823년에 나온 『개척자』(*The Pioneers*, 1823)이고, 뒤를 이어 『모히칸 족의 최후』(*The Last of the Mohicans*, 1826), 대초원』(*The Prairie*, 1827), 『진로 발견자』(*The Pathfinder*, 1840), 『사슴 사냥꾼』(*The Deerslayer*, 1841) 등이 발표되었다.

소설 이외의 작품으로 『동포에게 드리는 편지』(*Letters to His Countrymen*, 1834), 『미국 민주주의자』(*American Democrat*, 1838), 『미국 해군사』(*History of the Navy of the United States of America*, 1839) 등이 있다.

작품 내용

1757년 뉴욕 주 챔플에인(Champlain) 호수 근처의 윌리엄 헨리 요새(Fort

Willian Henry)는 영국군 장교 먼로 대령(Colonel Munro)이 지키고 있다. 이 요새를 프랑스군과 휴론 인디언들(Huron Indians)－민고즈(Mingoes)라고도 함－이 포위한다. 코라(Cora)와 앨리스(Alice) 두 자매는 몇몇 동행인들과 함께 에드워드 요새(Fort Edward)를 출발하여 허드슨 강(Hudson)을 따라 헨리 요새 사령관 먼로 대령—그들의 아버지－에게 가려고 한다. 일행은 괴짜인 가멋트(Gamut), 청년 장교 헤이워드 소령(Major Heyward), 교활한 인디언 안내자 마구아(Magua) 등이다. 간교한 마구아는 고의로 딴 길로 안내하여 영국군의 적인 휴론 인디언 지역으로 그들을 끌어가려고 한다.

광야에 사는 지략이 뛰어난 백인 내티, 모히칸 족 족장인 칭카츠국(Chingachgook), 최후의 모히칸 족 사람의 아들 언캐스(Uncas) 등이 우연히 일행을 만난다. 내티는 마구아의 흉악한 계략을 간파하고 잡으려하자 마구아는 재빨리 숲 속으로 달아난다. 새벽녘 휴론 인디언들이 내티 일행이 숨어 있는 동굴을 습격하자 원병(援兵)을 얻으려고 내티와 두 인디언은 강을 따라 달아났고, 나머지는 휴론 인디언에게 잡히고 만다. 얼마 후 원군 대신 다량의 탄약을 가진 내티 등이 나타나 그들을 구출(救出)하였고 위험한 고비를 넘기며 헨리 요새에 들어간다.

이 요새는 프랑스군 사령관 몬트캄(Montcalm)이 휴론 인디언들과 함께 포위하고 있는 군사적 요충(要衝)이다. 몬투캄과 먼로는 둘이 만나 담판을 벌렸으며 원군이 없을 것으로 확인한 먼로는 항복하기로 한다. 그러나 몬트캄은 먼로와의 약속을 지키지 않았고, 휴론 인디언들은 헨리 요새에서 뒤에 나와 군대에 처진 부녀자와 아이들을 마구 학살한다. 지휘자인 마구아는 코라, 앨리스, 가멋트들을 다시 사로잡았고, 앨리스를 휴론 인디언 캠프에 가두고 코라는 근처의 델러웨어(Delaware)족에게 데려간다. 내티는 먼로, 헤이워드들과 함께 추적하여 휴론 캠프에 도착한다. 곰의 가죽으로 곰처럼 위장한 내티와 거짓 의사가 된 헤이워드는 협력하여 앨리스를 구하여 델라웨어 캠프에 숨기고, 또 언캐스를 구출한다. 얼마 뒤 마구아와 한 떼의 휴론 인디언들이 델러웨어 캠프에 나타나 족장 타메넌트(Tamenund)에게 델러웨어 인디언의 배신자 언캐스의 사형과 모든 포로를 자기에게 인도할 것을 요구한다. 타메넌트가 요구를 수락하자 한 인디언이 언캐스의 옷을 강제로 벗긴다. 그러자 언캐스의 가슴에 거북 문신이 나타났고, 타메넌트는 언캐스가 자기의 후계자로서 장차 델러웨어 족 족장이 될 사람임을 깨닫는다. 타메넌트는 코라를 제외한 모든 포로들을 석방하라고 명하고, 코라는 델러웨어 법에 따라 즉시 떠나야 하며, 해질녘이 되면 델러웨어 인디언들이 추적할 것이라고 언명(言明)한다. 해가 지자 델러웨어 인디언들과 언캐스는 헤이워드와 내티의 도움을 받아 마구아 일당을 추적하기 시작했고, 무서운 싸움이 벌어진다. 휴론 인디언의 손에 코라는 안타깝게 죽었고 마구아는 언캐스를 칼로 찌른다. 명사수인 내티는 라이플총으로 달아나는 마구아를 쏘아 절벽 아래로 떨어뜨린다.

칭카츠국은 훌륭한 자기 아들의 죽음을 슬퍼하고, 먼로 대령은 용감한 자기의 딸이 죽은 것을 몹시 애석해 한다. 먼로와 헤이워드는 앨리스를 문명 사회로 돌아가게 하고, 그 후 앨리스는 헤이워드와 결혼한다. 내티는 동료 칭카츠국과 함께 황야에서 계속 활동하려고 결심한다.

아래의 인용은 변경에 거주하는 내티 범포의 심오한 자연관을 표현한 것이며, 사악한 인간 사회와 대비되는 유구(悠久)한 자연의 모습과 신의 섭리를 절감하게 한다.

> This very spot of reeds and grass on which you now sit, may, once have been the garden of some mighty King. It is the fate of all things, to ripen, and then to decay. The tree blossoms, and bears its fruit, which falls, rots, withers, and even the seed is lost. Go count the rings of the oak and of the sycamore; they lie in circles, one after another, until the eye is blinded in striving to make out their numbers, and yet a full change of the seasons comes round while the stem

is winding one of those little lines about itself, like the buffaloe changing his coat, or the buck his horns, and what does it all amount to! there does the noble tree fill its place in the forest, loftier, and grander, and richer, and more difficult to imitate, than any of your pitiful pillars, for a thousand years, until the time which the Lord hath given it, is full. Then come the winds, that you cannot see, to rive its bark, …and the rot, … to humble its pride and bring it to the ground.

(네가 지금 앉아 있는 이 갈대와 잡초의 장소도 옛날 어떤 위대한 왕의 정원이었을지도 모른다. 무르익고 쇠퇴하는 것은 만물의 정해진 운명이다. 나무는 꽃을 피우고 열매를 맺고 쓰러지고 썩고 시들어 버린다. 씨까지 사라진다. 참나무와 무화과나무의 나이테를 세어 보라. 그것들은 하나씩 하나씩 원이 되어 있다. 그 수를 세는 데 힘이 들어 눈이 어두워지고 만다. 그래도 네 계절은 변함없이 찾아오고, 나무줄기는 그 둘레에 작은 선을 하나씩 감게 된다. 물소가 외피(外皮)를 갈고 수사슴이 뿔을 가는 것과 마찬가지다. 결국에 가면 어떻게 될 것인가! 숲 어딘가에 큰 나무 하나가 있다고 하자. 천년이나 자라서 사람이 세운 형편없는 원주보다 더 높고 더 웅대하고 흉내 낼 수도 없을 정도다. 드디어 신이 준 시간이 다 차게 된다. 눈에 안 보이는 바람이 불고 껍질을 벗겨내고…부식(腐蝕)이 시작되어… 그 오만을 책망하고 대지에 쓰러지게 한다.)

해설 (영불 전쟁을 배경으로 한 변경의 모험담)

『가죽각반 이야기』를 이루는 다섯 작품을 주인공의 연령순으로 다시 정리하면, 내티가 젊었던 『사슴 사냥꾼』, 35세에서 39세까지의 『최후의 모히칸 족』 및 『진로 발견자』, 70대인 『개척자』, 80세가 넘은 『대초원』이 된다. 이 중에서 『모히칸 족의 최후』이 가장 흥미진진한 작품이다. 고상하고 선량한 델러웨어 인디언들, 잔인무도한 휴로 인디언들, 숨 막힐 듯한 도주·추적·체포·구출 등이 나타나고 또 신대륙 자연의 멋진 파노라마(panorama)가 눈앞에 전개된다. 영국 작가 로렌스(*D. H. Laurence*, 1855~1930)는 이 풍경들이 모든 문학 중에서 가장 아름답고 매혹적인 장면들이라고 격찬했다. 변경 생활에 대한 시적이고 목가적인 비전(vision)이 나타나는 것도 주목할 만하다.

주인공 내티는 변경의 이상을 구현한 인물이며, 동시에 18세기 말경 쿠퍼가 어려서 직접 만났던가 들은 일이 있는 변경 개척자들을 근거로 한 신화적 인물(神話的 人物)이다. 변경은 황야와 문명의 경계선임으로 내티는 당연히 쌍방의 미덕을 구비하고 있다. 백인으로서 지닌 기독교 신앙, 시적 감수성, 숲 속 야인이 지닌 지혜와 용기, 단순 소박함 등을 두루 갖추고 있다. 내티는 자연 속에서 신을 발견하고 바람 속에서 그 음성을 듣고, 하늘에 계신 신에게 경배한다. 자비로운 자연을 향해 소리 높이 찬양한다. 또 문명에 오염되지 않은 자연인으로서 인디언 칭카츠국과 깊은 우정을 나눈다. 백인과 이민족(여기서는 American Indian임) 사이의 차별을 초월하여 하나의 국민을 이루고, 여러 민족을 미국화(Americanize)시킬 가능성을 보여 준다. 뛰어난 명사수로서 지혜 있는 척후이자 용감한 전사(戰士)이고, 약자를 보호하고 불의한 자를 가차없이 처단한다.

쿠퍼는 이와 같은 이상적인 주인공을 창조하여 변경을 배경으로 『가죽각반 이야기』라는 명작을 남긴 것이다. 문학에서 유럽의 전통을 벗어 버리고 신세계의 황야에서 직접 소재(素材)를 찾아내었다. 그리하여 놀라운 자연미, 야만인들의 성격과 특징, 고결함과 잔인함, 신비에 싸인 야인 생활 등을 여실하게 묘사한 것이다.

한편 작품에 약간의 문제점이 있는 것도 사실이다. 등장인물의 대화에 어색한 점이 있고, 내면의 심리묘사·성격묘사가 정확하지 못하며, 특히 여성묘사에 서툴다. 일어날 가능성이 거의 없는 사건들이 가끔씩 발생하고, 끊임없이 제자리로 되돌아갈 듯한 플롯(the plot endlessly coiling back upon itself)도 문제이다.

그러나 미국 서부의 황야에 전개되는 싸움, 갈등, 모험, 사랑 등의 이야기를 흥미진진하게 소개했고, 인디언들의 변경 생활과 역사를 생생하게 묘사한 미국 최초의 작가이다. 특히 『가죽각반 이야기』는 오늘날에도 황야의 서사시로서 높이 평가되고 있다.

나다니엘 호손(Nathaniel Hawthorne, 1804~1864)

(3) 『주홍글자』(*The Scarlet Letter*, 1850)

작가의 경력

호손은 매사츄세츠(Massachusetts) 주의 항도(港都) 세일럼(Salem)의 구가(舊家)인 퓨리턴 집안에서 출생하였다. 네 살 때 선장인 부친을 여의고 어려서 발을 크게 다쳐 집안에서 책을 읽는 일이 많았다. 1825년 메인(Maine)주 보딘(Bowdin) 대학을 졸업한 후 고향에 돌아가 12년간 독서와 창작에 몰두하였다. 1828년에 처녀작 『팬쇼오』(*Fanshawe*, 1828)를 냈고 1837년에는 『재탕 이야기』(*Twice-Told Tales*, 1837)를 발표했다. 그 후 세관에서 2년간 일하였고 부루크 농장(Brook Farm)에 참가한 일도 있지만 1년 후 그 곳을 떠났다. 호손은 38세 때 32세의 소피아(Sophia)와 결혼하여 신혼 생활을 노목사관(The Old Manse)에서 보냈으며 『노목사관의 이끼』(*Mosses from an Old Manse*, 1846)를 발표했고, 명작 『주홍글자』(*The Scarlet Letter*, 1850)를 1850년에 발표하여 가장 뛰어난 로맨스 작가로 알려지게 되었다. 그 후 호손의 가계를 모델로 한 일곱 박공의 집(T*he House of Seven Gables*, 1851), 부루크 농장의 경험을 토대로 한『브라이스데일 로맨스』(*The Blithedale Romance*, 1852) 등을 출판하였다. 1853년 친구 프랭클린 피어스(Franklin Pierce)가 대통령이 되자 리버풀(Liverpool) 영사로 임명되어 영국에서 4년간 지냈다. 이탈리아(Italy)로 2년간 여행한 경험을 토대로 『대리석 목신』(*The Marble Faun*, 1860)을 발표했으며, 1863년에는 영국 생활의 스케치 『우리들의 고향』(*Our Old Home*, 1863)을 출판하였다.

작품 내용

이야기의 배경은 17세기 중엽 보스턴(Boston)이다. 어느 영국의 노학자는 보스턴에 이주할 계획을 세우고 젊은 아내 헤스터(Hester)를 먼저 보낸다. 2년 후 보스턴에 도착했는데 광장의 처형대에 간통죄를 범한 한 여자가 세인(世人) 앞에서 수치심을 느끼며 굴욕을 받고 있다. 그녀는 사생아를 안았고 가슴에는 죄의 표−주홍색 "A" (Adulteress의 두문자)−가 붙어 있다. 그녀가 바로 2년 전에 먼저 떠나간 아내이다. 증오심이 불같이 타오른다. 그는 자신의 이름을 칠링워드(Chillingworth)로 바꾸고 의사가 되려고 마음먹는다. 옥중의 아내를 찾아가 간부(姦夫)의 이름을 대라고 요구하지만 단호히 거절한다. 헤스터가 다니는 교회의 목사 딤즈데일(Dimmesdale)은 무슨 영문인지 나날이 몸이 쇠약해진다. 교회 신자들은 칠링워드를 목사의 주치의로 선정했고 의사는 목사의 병을 고치려고 한 집에 살면서 정성을 다한다. 우연한 기회에 의사는 목사가 헤스터와 간통한 사실을 알아냈고, 참회와 자학 속에 몸부림치는 목사의 고뇌를 관찰함으로써 비상한 매력과 기쁨을 느낀다. 목사의 영혼의 고민을 가능한 한 연장시키고 관찰하는 것이 의사의 복수이자 삶의 보람이 된 것이다.

이런 생활이 7년간 계속되었는데, 어느 날 헤스터는 숲에서 목사를 만난다. 칠링워드의 정체−그녀의 남편인 사실−를 밝히고, 딸 퍼얼(Pearl)과 함께 셋이 유럽으로 도피하여 새 생활을 하자고 부추긴다.

둘이 만난 지 3일 후에 새 지사의 선출을 축하하는 식장에서 목사는 기념 설교를 하고 이어서 오랫동안 숨겨 온 자신의 죄를 고백한다. 목사는 죄를 자백한 기쁨[2]을 만끽하면서 사랑하는 헤스터의 팔에 쓰러졌고, 퍼얼의 키스를 받고 신을 찬양하면서 숨을 거둔다.

아래의 인용은 죄를 감춘 채 고결한 목사처럼 행동하는, 말로 다할 수 없는 고민을 헤스터에게 털어 놓는 내용이다.

"…What can a ruined soul like mine effect towards the

2) *James* 5 : 16

redemption of other souls?—or a polluted soul, towards their purification? And as for the people's reverence, would that it were turned to scorn and hatred! Canst thou deem it, Hester, a consolation, that I must stand up in my pulprit and meet so many eyes turned upward to my face, as if the light of heaven were beaming from it!—must see my flock hungry for the truth, and listening to my words as if a tongue of Pentecost were speaking!—and then look inward, and discern the black reality of what they idolize? I have laughed … at the contrast between what I seem and what I am! And Satan laughs at it !"

(… 내 영혼처럼 파멸된 영혼이 어떻게 타인의 영혼을 구제할 수 있겠소?—더렵혀진 영혼이 어떻게 남의 영혼을 정화시키는 데 쓸모가 있겠소? 게다가 세인의 존경을 받는 사실도 차라리 조롱과 증오로 바뀌어졌으면 좋겠소! 내가 설교단에 서서, 마치 하늘빛이 비추는 듯 내 얼굴을 바라보는 많은 눈과 마주쳐야 하고—또 내 교구민들이 진리를 갈망하고 내 말이 마치 펜티코스트(성령강림절)의 혀가 말하는 듯이 듣고 있는 모습을 보고— 그리고 내 마음을 들여다보고 그들이 우상시하는 자의 검은 실체를 봐야 하는 것이, 헤스터, 도대체 무슨 위안이 되겠소? 나의 외견(外見)과 실체의 대조에 … 난 비웃고 말았소! 악마도 비웃었을 거요!)

해설 (죄의 의의(意義)

호손의 장편과 주요한 단편들은 대부분 죄의식의 연구를 주제로 하는 역사적 로맨스라고 할 수 있다. 이 작품에는 퓨리턴 윤리의 근저(根底)를 이루는

'원죄'(original sin), 세속적인 퓨리턴의 '독선의 죄', 육욕 때문에 짓는 '정욕의 죄', 마음 속 성역(sanctuary)의 비밀을 캐어 신이 내릴 벌을 자기가 도맡아 내리려는 '용서받지 못할 죄'(unpardonable sin) 등이 뒤얽혀서 나타난다. 또 세인에게 드러난 죄냐 감추인 죄냐에 따라 '드러난 죄'(revealed sin), '감추인 죄'(concealed sin)로 구분해 볼 수도 있다.

사생아를 낳은 헤스터의 죄는 모든 사람이 아는 드러난 죄라서 주홍글자 "A"를 달고 일생 속죄의 생활을 한다. 헤스터는 "역설의 본질"(essence of paradox)[3]이라고 할 수 있겠다. 정열적이지만 조심성 있고, 지역사회에서 고립되어 있지만 이웃에 헌신적으로 봉사한다. 신자로서 간통죄를 진지하게 참회하지 않았지만, 내세에 애인과 함께 영생을 누린다는 희망을 지니고 있다. 자유사상가이고 도덕적 사색가이며 일종의 초월주의자인 것이다. '드러난 죄' 때문에 벌을 받은 것이 사실이지만, 오히려 그 때문에 신념있는 사람이 되어 천시와 고립을 극복하고 존경까지 한 몸에 받는 위치에 오른다. 이웃에 헌신적으로 봉사한 까닭에 가슴에 단 "A"자는 "Adulteress"에서 "Angel"로 승화되었다. 간통한 헤스터의 재생은 예수 그리스도가 간음한 여자를 용서하고 재생의 기회를 준 이야기[4]의 모티프(motif)라고 할 수 있다.

한편 딤즈데일 목사는 겉으로는 덕망 높은 성직자이지만, 실상은 남몰래 유부녀와 간통한 죄지은 자이다. 참회와 자학 속에 오래 고민하다 마침내 대중앞에 '감추인 죄'를 고백하고 숨을 거둔다. 17세기 중엽 보스턴의 퓨리턴 사회에서는 죄를 신에게 고백함으로써 사죄(赦罪)를 받는 것이 아니라 사람들에게까지 자백해야 용서를 받는다는 신념을 지녔던 것 같다. 신약 야고보서 5장 16절의 "너희 죄를 서로 고하라"[5](So then, confess your sins to one another.)라는 명령을 엄격히 지킨 것으로 보인다. 세인 앞에 고백할 결단을

3) Callow and Reilly, p. 108.

4) *John* 8:11

5) *James* 5:16

못 내리고 혼자 고민하는 목사, 나약한 한 인간의 모습이 뚜렷이 독자의 눈 앞에 그려진다. 이처럼 벌을 피하기 위해 사람 앞에 죄를 감춰도 양심의 가책은 더해진다는 것이 작품의 주제의 하나이다.

반면 복수심에 불타오른 노의사 칠링워드는 딤즈데일 목사의 가슴 속을 파헤쳐서 간통죄를 캐내어, 신을 대신하여 벌을 내리려 한다. 이는 인간의 분수(分數)를 넘어서고 있으며 '용서받지 못할 죄'를 범하고 있다. 칠링워드는 메피스토펠레스(Mephistopheles)일 뿐 아니라, 목사의 비밀을 파헤치려할 때 금단의 지식을 추구하는 파우스트(Faust)이기도 하다. 옛날에는 학구적이고 사려 깊고 인자한 사람으로 존경받았지만 복수심으로 인해 성격이 변해버린 것이다. 따라서 그는 밀톤(Milton)의 사탄(Satan)과 같이 악(evil)의 본질이라기보다는, 선(goodness)을 상실한 인간으로 볼 수 있다. 역설적이나 칠링워드의 도덕적 타락에서 다른 인물들의 도덕적 향상의 기회가 제공된 셈이다.

허만 멜빌(Herman Melville, 1819~1891)

(4) 『모비 딕』(*Moby-Dick*, 1851)

⁑ 작가의 경력 ⁑

멜빌은 1819년 뉴욕에서 부유한 무역상의 아들로 태어났다. 사업에 실패한 아버지는 멜빌이 13세 때 사망하여 가계를 돕기 위해 초등하교 4학년 때 중퇴하고 몇몇 직장에서 일했다. 1841년 21세 때 포경선(捕鯨船)의 선원이 되어 남양군도로 떠났으나 선장의 혹사에 견딜 수 없어 마키저스(Marquesas) 군도에서 친구와 함께 배를 탈출했다. 그들은 식인종에 잡혔으나 다행히 다른 포경선에 구출되어 군도를 떠났다. 그 후 해군에 입대하여 4년간 근무했으며 보스턴으로 돌아왔다.

이러한 해양 경험을 기초로 『타이피』(*Typee*, 1846), 『오무우』(*Omoo*, 1847) 등을 발표하여 호평을 받았다. 둘 다 문명과 원시 생활을 비교하고 있다. 그 후 『마아디』(*Mardi*, 1849), 『레드번』(*Redburn*, 1849), 『흰 자켓』(*White Jacket*, 1850) 등을 발표했고 매사추세츠(Massachusetts) 주 오지(奧地)에 농장을 사서 생활 기반을 닦았다. 1851년에 걸작 『모비 딕』을 발표했는데 좋은 평을 받지 못했고 『피에르』(*Pierre*, 1852)는 실패작으로 인정되었다. 결국 문필로써 생활하겠다는 생각을 버렸고 1866년부터 세관의 검사관으로 20년간 일했으며 1885년에 은퇴하였다. 그 동안에도 많은 단편을 발표했고, 장편 『이스라엘 파터』(*Israel Potter*, 1855)와 『사기꾼』(*The Confidence Man*, 1857) 등을 내고 시집 『클아렐』(*Clarel*, 1876)도 발표했다.

⁑ 작품 내용 ⁑

미국 동해안 포경업의 중심지인 뉴베드포드(New Bedford)에 이스마엘(Ishmael)이라고 자칭하는 청년이 나타난다. 여관에서 남해(南海)의 토인 퀴이

케그(Queequeg)와 하룻밤을 함께 보내고 소박(素朴)한 성격에 끌려 이내 절친한 친구가 된다. 그들은 낸터키트(Nantu- cket) 섬으로 함께 건너가서 포경선 피쿼드(Pequod) 호의 선원이 된다. 선장 에이헙(Ahab)은 지난번 항해에서 모비 딕이라는 흰 괴경(怪鯨)에게 한 쪽 발이 물려 떨어졌으며 의족(義足)으로 절뚝거리며 다닌다. 선장은 배가 외양(外洋)으로 나가자 전 승무원을 갑판에 모아놓고 이번 항해의 목적은 악의 본질인 백경, 모비 딕에 대한 보복이라고 솔직히 선언한다. 백경의 발견자에게 상금으로 주겠다고 스페인 금화 주머니를 큰 돛대에 못박아 놓았고, '그러그술'(grog)을 따른 술잔을 돌려 모든 선원의 마음을 백경의 추격에 정열적으로 규합(糾合)시킨다.

이어서 포경업의 역사와 현황, 포경선의 구조, 고래의 전설과 그 종류, 구약 요나서(*Jonah*)에 대한 고찰, 해부학, 고고학, 생물학, 그리고 다른 포경선에서 일어난 반란의 이야기까지 다루고 있다. 요컨대 경학(鯨學)에 대한 백과사전을 이루어 놓았다.

피쿼드 호가 희망봉에서 인도양을 지나 태평양으로 나오자 드디어 모비딕을 만난다. 1등 항해사 스타벅(Starbuck)은 복수심 때문에 온 선원들의 생명을 위태롭게 하는 에이헙을 암살하려고 하나 실패하고 만다. 모비 딕과 인간들 사이에 사투(死鬪)가 벌어져 3일간 계속된다. 고래의 역습으로 선원들이 위험해지자 스타벅은 에이헙에게 싸움을 포기할 것을 권유하나 선장은 단호히 거절한다. 3일째 되는 날, 고래는 피쿼드 호에 덤벼든다. 작살이 투사(投射)되고 고래가 달아나자 작살 밧줄이 무섭게 풀려나간다. 에이헙은 뒤엉킨 밧줄을 풀려고 한다. 그 순간 밧줄이 그의 목을 감아 바다 속에 던져버린다. 배도 침몰하였고 모든 선원이 익사한다. 이스마엘 만이 혼자 살아남아 퀴이케그가 만든 관(棺)에 매달려 하루 종일 고생하다 포경선 라헬(Rachel) 호에 구조된다. 바다 물결은 아무 일도 없었던 듯이 5천년 전과 똑같이 아래위로 크게 너울거리고 있다.

다음의 인용은 '무엇이라고 정의할 수 없는', '어떤 비밀을 은폐하고 있는 듯한' 불가사의한 모비 딕에 대한 에이헙 선장의 증오와 복수하려는 결심을 나타낸다.

"…That inscrutable thing is chiefly what I hate; and be the white whale agent, or be the white whale principal, I wreak that hate upon him. Talk not to me of blasphemy, man; I'd strike the sun if it insulted me. For could the sun do that, then could I do the other; since there is ever a sort of fair play herein, jealousy presiding over all creations. But not my master, man, is even that fair play. Who's over me? Truth has no confines.…"

("…그 알 수 없는 것, 그게 바로 내가 정말로 증오하는 것이지. 흰 고래가 어떤 대행자이든, 아니면 어떤 주동자(主動者)이든 나는 모든 증오를 그 놈에게 쏟아 붙겠어. 벌 받을 소리라고 나에게 말하지 말게. 태양이 나를 모욕한다면 나도 태양에 덤벼들겠어. 태양이 그런 짓을 한다면 나도 달리 보복할 수 있지. 질투심이 이 세계에 가득 찼기 때문에, 여기에는 공명정대함이 있기 마련이야. 그러나 공명정대함도 나를 지배할 수는 없는 거야. 누가 나를 지배하겠어? 진리를 추구하는 데 한계란 있을 수 없지.…")

해설(선과 악의 투쟁)

모든 위대한 작품과 마찬가지로 『모비 딕』에도 여러 가지 알레고리(allegory)와 상징이 나타나며, 해석과 의미가 다양하고 심원하다. 작품을 상징적으로 해석하면 선과 악, 영과 육, 인간과 도덕악, 자연과 인간, 현세와 내세의 대립 내지 투쟁이라고 생각할 수 있다. 다음부터는 소재와 상징의 해석에 따라 의미가 달라지게 된다. 우선 선과 악의 투쟁이라는 관점에서 생각한다면 에이헙과 모비 딕의 어느 쪽이 각각 선을 상징하고 악을 상징하는지 살펴보아야 한다. 스미스(Guy E. Smith)는 에이헙 선장을 악의 문제를 해결하려고 싸우는 '선의 복수하는 힘'(an avenging force of good)[6]으로 본다. 그러나 복수하는 힘이 반드시 선에서 나오는 것은 아니며, 고래를 '알 수 없는 흰 벽'이고 '악의 본질'이라고 단정하는 것도 에이헙의 독단에 불과하다. 고래와의 싸움으로 선원들의 생명이 위험에 빠지자 퀘이커교도인 스타벅은 싸움을 포기하자고 진지하게 충고하지만 에이헙은 단호히 거절한다. 그는 사람이 바다에 빠져 익사하는 데도 배를 멈춰 구출(救出)하지 않는[7] 천벌을 받아야 할 악마의 화신(化身)이다. 고래에 대한 증오와 복수심이 우상이 되어 있다. 따라서 에이헙을 선의 상징으로 보는 것은 잘못된 견해로 생각되며 악의 상징으로 보는 것이 타당할 것 같다.

모비 딕이 처음으로 이스마엘의 눈앞에 나타났을 때, 고래의 신성(神性)을 발견하고 신적인 존재라고 느낀다. 하이(Peter B. High)도 모비 딕이 신이나 운명(God or fate)을 나타낸다고 보고 있다.[8] 따라서 보는 관점에 따라 흰 고래의 상징성이 달라지는 것이다. 모비 딕을 신과 같은 존재를 상징한다고 보면 에이헙은 이 존재와 싸우다 죽는 편집광(偏執狂) 또는 일종의 악마의 상징이라고 할 수 있다.

에이헙 선장을 개척 정신의 관점에서 달리 파악할 수도 있다. 피쿼드 호에 승선한 선원들이 여러 민족으로 구성된 30명의 일꾼이라는 점에서, 그 당시 30개 주로 이루어지고 여러 민족(races)으로 구성된 미국을 피쿼드 호가 상징한다고 할 수 있다. 이 배가 고래를 좇아 인도양을 지나 태평양, 즉 미지의 변

---

6) Guy E. Smith, *American Literature* (AMES, Iowa : Littlefield, Adams & Co., 1957), p.57.

7) Mildred Silver, *A Brief History of American Literature* (Zentsuji : Shikoku Christian College Press, 1966), P.197.

8) Peter B. High, *An Outline of American Literature* (New York : Longman Inc., 1986), P. 53.

경, “새 서부”를 향해 나간다고 생각할 때, 선장 에이헙과 선원들에게 고고(孤高)하고 용감한 변경개척자들(frontiersmen)의 이미지가 나타난다. 그들, 특히 에이헙은, 선악 간에 오직 한 목적을 위해 온갖 고난을 무릅쓰고 최후까지 싸워 귀중한 생명을 바치는 것이다. 이것이 바로 어떤 분야이든 개척자의 참된 모습이라고 할 수 있다.

멜빌은 처음에 재미있는 포경 모험담을 쓸 생각이었는데 써 가는 중에 우의적(allegorical)인 작품이 되었다고 말한 적이 있다. 온 힘을 기울여 여러 번 고쳐 쓰고 여러 내용을 덧붙여 완성시켰기 때문에 문학작품으로서 탁월한 “미”(美)가 나타나는 것이 사실이다.

해리엣 비이처 스토우(Harriet Beecher Stowe, 1811~1896)

(5) 『엉클 톰의 오두막』(*Uncle Tom's Cabin*, 1852)

작가의 경력

작가는 1811년 코네티컷트(Connecuicut) 주 릿치필드(Litchfied)에서 태어나 뉴잉글랜드에서 자라났다. 아버지는 엄격한 캘빈주의 목사였고 어려서부터 엄한 퓨리턴 교육을 받았다. 21세 때 신시내티(Cincinnati)로 이사 가서 아버지가 총장인 신학교에서 교편을 잡았으며, 동료 교수인 스토우(Calvin E. Stowe)와 결혼하였다. 그 무렵 그녀는 남편과 합심하여 도망쳐 온 노예를 숨겨주고 안전하게 도피하도록 성의껏 도와주었다. 1850년 그녀는 남편과 일곱 아이들과 함께 메인(Maine) 주로 이사했고, 아이들을 키우면서 글을 쓰기 시작하였다. 이듬해 워싱턴 디·시(Washington D.C.)의 노예 폐지 운동 기관지 『국민적인 시대』(*The National Era*)에 『엉클톰의 오두막』을 연재하였고, 이것을 모아 책으로 출판되자 수십만 부가 팔려 나갔다.1776년 1월, 미국인들에게 영국에서 즉시 독립할 것을 촉구한 페인(*Thomas Paine*, 1737~1809)의 팜플렛 『상식』(*Common Sense*)이 미국인의 마음을 결속시켰듯이, 『엉클 톰의 오두막』도 노예제도에 반대하는 북부인의 감정을 결집시켰다. 1863년 링컨 대통령을 만났을 때 "당신이 이 큰 전쟁을 일으킨 책을 쓴 바로 그 작은 여성이군요."("So you're the little woman who wrote the book that caused the great war.")[9]라고 한 말은 틀린 말이 아니었다. 그 후 뉴잉글랜드 지방색 작가로도 이름을 날렸으며, 『목사의 구혼』(*The Minister's Wooing*, 1859), 『오오섬의 진주』(*The Pearl of Orr's Island*, 1862), 『올드타운의 사람들』(*Oldtown Folks*, 1869) 등이 유명하다.

---

9) High, P.73.

⁘ 작품 내용 ⁘

켄터키(Kentucky) 주에 농장을 가진 아더 셸비(Arthur Shelby)는 농장에서 일하는 노예들을 사랑하고 자비롭게 보살펴 온 착한 사람이다. 하지만 농장 관리를 잘못하여 많은 빚을 지게 되었고, 할 수 없이 냉혹한 노예 상인 헬리(Haley)에게 중년의 흑인 노예 엉클 톰과 다섯 살 된 어린 해리(Harry)—셸비 부인의 몸종 일아이자(Eliza)의 아들—를 팔아야 할 입장에 놓인다. 이 사실을 알게 된 일아이자는 밤중에 해리를 안고 농장에서 달아났고 오하이오 강기슭에 도착한다. 노예 상인 헬리가 뒤쫓아 오자 그녀는 빙괴(氷塊)가 계속 내려오는 위험한 강을 건너, 다행히 그 전에 도망친 남편 조지 해리스(Geoge Harrise)를 만나게 된다. 그들은 개심한 노예추적자 로우커(Loker)의 도움을 받아 부두를 무사히 통과하여 안전한 캐나다로 떠난다. 로우커는 퀘이커교도의 간호로 몸에 입은 심한 상처가 완쾌되자 개심하여 도망 노예를 도와주게 된 것이다.

일아이자의 추적을 단념한 헬리는 자기가 산 톰을 데리고 뉴올리언스(New Orleans)로 출발한다. 셸비의 외아들 매스터 조지(Master Geroge)는 얼마 후 톰이 울며 처자와 작별하고 농장을 떠난 사실을 알게 된다. 말을 타고 찾아와서 후일 자기가 성인이 되면 반드시 톰을 사서 데려오겠다고 맹세하고, 은화 한 개를 줄에 꿰어 목에 걸라고 부탁한다. 톰은 그 말을 줄곧 가슴에 새겨두고 있다. 헬리는 톰을 배에 태워 미시시피 강(the Mississippi)을 따라 내려간다. 배 안에서 톰은 에바(Eva St. Clare)라는 소녀와 친구가 되었고, 실수로 그녀가 강물에 빠져 위험해지자 톰이 재빨리 구해준다. 이 사고가 계기가 되어 에바의 아버지 세인트 클레어(St. Clare)는 톰을 헬리에서 사서 농장으로 데려간다. 불행히도 천사 같은 에바는 병으로 요절(夭折)하는 데, 죽기 전에 톰을 자유인으로 풀어주라고 아버지에게 간청한다. 그러나 클레어도 술집에서 폭력배들의 싸움을 말리다가 중상을 입고 죽는다. 히스테리 증세가 있는 클레어의 아내는 소문난 희대(稀代)의 악한 사이몬 레그리(Simon Legree)에게 톰을 팔아 버린다. 레그리는 착실한 기독교 신자인 톰을 학대하기 시작했고 성경마저 빼앗으려고 한다. 두 여자 노예 캐시(Cassy)와 에메라인(Emmeline)이 집에서 사라지자 레그리는 행방(行方)을 대라고 톰을 다그치지만 끝까지 거절한다. 레그리는 자기의 심복인 흑인 노예 컴보(Quimbo)와 삼보(Sambo)를 시켜 톰을 사정없이 매질한다. 거의 빈사 상태에 빠진 톰은 임종의 자리에서 겨우 눈을 뜨고, 그들을 다 용서한다고 말하여, 컴보와 삼보를 진심으로 개심하게 한다.

이틀 후 매스터 조지가 찾아와 톰을 사겠다고 레그리에게 요청하나, 톰은 약속을 지킨 그에게 진심으로 감사하며 숨을 거둔다. 캐시는 흰 수의(壽衣)를 입고, 미신에 빠진 레그리를 공포에 빠지도록 밤중에 자주 나타난다. 레그리는 자기 어머니의 유령이라고 생각하고 무서워 떨며 두려움을 잊으려고 점점 술에 빠져 비참하게 죽는다.

그 후 두 여자 노예 캐시와 에메라인은 크리올(Creole) 숙녀와 몸종으로 변장하고, 캔터키 주로 돌아가는 매스터 조지가 탄 배에 승선한다. 그 배에는 부유한 프랑스 귀부인이 함께 타고 있는데, 그녀가 바로 일아이자의 남편 조지 해리스의 누이인 사실이 우연히 드러난다. 매스터 조지가 조지 해리스의 아내 일아이자의 이야기를 들려주자, 듣고 있던 캐시는 일아이자가 자기의 딸임을 알고 몹시 놀라며 기뻐한다. 해리스의 누이는 동생이 프랑스에서 공부하도록 학자금을 대었고 라이베리아(Liberia)의 선교사가 된다. 세인트 클레어의 사촌인 오펠리아(Opheia)는 노예인 흑인 소녀 토프시(Topsy)를 버몬트(Vermont) 주에서 공부하도록 도와주었고, 토프시는 마침내 아프리카의 선교사가 된다. 매스터 조지는 톰의 고난과 희생의 생애를 되새기고 농장의 모든 노예를 자유인으로 해방시킬 것을 결심한다.

해설(노예제도의 죄악상)

신앙 깊은 스토우 여사는 1852년 잔인무도한 노예 제도에 대한 의분을 참지 못하여, 그 죄악상을 폭로시키려고 백인들의 포악(暴惡)과 선량한 흑인 노예들을 대비시키며 작품을 썼다. 흑인도 백인과 똑같은 인간인데 짐승처럼 매매되고 학대받는 실정을 온 세상에 공개하여 노예해방운동을 촉진시키려 한 것이다. 흑인 노예들이 소유자인 백인의 일방적 의사에 따라 부부가 억지로 헤어지고, 부모에서 어린 아들이나 딸이 강제로 빼앗기고 매매되는 사실이 이 작품에 여러 번 나타난다. 중년의 흑인 노예 톰은 노예 매매인에게 팔려 처자와 헤어져야 하고, 다섯 살 난 일아이자의 아들 해리도 어머니와 헤어져 팔려갈 판이다. 부부간의 애정도 부자간의 또는 모녀간의 사랑도 백인 소유자의 횡포(橫暴) 앞에는 아무런 가치도 의미도 없다. 잘못도 없는 노예 톰을 때려 거의 죽게 만들고도 주인인 레그리는 양심의 가책을 전혀 받지 않는다. 이런 악한 짓을 당시의 노예 소유주들은 서슴없이 자행했고 그 죄과(罪科)로 인하여 남북전쟁이라는 신의 무서운 심판이 내린 것이다. 그러나 작품에는 백인들의 죄악상만이 나타나는 것은 아니다. 그리스도의 무저항주의(無抵抗主義)로 끝까지 박해를 참고 용서하면 죄인의 회개와 재생(再生)의 결실이 나타난다는 메시지도 담고 있다. 그리스도는 탐욕에 빠진 세리장 삭개오(Zacchaeus)를 용서하여 새 사람이 되게 만들었다.[10] 톰은 자기를 죽도록 매질한 레그리의 심복(心腹) 컴보와 삼보를 임종의 자리에서 용서했고, 그들은 톰의 신앙심과 사랑에 감복하여 회개하고 신자가 된다. 그리스도는 톰의 원형이다. 도망친 노예를 추적·체포하여 보수(報酬)를 받아 온 로우커는 자기의 부상을 정성껏 치료해준 퀘이커교도 플레처(Fletcher)의 헌신에 감격하여 회개하였고, 이제는 반대로 노예의 도피를 위해 온 힘을 기울인다. 캐나다로 도피한 조지 해리스는 재기하여 공부해서 라이베리아 선교사가 되었고, 품성(稟性)이 나쁜 토프시도 성인이 되어 아프리카 선교사가 된다. 매스터 조지가 자기 농장의 노예를 모두 해방시키는 것도 톰의 신앙과 인내심에 감명을 받았기 때문이다.

---

10) *Luke* 19:1~10.

이 소설은 문학작품으로서는 여러 가지 결함이 있다. 너무 감상적이고 부자연스럽고 '속이 빤히 들여다 보인다는 점'(obviousness) 등이다. 또 줄거리 구성이 졸렬하고 성격묘사가 서툴다고 종종 지적받고 있다. 그러나 수많은 사람들에게 사회적 정의감을 호소한 그녀의 신앙심과 열정은 오늘날까지도 많은 독자들의 존경과 사랑을 한 몸에 받고 있다.

아래의 인용은 이 작품에 대한 비평의 일부이다.

> The publication of *Uncle Tom's Cabin* has been called "the most sensational event in the world history of the novel." Translated into dozens of languages, it has sold millions of copies. Dramatized in 1852 by George L. Aiken, it has held for stage for a hundred years. It made Harriet Beecher Stowe the most loved and the most hated woman in America.…
>
> Actually, Harriet Beecher Stowe had not intended to beat any war drums; and the war would certainly have arrived had her book never been published. She hoped to make men abominate slavery by presenting an imaginative account of its cruelties…. But her great book, she maintained, was not a willed composition at all. "God wrote it", she said. "I merely did His dictation."
>
> (『엉클 톰의 오두막』의 출판은 "소설의 세계 역사에서 가장 선풍적 인기를 끈 사건"이라고 한다. 수십 개 언어로 번역되었고 수백만 부가 팔렸다. 1852년 조지 엘 아이켄이 작품을 각색하여 백년간이나 상연되었다. 이 작품으로 인하여 해리엣 비이처 스토우는 미국에서 가장 사랑받고 또 가장 미움을 받는 여성이 되었다. …

사실상 해리엣 비이처 스토우는 전쟁이 일어나도록 선동(煽動)할 의도는 없었다. 책이 출판되지 않았더라도 전쟁은 틀림없이 일어났을 것이다. 작가는 노예제도의 잔인성에 관한 상상적인 이야기를 하여 사람들이 이 제도를 혐오하기를 원했을 뿐이다. …그러나 이 위대한 작품은 자기가 마음대로 쓴 것은 절대로 아니라고 작가는 주장하고 있다. "하느님이 쓰신 거죠. 저는 그저 받아 썼을 뿐이예요."라고 그녀는 말했다.)

사무엘 랭혼 클레멘즈
(Samuel Langhorne Clemens, 1835-1910)

(6) 『톰 소여의 모험』(*The Adventures of Tom Sawyer*, 1876)

⁑ 작가의 경력 ⁑

사무엘 랭혼 클레멘즈(Samuel Langhorne Clemens, 필명은 마크 트웨인, Mark Twain)는 1835년 11월 미주리(Missouri) 주 플로리다(Florida) 마을에서 태어났고 강변 도시 한니발(Hannibal)에서 자라났다. 아버지는 클레멘즈가 열두 살 때 사망하였으며, 그때부터 생계를 위해 중서부(中西部) 여러 도시에서 인쇄업에 종사했다. 스물세 살 때 미시시피강 증기선의 수로 안내원이 되었으며, 남북 전쟁 중에는 네바다(Nevada) 주와 캘리포니아(California) 주 등에서 신문기자로 일했다.

1865년에 단편 『칼라베라스 군의 유명한 뛰뛰는 개구리』(*The Noto- rious Jumping Frog of Calaveras County*)를 잡지에 발표하여 유명하게 되었다. 미국인 여행가가 느낀대로 유럽의 역사와 문화를 묘사한 『외지의 순진한 사람들』(*The Innocents Abroad*)은 1896년에 출판되었는데 베스트셀러가 되었다.

1870년에 부유한 실업가의 딸 올리비아 랜돈(Olivia Landon)과 결혼하여 하아트포드(Hartford)에서 살게 되었다. 네바다의 광산 생활을 묘사한 『고난행(苦難行)』(*Roughing It*)을 1872년에 발표했고, 남북 전쟁 후의 돈만 추구하는 미국 사회를 풍자한 『도금시대(鍍金時代)』(*The Gilded Age*)를 1873년에 출판했다.

그 후 미시시피 강의 3대서사시(3大敍事詩)라고 불리는 『톰 소여의 모험』(*The Adventures of Tom Sawyer*, 1876), 『미시시피 강에서의 생활』(*Life on the Mississippi*, 1883), 『허클베리 핀의 모험』(*The Adventures of Huckleberry Finn*, 1884)을 발표하여 문명(文名)은 더욱 높아졌다.

클레멘즈는 원래 모험과 투기를 좋아하는 성격이어서 59세 때 출판업, 자동식자기(自動植字機) 등에 무모하게 투자하여 거액의 부채를 지게 되었고, 3년간 해외 강연 여행을 하여 빚을 청산하였다. 만년에는 아내와 딸들과 사별하여 실의(失意)에 빠진 어두운 생활을 하였다. 『천치(天痴) 윌슨의 비극』(*The Tragedy of Pudding Wilson*, 1894), 『이상한 낯선 사나이』(*The Mysterious Stranger*, 1916), 『하들리버그를 타락시킨 사나이』(*The Man That Corrupted Hadleyburg*, 1899) 등에는 내면적인 고민, 인생에 대한 회의, 허무사상 등이 분명히 드러난다.

작품 내용

미시시피 강변의 작은 도시 세인트 피이터어즈버그(St. Petersburg)에 열두 살 된 톰 소여가 살고 있다. 부모를 일찍 여의고, 죽은 어머니의 언니 포리(Polly) 이모의 집에서 배 다른 동생 시드(Sid)와 함께 지낸다. 이모는 시드처럼 톰도 공부에 열중하는 모범적인 소년이 되기를 원하지만 톰은 타고난 풍부한 상상력을 발휘하여 재미있고 신나는 놀이나 장난에만 관심을 기울인다. 로빈 후드(Robin Hood) 같은 의적(義賊), 도적이나 해적, 서커스의 어릿광대(clown)가 되는 것이 그의 꿈이다.

어느 토요일 아침, 톰은 이모의 명령으로 담장에 페인트를 칠하게 되었다. 페인트칠은 힘들고 따분한 작업이지만 재미있는 듯이 신나게 칠한다. 지나가던 친구들은 톰이 재미있어하는 모습을 바라보고 칠하고 싶다고 졸라댄다. 톰은 마지못해 허락하고, 대가로 친구들의 장난감이나 사과 등을 요구한다. 이처럼 톰은 교활하고 약삭빠른 데가 있다.

톰은 거지 소년 허크(헉클베리 핀 Huckleberry Finn의 통칭)–주정뱅이 무법자의 아들–와도 친한 사이이다. 그는 늘 어른이 입었던 누더기 옷을 입고 다닌다. 어느 날밤, 톰과 허크는 묘지에서 혼혈아 인전 조(Injun Joe)가 마을 의사를 칼로 찔러 죽이는 장면을 보고 깜짝 놀란다. 조는 피 묻은 칼을 의사에게 맞아 의식이 몽롱한 머프(Muff)의 손에 쥐어 준다. 머프가 정신이 들자 조는 머프가 의사를 죽였으며, 자기는 이 사실을 절대로 누설하지 않겠다고 약속한다. 그 후 머프는 체포되어 재판을 받고 사형이 언도된다. 의분(義憤)에 불탄 톰은 법정에 나가 머프의 무죄를 증언하였고 조는 창문을 부수고 법정 밖으로 도피한다. 위험을 무릅쓰고 진실을 밝혔기 때문에 톰은 영웅으로 칭찬을 받는다. 도망친 조는 스페인 사람으로 변장하고 더글라스(Douglas) 부인의 남편-이미 사망했는데-에 대한 분풀이를 그녀에게 하려고 결심하고 있다. 이 사실을 알게 된 허크는 존스(Jones)에게 알려 미망인 더글라스를 위험에서 구해 낸다.

얼마 뒤 톰과 판사 딸 베키(Becky)는 마을 사람들과 함께 동굴 속으로 소풍을 가게 된다. 톰과 베키는 부주의하게도 미아(迷兒)가 되어 3일간 어둠 속에서 먹지도 못하고 죽을 고생을 하다가 겨우 '열린 구멍'(opening)을 찾아서 집으로 돌아온다. 톰은 허크에게 동굴 안에 틀림없이 보화(treasure)가 있다고 말하여 전에 발견한 '열린 구멍'으로 동굴에 들어가 엄청난 금화를 발견한다. 두 소년은 갑자기 부자가 된 것이다. 허크는 마음씨 좋은 미망인 더글라스의 집에서 살게 되었고 좋은 양복을 입고 학교와 교회에 나가게 되었지만 전혀 행복감을 느끼지 못한다. 허크는 3주후 답답한 집에서 달아난다. 톰은 허크를 만나 다시 더글라스의 집으로 돌아가라고 하며 도적단(a robber band)을 만들 계획을 알려준다. 톰은 로빈 후드가 되는 것이 변함없는 꿈이다.

해설(동부 사회에 대한 비판)

이 작품은 어린 소년들의 심리를 정확하게 파악하고 있는 트웨인의 명작이다. 작가는 작품을 쓸 때 머리 속에서 창작한 것이 아니라 실제로 일어난 일을 회상하면서 썼다고 작품의 서문(序文)에서 밝히고 있다.[11]

---

11) Abraham H. Lass ed. *A Student's Guide to 50 American Novels* (New York : Washing- ton Square Press, Inc., 1966), P.44.

트웨인은 당시 동부의 미국 사회가 종교적, 도덕적인 교육에 너무 집착하여 소년, 소녀들이 자연스럽게 성장하지 못한다고 느꼈다. 지나치게 인위적이고 강압적인 교육은 역효과를 낼 뿐이라고 생각한 것이다. 수업을 빼먹고 예배에 관심이 없는 톰은, 죄 없는 머프가 사형 선고를 받게 되자 위험을 무릅쓰고 인전 조가 진범임을 증언한다. 허크는 인전 조의 복수의 대상인 미망인 더글라스의 위험을 존스에게 알려주어 위험에서 구한다. 정식 교육은 못 받았어도 두 "악동"(bad boys)은 양심에 따라 정의의 편에 서서 옳은 행위를 한 것이다.

트웨인은 소년, 소녀들이 자유롭게 성장하도록 방임해도 장차 좋은 인물이 될 거라고 낙관적인 시선(視線)에서 바라보았다. 동부 사회처럼 자라나는 아이들에게 간섭하지 않아도 어른이 되면 양심에 따라 행동하고 정의의 편에 서고 진실한 일꾼이 될 것이라 생각한 듯하다.[12]

작품에는 목가적인 신선한 풍경이 자주 나오고, 공포로 떨게 하는 살인 현장도 나오며, 소년이 법정에서 똑똑히 증언하고 악한이 창문을 부수고 달아나며, 권총을 난사하는 서부 활극 장면도 전개된다.

트웨인은 작품에서 미국어(美國語), 특히 지방의 사투리, 속어, 비어(卑語) 등을 자유로이 사용하고 있다. 전통적인 언어와 문체로서는 미국의 독자적인 경험과 환경, 사회상 들을 제대로 표현할 수 없다고 말하고, 단순하고 솔직한 언어와 문체를 창조할 것을 강조하였다. 이런 점에서 지방색(local color) 문학을 발전시키는 데도 큰 공헌을 한 것이다. 크게 보면 작품은 동부 사회의 점잖은 낭만주의(romanticism)에 대하여, 거칠고 소박한 사실주의(realism)의 세계를, 중서부 미시시피 강 연안에 펼쳐낸 것이고, 순진한 소년들의 눈으로 위선적인 성인의 세계를 비판한 것이라고 할 수 있겠다.

---

12) 오늘날 우리나라 교육현장에서 일어나는 여러 불미한 사건들을 감안할 때 올바른 가정교육, 종교 교육 등이 절대적으로 필요한 것이다.(Deuteronomy 6:4~7)

아래의 인용은 작품의 지방색에 대한 평가의 일부다.

So thorough is Twain's development of the community—its setting, characters, and customs, its evil as well as its good—that the book qualifies as one of the few successful American local-color novels. The town has its graveyard, haunted house, nearby island and cave, each the stage for climactic scenes that sometimes verge on the mythic and legendary. Among its typical local characters are Muff Potter the town drunk, Judge Thatcher the bigwig, and Mr. Dobbin the schoolmaster. Also impressively integrated with the story are the customary activities of the town—Sunday school, the morning service, picnics—each the occasion for some of the book's richest humor or pathos. While this local color is obviously nostalgic, it is not overly sentimentalized.

(트웨인이 다룬 지역 사회의 발전—그 배경, 등장인물, 관습, 지역 사회의 선 뿐만 아니라 악 등—은 아주 자상하기 때문에, 작품은 성공을 거둔 몇몇 안 되는 지방색 소설의 하나로 손꼽히고 있다. 도시에는 묘지가 있고 유령이 나오는 집이 있고 가까이에 섬과 동굴이 있다. 하나 하나는 이따금 신화적이고 전설적인 것에 이르는 클라이막스 장면의 무대가 된다. 지역 사회의 대표적 인물 중에는 마을 주정뱅이 머프 파터, 중요 인물인 대처 판사, 교장 도빈씨 등이 있다. 주일학교, 아침예배, 소풍 등 도시의 관례적 행사는 이야기와 흥미롭게 융합되어 넘치는 유머와 비애감을 자아낸다. 지방색은 분명히 향수를 불러일으키지만 지나치게 감상적이지도 않다).

(7) 『허클베리 핀의 모험』

(*The Adventures of Huckleberry Finn*, 1884)

⁑ 작품 내용 ⁑

작품은 앞에서 본 『톰 소여의 모험』의 후편적인 역할을 하고 있다. 톰과 허크는 도시의 영웅이 되었고 동굴 안에서 막대한 금화를 발견하여 부자가 되었다. 그 후 허크는 미망인 더글라스와 그 여동생 워트슨(Watison) 양의 집에서 살게 되었고 엄한 가정 교육을 받는다. 허크는 주정뱅이 아버지가 죽은 줄 알았는데 갑자기 나타나서 돈을 내놓으라고 협박한다. 그는 모험으로 얻은 돈을 아버지에게 빼앗기지 않도록 대처 판사에게 위탁해 버린다. 어느 날 갑자기 나타난 아버지는 허크를 잡아 숲 속의 오두막에 가두어 놓는다. 허크는 살해당한 것처럼 오두막에 핏자국을 남겨 놓고 탈출하여 미시시피 강에 있는 잭슨 섬으로 간다. 거기서 워트슨 양의 흑인 노예 짐(Jim)을 우연히 만난다. 짐은 주인 워트슨 양이 자기를 노예 상인에게 팔아버릴 계획임을 알아채고 도망친 것이다. 그들은 노예 추적자가 나타날 것을 미리 알고 뗏목을 타고 강을 내려간다. 허크는 자유주(自由州)의 입구인 일리노이(Illinois) 주 카이로(Cairo)에 갈 계획이었으나 안개 때문에 지나쳐 버리고 만다. 어느 날 밤 뗏목이 증기선에 부딪힐 위험에 처하자 둘은 강물로 뛰어들어 서로 뿔뿔이 헤어지게 된다. 허크는 헤엄쳐서 상륙하여 교양있는 그랜져포드(Grangerford)의 가정에 들어가 식구와 같은 대우를 받는다. 그러나 이 집안은 셰퍼어드슨(Shepherdson) 집안과 여러 대에 걸쳐 원수처럼 싸우는 사이다. 그랜져포드 가의 딸이 셰퍼어드슨 가의 아들과 사랑에 빠져 집을 나가자 무서운 싸움이 벌어져 몇몇 사람들이 목숨을 잃는다. 교양있는 집안 사람들이 벌이는 혈투를 보고 허크는 인간의 잔인성을 새삼스레 절감하게 된다.

허크는 우연히 짐을 다시 만나 종전처럼 뗏목을 타고 내려간다. 도중에 "왕"(King)이라고 자칭하는 70대 노인과, "공작"(Duke)이라고 스스로 말하는

30대 청년과 함께 지내게 된다. 허크와 짐은 두 사람의 자기선전(自己宣傳)에 넘어가 깍듯이 경의를 표하고 정중하게 대한다. 그러나 "왕"은 사기꾼으로, 연안 마을에서 기독교 신자들에게 인도양(印度洋)으로 가서 해적들을 개심(改心)시키겠다고 열변을 토하여 신자들이 바친 헌금을 모두 가로채 버린다. "왕"과 "공작"은 엉터리 연극을 밤마다 3일간 공연하여 450불이나 벌어들인다. 또 보그스(Boggs)라는 주정뱅이가 남부 귀족(Southern atistocrat) 셔어번 대령(Colonel Sherburn)에게 술김에 협박을 하자 대령은 총살해 버린다. 허크는 그 장면을 목격하고 큰 충격을 받는 것이다. 그 후 "왕"은 피이터 윌크스(Peter Wilks)라는 사람이 죽기 전에 자기의 질녀(姪女)에게 막대한 유산을 남긴 사실을 알게 된다. "왕"과 "공작"은 영국에서 온 숙부라고 속이고 유산을 횡령하려고 하지만 허크의 기지(機智)로 모든 계획은 수포로 돌아간다. 두 사기꾼은 돈이 궁해지자 짐을 농장주인 훼프스(Phelps)-톰 소여의 숙모 샐리(Sally)의 남편-에게 팔아버린다. 이 사실을 알게 된 허크는 고민(苦悶)에 빠지고 만다. 도망 노예를 고발하는 것이 사회의 법도인데, 법도를 따를 것인가, 아니면 짐과의 개인적 우정을 생각하고 농장에서 구해내야 할 것인가 하는 양자택일(兩者擇一)의 문제다. 짐의 주인 워트슨 양이 잡아갈 수 있도록 짐의 행방(行方)을 알리는 편지를 썼지만, 허크는 편지를 찢어 버리고 지옥에 가는 한이 있어도 짐을 구출하겠다고 결심한다. 우연히 만난 톰과 상의하여 짐을 구할 계획을 세운다. 그들은 농장의 오두막에 갇힌 짐을 빼내어 셋이 강을 향해 도망치는데 불행히 총탄이 톰의 발에 명중하여 더 달아날 수 없다. 의리가 있는 짐은 다시 잡힐 것을 각오하고 톰의 발을 치료하기 시작한다. 짐은 체포되었지만 워트슨 양이 죽기 전에 노예에서 해방시키겠다고 유언하였으므로 짐은 이미 자유인이다. 허크의 무서운 아버지도 이전에 죽은 사실이 판명되어 더 구속을 받지 않게 된다. 그러나 허크는 숙모 샐리가 자기를 양자로 삼을 생각을 알고 도망칠 계획을 세운다.

아래의 인용은 허크가 워트슨 양에게 짐을 잡아가도록 편지를 썼다가 짐과의 우정을 생각하고 편지를 찢어버릴 때까지의 마음 속 방황을 묘사하고 있다.

I'd see him standing my watch on top of his'n, stead of calling me, so I could go on sleeping; and see him how glad he was when I come back out of the fog; and when I come to him again in the swamp, up there where the feud was; and such-like times; …and at last I struck the time I saved him by telling the men we had small-pox aboard, and he was so grateful, and said I was the best friend old Jim ever had in the world, and the only one he's got now; and then I happened to look around, and see that paper.

It was a close place. I took it up, and held it in my hand. I was a trembling, because I'd got to decide, forever, betwixt two things, and I knowed it. I studied a minute, sort of holding my breath, and then says to myself:

"All right, then, I'll go to hell"—and tore it up.

(짐은 자기 몫의 당직 근무—뗏목이 내려감을 지켜보는—를 하는 외에 내가 더 자도록 날 깨우지 않고 내 몫까지 하는 걸 바라보곤 했어. 안개 속에서 돌아왔을 때, 또 유혈의 싸움이 있던 습지에서 다시 만났을 때, 그 밖에도 날 보고 얼마나 기뻐했나 항상 알 수 있었지. …마지막으로 뗏목에 천연두 환자가 있다고 사람들에게 말하여 살려준 때가 생각났었어. 몹시 고마워하고, 늙은 자기에게 내가 세상에서 제일 좋은 친구라고 했지. 지금은 내가 하나 밖에 없는 친구라고 말이야. 그 때 우연히 눈을 둘러보니 편지를 쓴 종이가 눈에 띄었지.

좁은 가까운 장소였어. 나는 종이를 집어 손에 쥐고 있었지. 몸이 떨렸어. 둘 중에서 하나를 꼭 결정해야 했어. 알고 있었던 거야. 약간 숨을 끊고 잠시 들여다봤어. 그리고 나서 마음 속으로 나 자신에게 말한 거야.
"좋다, 그럼 지옥에라도 가겠다!"-그리고 종이를 찢어버렸어.)

해설(문명과 자연의 대립)

학자들은 작품에 여러 주제가 나타난다고 말하고 있다. 그 중에도 문명과 자연의 대립이라는 미국 문학의 근원적 주제, 그리고 문명의 악(惡) 대신 자연의 영향으로 이루어지는 소년의 정신적 성장이 중요한 주제라고 생각된다.

허크는 짐과 함께 뗏목으로 미시시피 강을 내려가면서 사회의 규범과 관습에 억압된 불의하고 사악한 인간 사회를 바라본다. 점잖은 집안인 그랜져포드 가(家)와 셰퍼어드슨 가(家) 사이의 갈등과 유혈의 참사(慘事), 셰어번 대령의 보그 총살 사건 등 남부 상류 사회의 폭력과 잔인성을 목도(目睹)하고 큰 충격을 받는다. "왕"과 "공작"이라고 자칭하는 두 사기꾼이 벌이는 사기행각(詐欺行脚), 특히 70대의 "왕"은 선교 여행을 떠나겠다고 신자들을 속여서 바친 헌금을 가로챈다. "옛날부터 왕과 귀족이라는 자들이 얼마나 나쁜 악당인지 알 수 있지." 라고 허크는 종교 사기를 목격하고 짐에게 속삭인다. 기독교를 믿는다는 세인트 피어트즈 사회에서는 착한 미망인 더글라스와 워트슨 양까지 노예제도에 양심의 가책을 전혀 느끼지 않는다. 이 위선적인 사회는 오히려 허크의 양심까지 왜곡(歪曲)시켜 도망 노예 짐을 도피시키는 것이 무서운 죄가 되지 않을까 하고 두려워한다. 그는 노예제도를 인정하는 남부 사회의 타락을 본능적 양심으로 깨닫는다. 허크가 짐의 착한 인간성을 되새기며 탈출을 돕는 데서 인간적인 성장이 드러나는 것이다.

순진한 허크가 소위 "문명사회"에서 미시시피 강의 자연으로 도피하는 것은 당연한 것으로 생각된다. 연안 마을에서 절망과 좌절을 맛보고 허크는 뗏목으로 돌아와 짐에게 큰소리로 외친다. "정말이지 뗏목 위처럼 유쾌한 곳은 없어. 딴 곳에 가봤자 비좁고 답답할 뿐이야. 여기는 자유롭고 태평스럽지." 뗏목 위의 생활은 에덴 동산(the Garden of Eden)의 생활을 떠오르게 한다. 착한 사람들—신에게 죄를 짓지 않는—이 모여 사는 가정과 사회에 대한, 고독한 허크의 진지한 동경이 드러난다. 자연에서도 때때로 폭풍, 뇌우(雷雨) 등 무서운 현상이 일어나지만, 인간이 사는 소위 문명사회처럼 위선과 타락, 탐욕과 사기 등 사악한 죄악은 찾아볼 수 없다. 신이 만든 자연과 인간이 만든 문명사회는 근본적으로 다른 것이다.

작품에 쓰인 용어도 『톰 소여의 모험』에서처럼 사투리, 속어, 비어 등이 자주 나오고, 남부 사회 상하 계층의 생활상이 사실적으로 묘사되어 있다. 트웨인은 유머를 써가며 사회 지배 계급의 권위를 신랄하게 비판하고, 또 인간의 잔인성과 비인간성, 우매함과 탐욕 등을 파헤치고 비관적으로 바라본다. 그러나 전체적으로 살펴 볼 때 비관론적 염세주의 작품은 아니다. 허크는 숙모 샐리가 자기를 양자로 삼고 교육시킬 계획을 알고 한니발 대신 서부 인디언 보호 구역으로 떠나간다. 『모히칸 족의 최후』에서 내티가 계속 황야에서 활동하고, 『모비 딕』의 선장 에이합이 "태평양"이라는 미지의 서부로 진출하듯이, 허크의 씩씩하고 낙관적인 개척자 정신이 분명히 드러나고 있다.

하이(High)는 작품을 다음과 같이 평하고 있다. "많은 사람들은 이 책을 미국 민주주의의 위대한 소설로 생각하고 있다. 작품은 보통 사람들의 근본적인 선과 지혜를 보여준다. 이 소설은 또 '많은 후기 서부 작가들의 양성소'라고 불려 왔다. 셔우드 앤더슨(Sherwood Anderson)은 자기의 소설 『와인즈버그, 오하이오』(*Winesburg, Ohio*)의 모델로 삼았다. 어니스트 헤밍웨이(Ernest Hemingway)는 트웨인의 문체를 바탕으로 자신의 구어체 문체를 만든 사람이며, '모든 현대 미국 문학은 『허클베리 핀의 모험』 한 권에서 비롯되었다."[13]라고 말할 정도로 자기 문학의 모델로 삼았다.

---

13) High, P.83.

윌리엄 딘 하우얼즈 (William Dean Howells, 1837~1920)

(8) 『사일라스 라팜의 출세』 (*The Rise of Silas Lapham*, 1855)

작가의 경력

하우얼즈는 1837년 3월 오하이오(Ohio) 주 마틴 페리(Matin Ferry)에서 태어났다. 어려서부터 벤자민 프랭클린이나 마크 트웨인처럼 인쇄소에서 일하였고, 틈틈이 훌륭한 문학작품을 탐독하고 또 몇몇 외국어를 독학하였다. 1860년에 링컨(Lincoln)의 선거유세용 전기를 저술했고 이것이 인연이 되어 이듬 해 베니스(Venice) 주재 영사가 되어 4년간 이탈리아에서 지냈다. 그 후 1866년부터 1881년까지 『애틀랜틱 먼슬리』(*Atlantic Monthly*) 지의 편집자로 일했고, 또 1886년부터 뉴욕의 『하퍼스 먼슬리』(*Harper's Monthly*) 지의 문예시평(文藝時評)을 6년간 담당하여 문학의 발전에 크게 기여하였다. 하우얼즈는 1880년대 초기부터 낭만주의에 반대하고, 평범한 인간의 일상생활(日常生活)을 사실대로 묘사하는 사실주의소설을 발표하게 되었다. 『현대의 한 사례』(*A Modern Instance*, 1882)는 한 여성의 결혼 생활의 불행을 사실적으로 묘사했고, 『사일라스 라팜의 출세』는 도금 시대 기업가들의 윤리문제를 다루고 있다. 그 후 톨스토이(Tolstoy)의 영향을 받아 "연대책임"(complicity)의 의식을 가지고 사회악과 싸워야 할 것을 독자에게 호소했고, 기독교의 현실 사회에서의 역할에 대하여 관심을 집중하게 되었다.

『신흥부호의 모험』(*A Hazard of New Fortune*, 1890), 『애니 킬번』(*Annie Kilburn*, 1889) 등은 이와 같은 사상에서 나온 작품이다. 『알투루리아에서 온 사나이』(*A Traveller from Altruria*, 1894), 『바늘귀를 통하여』(*Through the Eye of the Needle*, 1907) 등은 기독교의 가르침을 실천함으로써 사회악을 해결하려는 내용이며, "기독교 사회주의"(Christian Socialism)의 관점에서 이상사회(理想社會)의 건설을 다루고 있다. 장편 외에도 단편, 시, 희곡, 평론 등 많은 작품을 발표하였다. 또 여러 젊은 인재들, 예컨대 햄린 가랜드(Hamlin Garland), 스티븐 크레인(Stephen Crane), 프랭크 노리스(Frank Norris) 등을 문단에 소개하여 사실주의 문학의 발전에 크게 기여하였다.

작품 내용

버어몬트(Vermont) 주의 농부, 사일라스 라팜(Silas Lapham)은 양질의 새 페인트를 개발하여 도료제조업(塗料製造業)에서 큰 성공을 거둔 사람이다. 아내 퍼어시스(Persis)는 학교 교사로 일했으며 마음씨가 착한 성실한 여자이다. 딸이 둘 있는데 장녀 피네로프(Penelope)는 활발하고 익살스럽고 통찰력이 있으며, 차녀 아이린(Irene)은 미인이고 집안 살림도 잘 하는 현숙한 처녀이다. 라팜은 짐 로저즈(Jim Rogers)라는 사람을 고용하여 새 페인트를 개발하는데 그의 자금을 이용한 적이 있다. 그러나 로저즈는 일하는 능력이 부족했고 또 페인트 회사를 그와 공동 소유로 할 수 없어서 해고시켰다. 그 후 로저즈를 내보낸 처사가 도덕적인 잣대에 비추어 볼 때 잘못이 아닐까 하고 종종 고민한다. 아내는 사업이 잘 되자 욕심이 생겨 자신을 도와준 은인 로저즈를 해고시켰다고 남편을 몹시 비난한다.

라팜은 보스턴으로 이사한 뒤부터 보스턴의 브라민(Brahmin), 즉 교양 있는 상류층 사람들과 교제하고 싶은 허영심이 생긴다. 브라민들이 살고 있는 배크 베이 지역(Back Bay areas)에 새 집을 건축하기로 한다. 어느날 아이린은 부모와 함께 집짓는 현장에 갔는데 거기서 젊은 브라민인 톰 코오리(Tom Corey)를 만나 한눈에 반해버렸고, 언니에게 자기의 마음을 넌지시 비춘다. 그 후 톰은 라팜의 회사에서 일하고 싶다고 부탁하였고 라팜 역시 톰을 이용하여 브라민 계층에 접근해 보려고 쾌히 승낙한다. 그 때부터 톰은 라팜의 집을 자주 방문하게 되었고, 집안 사람들은 그가 아이린을 사랑하는 것으로 생각한다.

톰의 아버지 코오리(Corey)는 라팜 식구들을 파티에 초대한다. 라팜은 파티에서 포도주에 만취하여 자기의 자랑을 밉살스럽게 떠벌려 벼락부자임을 드러낸다. 이튿날 자기의 추태를 뉘우치고 라팜은 사과했고, 톰은 취한 사실을 모두 알고 있으니 염려하지 말라고 위로한다. 그날 밤 톰은 라팜의 집을 방문하여 피네로프와 다정하게 대화를 나누다가 부지중에 그녀를 사랑한다고 고백한다. 피네로프는 아이린의 마음을 알고 있기 때문에 단호히 거절한다. 이 사실을 알게 된 라팜 부부는 시웰(Sewell) 목사에게 조언을 구했고, 목사는 한 사람, 즉 아이린이 고통을 겪는 것이 세 사람이 겪는 것보다 낫다고 들려준다.

이 무렵 라팜은 재정상의 위기에 봉착한다. 로저즈에게 종종 양심의 가책을 느꼈던 라팜은 불충분한 담보를 받고 2만불을 대부했으며 또 로저즈는 그를 투기에 끌어들여 손해를 보게 한다. 게다가 웨스트 버지니아 (West Virginia) 도료 회사는 근대적 설비와 싼 가격으로 페인트를 생산하여 라팜을 점점 불리하게 만든다. 건축 중인 집을 팔려고 하는데 불이 나 타버렸고 계약상의 기간이 경과하여 보험금도 받을 수 없는 형편이다. 이 위기에 로저즈가 담보로 내놓은 쓸모없는 공장을 매입하겠다는 영국인이 나타난다. 로저즈가 라팜에게 소개한 것이다. 영국인들은 본국에 있는 어느 부호의 대리인이며, 라팜은 공장을 팔면 빚에서 해방되지만 부호는 큰 손해를 볼 것을 알고 있다. 나 하나 살겠다고 다른 사람을 망치는 불의한 짓을 할 수 없다고 결정하고 공장을 팔지 않겠다고 선언했으며 마침내 파산하고 만다. 라팜은 버몬트 농장으로 돌아가 버몬트 광산과 시설을 웨스트 버지니아 회사에 매각하고 그 돈으로 모든 부채를 청산해 버린다. 그 회사는 라팜을 위하여 최고급 페인트를 생산하는 특별 지점(special branch)을 운영하도록 도와준다.

아아린은 아버지가 파산했다는 소식을 듣고 버몬트에서 집으로 돌아왔으며, 결혼하기로 합의한 톰과 피네로프를 만나 결혼을 축복해 준다. 코오리 부부는 아직도 라팜 집안을 저속한 벼락 부자로 인정하고 있지만 아들이 피네로프를 사랑함으로 할 수 없이 결혼을 승낙한다. 톰은 웨스트 버지니아 회사에 입사했고 아내와 함께 멕시코로 출발한다.

그 전에 라팜의 아내 퍼어시스는 어떤 여성에게 남편이 돈을 지불한 메모를 발견하고 둘의 사이를 의심한 적이 있었다. 그러나 퍼어시스는 남편이 남북전쟁 때, 자기 대신 죽은 부하의 처자를 도와준 사실을 알고 모든 의심을 풀어버린다.

아래의 인용은 일시적이나 자기를 도와준 로저즈를 라팜이 해고시킨 처사에 대하여, 퍼어시스와 라팜이 말다툼을 하는 장면이다.

> "I tell you," said Lapham, "it was a perfectly square thing. And I wish, once for all, you would quit bothering about it. My conscience is easy as far as he's concerned, and it always was."
>
> "And I can't look at him without feeling as if you'd ruined him, Silas."
>
> "Don't look at him, then," said her husband with a scowl. "I want you should recollect in the first place, Percis, that I never wanted a partner."
>
> "If he hadn't put his money in when he did, you'd 'a' broken down."
>
> "Well, he got his money out again, and more too," said the Colonel with a sulky weariness.
>
> "He didn't want to take it out."
>
> "I gave him his choice: buy out or go out."
>
> "You know he couldn't buy out then. It was no choice at all."
>
> "It was a business chance."
>
> "No; you had better face the truth, Silas. It was no chance at all. You crowded him out. A man that had saved

you! No, you had got greedy, Silas. You had made your paint your god, and you couldn't bear to let anybody else share in its blessing."…

("정말이지," 라팜이 말했다. "그건 아주 공명정대한 처사였어. 그 일에 대해 앞으로 날 괴롭히지 마, 절대로. 그 사람에 관한 한, 과거에도 그랬지만 지금도 난 양심에 전혀 찔리는 게 없어."

"게다가 나는 그 사람을 볼 적마다 당신이 망쳐놓았다고 느끼는 거예요, 사일라스."

"그러면 쳐다보지 마." 남편은 얼굴을 찌푸리며 말했다. "무엇보다도 난 파트너를 원치 않았음을 기억해주기 바래, 퍼어시스."

"만약 그 사람이 출자하지 않았다면 당신은 해나가지 못했을 거예요."

"하지만 그는 자금과 그 이상의 것을 빼내간 거야." 대령은 부루퉁해져서 지루한 듯이 말했다.

"자금을 빼내가려 하지는 않았어요."

"난 선택하도록 한 거야. 다 사버리거나 아니면 물러가거나."

"그 때 그 사람이 다 사버릴 수 없음을 당신도 잘 알고 있었죠. 그건 선택이라고 할 수 없죠."

"그건 사업상의 기회였어."

"그렇지 않아요. 당신은 진실을 진실대로 봐야 해요, 사일라스. 전혀 기회라고 할 수 없죠. 당신은 그를 내보낸 거예요. 당신을 구해준 바로 그 사람을! 정말이지, 사일라스, 당신은 욕심을 부리게 된 거죠. 페인트를 당신의 신으로 만들고, 축복을 다른 사람과 나눠가질 수 없었던 거예요."…)

해설(역설적인 승리)

남북 전쟁 후 미국에서는 산업자본주의가 비약적으로 발달하고 독점 자본주의 단계로 접어든다. 많은 기업가들은 노동자와 소비자들을 희생시키며 온갖 부정한 수단을 동원하여 부를 축적하게 된다. 주인공 라팜도 이 시대의 기업가이며 교양 없는 신흥 재벌이다. 브라민들이 사는 지역에 호화로운 큰 저택을 건축하는 것은 상류층과 교제하여 사회적 지위를 향상시키려는 허영심과 출세욕의 발로(發露)이다. 그 큰 집이 타버리는 것은 이 욕망의 좌절을 상징한다. 비록 사업에 실패했지만 담보로 잡은 쓸모없는 공장을 영국인들에게 팔면 다시 일어날 수 있다. 그러나 사기치는 거래를 거부하고 파산하는 데서, 도덕적인 승리가 나타나는 것이다. 제목의 "출세"(rise)는 경제적으로 몰락했지만 정신적으로 승리했다는 역설적인 승리, 출세를 의미한다. 부패한 도금시대(鍍金時代)의 기업가들에게, 참된 기업가가 지녀야 할 정신적 자세를 제시하고 있다. 돈 앞에는 지조(志操)도 양심도 신앙도 헌신짝처럼 버리는 현대의 소위 "문명인들"이 꼭 읽어야 할 작품이다.

또 교양과 사회적 배경은 없으나 벼락부자가 된 라팜 가(家)와 사회적 지위는 높으나 경제력이 없는 코오리 가(家)의 미묘한 대조도 주목해야 한다. 코오리 부부는 처음부터 톰과 졸부(猝富) 라팜의 딸 피네로프의 결혼을 찬성하지 않지만, 마지막에 할 수 없이 아들의 의사를 존중하여 결혼을 승낙한다. 라팜이 배크 베이 지역에 호화 저택을 짓는 것도, 집을 방문한 코오리 부인이 자기의 친구는 아무도 이 곳에 살지 않는다고 넌지시 비쳤기 때문이다. 이 외에도 교양 없는 신흥 재벌과 경제력 없는 사양(斜陽)의 명문(名門) 사이에 미묘한 대립과 갈등이 줄곧 나타난다.

작품에는 유머와 회화를 중심으로 한 구어체(口語體) 문장이 자주 나오고, 특히 여성 심리의 묘사에 뛰어난 솜씨를 보여준다. 하우얼즈는 평론집 『비평과 소설』(*Criticism and Fiction*, 1891)에서 소설의 소재, 방법, 목적 등을 논하고 있다. 일상생활의 평범한 일을 소재로 하고, 플롯(plot)보다 성격 묘사를 중시해야 하고, 작품 전체의 구성·균형을 염두에 두고 인물이나 사건을 올바른 관계와 비율로 묘사할 것을 강조한다. 그리고 인생의 진실을 묘사하면 당연히 도덕적 의미가 나타나기 때문에 문학의 목적으로서 교훈(moral)을 빼놓을 수 없다고 주장한다. 작품에도 이와 같은 "도덕적 사실주의"(moral realism)의 내용이 분명히 나타난다. 나 혼자 살아남고자 타인을 사기 쳐서는 안 된다는 양심의 소리에 라팜은 귀를 기울였으며, 수단과 방법을 가리지 않고 부만 추구하는 퇴폐한 사회에 새로운 사회적 "모럴"을 보여준 것이다.

헨리 제임스(Henry James, 1842~1916)

(9) 『어느 숙녀의 초상』 (*The Portrait of a Lady*, 1881)

작가의 경력

헨리 제임스는 1843년 뉴욕의 부유한 집안에 차남으로 태어났다. 아버지는 스웨덴보르그(Swedenborg)의 신비사상 연구가였고, 형 윌리암(William)은 심리학자이자 실용주의(Pragmatism)의 철학가였다. 어려서부터 아버지에게 "세계주의적"(cosmopolitan)인 교육을 받았고 소년시절 여러 번 유럽을 여행하였다. 19세 때 하버드 대학 법학부에 입학했으나 1년 후 중퇴하고 문학에 관심을 집중하여 비평, 소설, 단편 등을 잡지에 발표하기 시작했다.

제임스의 작가생활은 보통 3기로 구분된다. 제 1기는 신세계와 구세계의 문화의 대비를 그린 "국제 테마"(international theme)를 다룬 시기이다. 『로데릭 허드슨』(*Roderick Hudson*, 1875), 『미국인』(*The American*, 1877), 『유럽인들』(*The Europeans*, 1878), 『데이지 밀러(*Dasiy Miller*, 1873), 『어느 숙녀의 초상』(*The Portrait of a Lady*, 1881) 등이 이 시기의 작품이다. 제 2기는 주로 "사회 테마"를 집중적으로 다룬 시기이다. 런던을 무대로 혁명가를 다룬 『카사마시마 공작부인』(*The Princess Casamassima*, 1886), 보스턴의 여권론자를 풍자한 『보스턴 사람들』(*The Bostonians*, 1886), 양친의 비행을 관찰하여 어른 세계의 "악"을 소녀가 알게 되는 『메이지가 아는 것』(*What Maisie Knew*, 1899), 유령이야기 『나사의 회전』(*The Turn of the Screw*, 1898), 『사춘기』(*The Awkward Age*, 1899) 등이 이 시기의 작품들이다. 제 3기, 즉 주요 단계(Major Phase)인 원숙기(圓熟期)에는, 국제 테마에 시점인물(視點人物)을 설정하고, "의식의 흐름"의 기법을 도입하였다. 『비둘기의 날개』(*The Wings of Dove*, 1902), 『사자들』(*The Ambassadors*, 1903), 『황금주발』(*The Golden Bowl*, 1904) 등은 제 3기의 3대 걸작이라고 불린다. 소설

이외에, 비평에서도 독자적인 평전 『호손』(*Hawthorne*, 1879), 『소설의 기법』(*The Art of the Novel*, 1934), 『소설가의 메모』(*Notes on Novelists*, 1914) 등이 있다. 일생 독신으로 지내며 문학에 전 생애를 바친 20세기 거장 중의 하나이다.

작품 내용

1972년 여름 런던 교외 가든코트(Gardencourt) 저택의 정원에서 몇몇 사람들이 모여 차를 마시고 있다. 22세의 젊은 미국 여성 이사벨 아아처(Isabel Archer)는 부모를 여의고 이모부 터쳇트(Touchett)의 집에서 함께 살려고 찾아 온 것이다. 그녀의 인생 목표는 "마음껏 독립적으로 사는 것"(to live fully and independently)이다. 세상 어떤 것에도 구속받지 않고 남에게 의지하지 않고 자유롭게 살겠다는 것이다. 모임에 참석한 부유한 영국 귀족 워어버어튼 경(Lord Warburton)은 지적이고 활발한 이사벨에게 반하여 구혼하지만 거절당한다. 그 후 미국인 청년 사업가 굿드우드(Goodwood)도 열렬히 결혼을 청하지만 거절해 버린다. 터쳇트의 아들 랄프(Ralph)도 마음속으로 사랑하지만 오랜 병으로 몸이 허약해져 구혼할 용기가 없다. 대신 자기가 누리지 못한 인생의 다양한 경험과 가능성을 이사벨이 직접 시험해 보도록 바랄 뿐이다. 랄프는 아버지에게 자기 몫인 상속 재산의 절반을 이사벨에게 증여(贈與)하도록 설득한다.

그 결과 막대한 재산을 받은 이사벨은 원하던 대로 타인에게 의지하지 않고 자유를 만끽할 수 있게 된다. 시간이 흘러 아사벨은 매담 마아르(Madame Marle)의 소개로 딸 판지이(Pansey)와 둘이 사는 중년의 홀아비 길버트 오즈몬드(Gilbert Osmand)를 만난다. 그는 속세(俗世)를 등지고 독자적인 미적 생활(美的生活)을 즐기고 있으며, 어떤 가치관에도 매이지 않는 자유롭고 고상한 인물로 보인다. 이모 터쳇트 여사, 랄프, 굿드우드 등은 천박하고 이기적인 인간이라고 오즈몬드를 평하지만 이사벨은 크게 개의치 않고 결혼을 결정한다.

그러나 오즈몬드의 세상을 초탈(超脫)한 태도는 세인(世人)을 속이는 간교한 속임수였고, 실제로는 철저한 이기주의자임이 드러난다. 이사벨과 결혼한 목적도 그녀의 재산 때문이었다. 오즈몬드의 여동생 제미미(GEMIMI) 백작부인은 이사벨에게 솔직히 모든 사실을 들려준다. 매담 마아르가 오즈몬드를 이사벨에게 소개한 것은, 그녀와 오즈몬드의 사생아인 판지이의 경제적 안정을 보장하기 위한 술책이었다는 것이다. 판지이가 부유하지 못한 청년 로지어(Rosier)를 사랑하게 되자 오즈몬드는 결혼을 반대하고 딸을 수녀원으로 쫓아 보낸다.

랄프가 위독하다는 소식을 듣고 이사벨은 남편의 반대를 무릅쓰고 런던으로 떠나려고 한다. 이사벨은 출발하기 전에 수도원으로 가서 판지이를 만난다. 판지이는 자기를 버리지 말 것을 이사벨에게 애원하였고 그녀는 쾌히 승낙한다. 가든코드에서 랄프와 재회한 이사벨은 그의 충고를 무시하고 오즈몬드와 결혼한 잘못을 용서해달라고 빈다. 랄프는 지금이라도 늦지 않았으니 이혼하라고 충고한다. 랄프가 죽은 뒤 굿드우드가 다시 나타나 이사벨에게 열렬히 구혼했고 이사벨은 마음이 움직였지만 판지이와의 약속을 상기하고 거절한다. 이사벨은 판지이에 대한 책임을 생각하며 다시 로마의 남편 집으로 돌아간다.

아래의 인용은 영국귀족 워어버어튼 경의 구혼을 거절하려고 생각하는 이사벨의 마음을 묘사한 것이다.

> Lord Warburton loomed up before her, largely and brightly, as a collection of attributes and powers which were not to be measured by this simple rule, but which demanded a different sort of appreciation—an appreciation that the girl…felt she lacked patience to bestow. He appeared to demand of her something that no one else, as it were, had presumed to do. What she felt was that a territorial, a political, a social magnate had conceived the

design of drawing her into the system in which he rather invidiously lived and moved. A certain instinct, not imperious, but persuasive, told her to resist—murmured to her that virtually she had a system and an orbit of her own.…

(워어버어튼 경은 이 단순한 법칙으로는 측정할 수 없는 속성과 힘의 집합체로서 그녀의 눈앞에, 거대한 모습으로 빛을 내며, 우뚝 솟아 있었다. 그건 다른 평가의 척도를 필요로 하는 것이었다. 그녀는 …자기가 그걸 제대로 평가할 만한 인내력이 부족하다고 느꼈다. 다른 어떤 사람도 감히 요구하지 않았던 무엇인가를 자기에게 요구하는 듯 했다. 큰 지주이자 정계와 사교계의 유력한 인물이, 사람들의 시샘을 받으며 생활하고 행동해 온 시스템 속으로, 자기를 끌어들일 계획을 세우는 것 같았다. 어떤 확실한 본능이, 명령이 아니라 설득하듯이, 저항하라고 일러주었다—그녀에겐 사실상 자신의 시스템과 생활권이 있다고 속삭였다….)

해설(고난을 통한 성숙)

젊은 미국 처녀가 유럽에서 시련을 겪으며 점차 성숙해지는 과정을 다룬 것이다. 부유한 영국귀족 워어버어튼과의 결혼은 모든 점에서 안전하고 "안이한"(easygoing) 생활이어서 "마음껏 충실하게 살려는" 목표를 달성할 수 없기에 거절하였다. 안이한 인생살이는 다양하고 진지한 경험을 누릴 수 없어 편협(偏狹)하고 옹졸한 사람이 될 위험이 있다고 내다본 것이다. 굿드우드는 박력(迫力)있고 매력적인 젊은 남성이지만, 세련미가 적고 감수성이 예민하지 못하며 성적 에너지가 넘친다고 생각하였다. 강한 공격성(aggresiveness)을 지닌 남성에게 "소유"(所有)되면 자신의 정신적 자유가 박탈될 위험성이 있다는 것이다. 결국 이사벨은 경력도 명예도 지위도 재산도 없는, 세속적이고 이기적이고 간교한 심미가(審美家)에게 속아 결혼한다. 결혼 생활에 대한 이상적인 모든 꿈은 산산히 부서졌고 남편 오즈몬드에서 인간의 표면(appear- ance)과 실체(reality)의 괴리(乖離)를 뼈저리게 발견한다. 꽃이 만발한 정원 안으로 살며시 다가드는 뱀처럼, 심미가의 교양, 지능, 상냥함 등의 "표면" 밑에, 무서운 탐욕, 이기심, 사악함(viciousness) 등이 도사리고 있는 것이다. 이 피눈물 나는 환멸(幻滅)과 괴로움을 맛보면서 순진한(naive) 이사벨은 인생의 진실을 체험하고 비로소 정신적으로 성숙해진다. "고난 당하는 것이 내게 유익이라"(My punishment was good for me,…)[14]고 가르치는 시편의 진리가 그대로 들어맞는다.

이사벨에게는 굿드우드의 구혼을 받아들일 수 있는 또 다른 안락한 선택의 기회가 남아 있다. 그러나 잘못된 선택의 결과를 스스로 받아들이겠다고 결심하고 남편에게 돌아간다. 이 점이 바로 이사벨의 놀라운 정신적 성숙이다. 혈연은 아니지만 딸 판지이를 위해 최선을 다하겠다는 윤리적 책임 의식에서도 정신적, 윤리적 성장이 드러난다.

작가는 작품에서 등장인물의 성격묘사에 중점을 두고 있으며, 이사벨의 행동에서 독자는 그녀의 성격을 발견할 수 있다. 또한 이사벨은 유럽의 "악"을 목도하고 사색의 깊이가 점차 깊어지는데, 이는 타고난 성격의 필연적 발전이라고 할 수 있다. 그리고 주위의 사람들은 이사벨의 성격을 돋보이게 하는 일종의 반사경(反射鏡)의 역할을 하고 있다.

작품에는 구세계와 신세계의 대조, 양자의 가치관의 차이, 미국 출신의 이국자(離國者)들의 생활상이 나타난다. 긴 역사와 전통, 예술 등에 의해 세련되었지만 허위와 위선이 잠재한 유럽인들과 솔직하고 성실하지만 교양이 부족하고 조야한 미국인들의 대조가 종종 예리하게 드러난다.

---

14) *Pasalm,* 119 : 71

(10)『대사들』(*The Ambassadors*, 1903)

작품 내용

주인공 스트레더(Strether)는 55세의 홀아비이며 매사추세츠(Massachusetts) 주 울레트(Woollett)의 문예지 『레뷰』(Review) 지의 편집자이다. 『레뷰』 지의 재정 원조인인 미망인 뉴섬(Newsome) 부인은 뉴 잉글랜드의 부유한 사업가이다. 스트레더는 뉴섬 부인의 부탁을 받아 뉴섬 가의 가업을 계승할 아들 채드(Chad)를 데려오려고 파리로 출발한다. 이 일을 성취하면 뉴섬 부인과 결혼하기로 되어 있다. 뉴섬 부인은 채드의 아내가 될 여자까지 골라 놓고 기다리는 데 5년전 파리로 간 채드는 도무지 돌아오지 않는다. 울레트에서는 채드가 어떤 프랑스 여인과 부도덕한 정사에 빠져있을 거라는 소문이 나돌고 있다. 스트레더는 파리에 도착한 후, 울레트와 다른 유럽 세계에 흠뻑 빠져들었고, 그 동안 의무와 양심에만 사로잡혀 무의미한 생활을 해왔다고 깨닫는다. 결과적으로 청춘을 낭비했다는 것이다. 스트레더는 채드의 친구인 빌램(Bilham)에게, 자기가 범한 과오를 되풀이하지 말고 "충실하게, 마음껏" 인생을 살라고 충고한다.

스트레더는 오랜 만에 채드를 만나자 그에게 나타난 세련된 변화를 보고 적잖이 놀란다. 이런 변화를 가져온 파리의 애인은 우아하고 고상한 여성임에 틀림없다고 속으로 생각한다. 울레트의 소문은 잘못된 것이다. 그 후 채드와 교제하는 애인 비오네(Vionnet) 백작부인과 딸 잔느(Jeanne)를 스트레더는 조용히 만난다. 비오네 부인은 남편과 별거 중인데 사회적 지위, 종교상의 이유로 정식으로 이혼할 수 없는 형편에 놓여 있다. 부모와 사별(死別)하고 남편과 별거 중인 외로운 비오네 부인을 스트레더는 속으로 사랑하고 또 동정하기 시작한다. 마침내 그는 자기의 사명과 정반대의 충고를 채드에게 하게 된다−유럽의 문화와 교양을 지닌 착한 비오네 부인을 버려서는 안 되며, 파리에 계속 머물러 보람 있는 생활을 하라는 것이다.

울레트에 있는 뉴섬 부인은 스트레더가 제대로 일을 처리하지 못하자 두 번째의 “대사들”을 파리에 보낸다. 채드의 누이 사라 포콕(Sarah Pockock), 남편 짐(Jim), 여동생 메이미(Mamie) 등 세 사람이다. 사라는 스트레더를 만나자 불쾌한 말을 한다—채드는 파리에서 세련된 사람이 된 것이 아니며, 비오네 부인은 착한 여자라고 할 수 없고 또 자기 어머니가 스트레더에게 모욕을 받았다고 거침없이 말한다. 마침내 채드는 누이 일행과 함께 미국으로 돌아가기로 결정한다. 난처해진 스트레더는 친숙한 사이가 된 국적상실자 고스트리이(Gostrey) 양의 완곡(婉曲)한 구혼도 거절하고 채드 일행보다 한발 앞서 울레트로 돌아가기로 결심한다.

아래의 인용은 스트레더가 미국으로 돌아가기 직전 고스트레이 양과 식당에서 만나 대화를 나누는 장면이다. 고스트리이 양은 이 자리에서 넌지시 구혼을 한다.

> He had sent Maria Gostrey a word early, by hand, to ask if he might come to breakfast; in consequence of which, at noon, she awaited him in the cool shade of her little Dutch-looking dining-room.…
>
> “There's nothing more to wait for; I seem to have done a good day's work. I've let them have it all round. I've seen Chad, who has been to London and come back. He tells me I'm ‘exciting,’ and I seem indeed pretty well to have upset everyone. I've at any rate excited him. He's distinctly restless.”
>
> “You've excited me”, Miss Gostrey smiled. “I'm distinctly restless.”
>
> “Oh you were that when I found you. It seems to me I've

rather got you out of it. What's this," he asked as he looked about him, "but a haunt of ancient peace?"

"I wish with all my heart," she presently replied, "I could make you treat it as a haven of rest." On which they fronted each other, across the table, as if things unuttered were in the air.…

(그는 아침 일찍 마리아 고스트리이 양에게 사람을 보내어 아침 식사를 같이 하기 위해 가도 되겠느냐고 물었다. 작은 네덜란드식 식당의 시원하게 그늘진 곳에서 고스트리이 양은 기다리고 있었다.…)

"이제는 더 기다릴게 없군요. 큰일을 해치운 것 같아요. 나는 모든 사람들에게 두루 상대해 주었죠. 런던에 다녀온 채드도 만났어요. 내가 자기를 흥분시킨다고 하더군요. 모든 사람을 몹시 당황케 한 것 같아요. 어쨌든 흥분시켰죠. 그는 분명히 들떠 있었어요."

"당신은 저도 흥분시켰죠." 고스트리이 양은 미소 지으며 말했다. "저도 분명히 들떠있는 상태예요."

"아뇨, 당신은 내가 처음 만났을 때도 그랬죠. 제가 오히려 당신의 기분을 진정시킨 것 같아요. 이것 보세요," 주위를 둘러보며 그는 말했다. "여기에도 옛날의 평화가 깃들여 있지 않소?"

"전 진심으로 바라는 건데요," 이내 그녀는 대답했다. "당신은 이곳을 안식처로 삼아주었으면 좋겠어요." 이 말이 나오자 식탁을 사이에 두고 둘은 마주 바라보았다. 입 밖에 내지 않은 생각이 공중에 떠도는 듯 했다. …

해설(상황의 역전)

스트레더는 감수성이 예민하고 상상력과 공감(共感, sympathy)하는 능력도 뛰어난 사람이다. 채드를 미국으로 데리고 돌아오기 위해 영국을 거쳐 파리로 간다. 유럽에 도착한 뒤, 세련된 역사 깊은 문명의 결실(結實), 그리고 난숙(爛熟)한 문화의 풍요로운 모습을 보고 깊은 감명을 받는다. 파리의 매력을 대표하는 듯한 비오네 부인−채드의 애인−을 만나 자기의 생애를 되돌아보고 인생의 귀중한 기회, 다시 오지 않는 청춘을 낭비했음을 절감한다. 현실의 생활로 버려진 인생을 되찾을 수 없다면, 채드와 비오네 부인의 사랑의 형태로, 대리적으로(vicar- iously), 되찾아 보려고 생각한다.

스트레더는 유럽에 와서 도덕의식(moral conciousness)에서도 변화를 받는다. 미국에서 지녔던 실용주의적(pragmatic) 도덕의식이 인간의 존엄과 가치를 중시하는 휴머니즘(humanism)의 영향을 깊이 받은 것이다. 사업가 뉴섬 부인의 소원대로, 스트레더가 유럽에 온 당초의 목적대로, 채드를 비오네 부인에서 떠나게 하는 것은 인간의 도리가 아니라고 생각한다. 채드와 교제하며 세련된 인간으로 변화시킨 은공을 봐서도 안 되는 것이다. 더군다나 남편과 별거중이고, 이혼을 원해도 백작이라는 사회적 지위와 또 종교상의 이유로 이혼이 허락되지 않는 실정이다. 여기에 20세기초 프랑스의 사회상이 드러난다. 딸과 둘이 외롭게 사는 비오네 부인을 파리에 남겨두고 떠나는 것은 인비인(人非人, brute)의 행위라고 채드에게 힘주어 말한다. 미국으로 돌아가겠다고 결심한 채드에게 파리에 남아 애인을 도와주고 보람된 생활을 하라고 강조한다. 스트레더는 유럽 체류(滯留) 3개월 만에 판이한 사람으로 변한 것이며, 일종의 아이러니라고 할 수 있다. 상황(狀況)의 역전(逆轉)이 일어난 것이다.

이처럼 스트레더는 유럽에 와서 예민한 감수성 때문에 현저하게 변하지만, 똑같은 환경에서도 변하지 않는 인물도 몇몇 나타난다. 채드는 비오네 부인의 영향으로 멋진 세련된 인물로 성장했지만 도덕적 의식까지 변한 것은 아니다. 미국으로 돌아가겠다고 결심한 것은 결혼하고 돈을 벌겠다는 생각이며 어머니에 대한 효심(孝心)에서 우러나온 것은 아니다. 이는 세속적 성공주의에 불과하다. 채드의 누이 사라와 짐은 스트레더처럼 유럽에 머무르고 비오네 부인을 만났지만, 울레트에서 지닌 선입관념은 조금도 변하지 않고 있다. 스트레더처럼 변하고 성장하는 인물을 "원숙한 인물"(round character)이라고 한다면 변하지 않는 인물은 "편평한 인물"(flat character)이라고 할 수 있을 것이다.

스트레더는 뉴섬 부인의 미움을 사서 귀국해도 결혼할 수 없고, 『레뷰』 지의 보조금도 받을 수 없는 형편이다. 차라리 파리에 머물러 고스트리이 양과 결혼하여 여생을 행복하게 보내는 편이 낫다. 구태어 미국에 돌아갈 필요도 없는 것이다. 그러나 스트레더는 채드 때문에 미국에 왔으므로 어떤 보수도, 대가도 받지 않겠다는 신념－결백한 양심－ 때문에 돌아가는 것이다. 이것은 『어느 숙녀의 초상』에서 이사벨이 굿드우드의 구혼을 거절하고 사랑할 수 없는 사악한 남편에게 돌아가는 것과 같은 입장이다. 자신의 선택의 잘못에 기인된 결과는 달게 받겠다는 신념 때문이다.

작품은 시종일관 스트레더의 시점에서 전개되고 있으며, 성격묘사와 심리묘사에 중점을 두었고, 복잡하고 난삽(難澁)한 문체로 되어 있다.

스티븐 크레인 (Stephen Crane, 1871~1900)

(11) 『붉은 무공 훈장』(*The Red Badge of Courage*, 1895)

작가의 경력

크레인은 1871년 11월 뉴 저지 주 뉴아크(Newark)에서 성직자의 열 네번째 아들로 태어났다. 아버지는 감리교 목사였고 어머니도 열성적인 신자였다. 그러나 크레인은 기독교에 대해서 소극적인 비판적 태도를 줄곧 지니고 있었다. 라파이옛트 대학(Lafayette College), 시러큐스 대학(Syracuse College) 등을 다니다 중퇴하고 뉴욕으로 가서 신문 기자가 되었고, 창작활동에도 힘쓰기 시작했다. 그 후 특파원으로 극서부, 발칸(Balkan) 반도 등에 갔었고, 1898년에는 미서 전쟁의 취재를 위해 큐바(Cuba)로 갔다. 크레인은 15편의 장·단편, 두 편의 시집을 남기고 29세의 젊은 나이로 요절하였다.

처녀작 『매기: 거리의 소녀』(*Maggie : A Girl of the Streets*, 1893)는 뉴욕 빈민굴의 창녀의 참상과 생활을 속어(slang)를 섞어가며 냉정하게 묘사하고 있다. 환경의 압력으로 결국 자살하고 마는 창녀의 비극을 적나라하게 그리고 있으며, 미국 자연주의 소설의 효시로 평가되고 있다. 『죠지의 어머니』(*George's Mother*, 1896)는 형해화(形骸化)된 종교에 대한 신랄한 도덕적 비판이다. 크레인은 1895년에 출판된 『붉은 무공 훈장』으로 명성을 얻게 되었다. 이 작품은 심리주의적 사실주의에 의하여 전쟁의 실감을 여실하게 표현하고 있다. 크레인은 단편작가로도 뛰어난 솜씨를 나타냈고 「갑판 없는 쪽배」(*The Open Boat*, 1898), 「푸른 호텔」(*The Blue Hotel*, 1898) 등이 유명하다. 또 한편 뛰어난 시인이었으며 『검은 기수』(*Black Riders*, 1895), 『전쟁은 부드러워』(*War is Kind*, 1899)라는 두 권의 시집을 발표했다. 크레인의 시는 20세기 초 신시운동(新詩運動)에 큰 영향을 미쳤다.

작품 내용

젊은 헨리 플레밍(Henry Fleming)은 남북전쟁 때 서사시적(敍事詩的) 전쟁터를 상상하고 어머니의 반대를 무릅쓰고 북군에 입대한 병사이다. 그러나 일단 전선(戰線)에 나와 보니 지루하기 그지없다. 부대는 야영한 채 며칠씩 움직이지 않는다. 헨리는 전쟁에서 과연 영웅이 될 수 있을까하는 의구심(疑懼心)과 죽음에 대한 공포 때문에 불안하고 초조하다. 또 이동하기 시작하면 어디로 가는지 알 수도 없고 계속 걸어가야만 한다. 답답해져서 상관을 무능하다고 비난하고 전쟁을 저주한다. 헨리는 친한 전우 짐(Jim)에게 탈주할 생각은 없느냐고 묻는다. 짐은 그렇게 할 수도 있지만 다른 병사들이 그대로 남아서 싸운다면 함께 남아 있겠다고 대답한다. 헨리는 짐이 자기와 비슷한 심정임을 확인하고 다소 마음이 놓인다.

얼마 뒤 무서운 총격전이 벌어진다. 적의 끈질긴 공격 때문에 공포에 떤다. 그래도 첫 번째 전투에서는 공포를 참아냈지만 다시 적이 공격해오자 더 두려워진다. 자기 옆 몇몇 병사가 악을 쓰며 달아나자 헨리도 모자와 총을 버리고 도망친다. 위험에 직면해서 도주하는 것은 당연한 일이라고 스스로를 정당화한다. 정신없이 숲 속으로 달아났고, 작은 예배당 같은 잡목 숲 속에서 시체를 발견하고 깜짝 놀란다. 개미들이 시체의 입술로 기어오르는 것을 보고 겁에 질려 부대 쪽으로 다시 달아난다. 얼마 후 부상병들과 함께 후퇴하는데 누더기 군복을 입은 한 병사가 어디에 부상을 입었느냐고 묻는다. 양심의 가책을 받은 헨리는 차라리 부상을 당했으면 좋겠다고 생각한다. 아이러니컬하게도 헨리는 적이 아닌 자기편 병사에게 개머리판으로 머리를 맞아 피를 흘리며 쓰러진다. 겨우 정신을 차려서 주위의 부축을 받아 부대에 복귀하게 된다. 전우 윌슨(Wilson)은 헨리가 전투에서 부상을 입은 것으로 생각하고 영웅으로 여기고 극진히 간호한다. 제목 『붉은 무공 훈장』은 피흘린 부상을 의미한다.

다시 전투가 시작되자 헨리는 정신없이 적을 향해 사격을 개시한다. 이런 변화가 일어난 것은 전우들에게 영웅 대우를 받았기 때문이다. 정신을 차려보니 전투는 이미 끝났고 자기만 혼자 사격을 하고 있었다. 헨리가 싸우는 모습을 지켜본 한 장교는 그가 “전쟁 악마”(war devil) 또는 살쾡이처럼 용감하게 싸웠다고 칭찬한다. 적은 다시 공격을 개시했고 연대 기수인 흑인 하사가 전사하자 헨리는 윌슨보다 앞서 그 깃발을 빼앗는다. 헨리와 윌슨은 전선의 제일 앞에 서서 전력을 다해 싸웠고, 그 날 하루의 긴 전투가 끝나자 남자답게 싸웠다고 생각하고 승리의 기쁨을 만끽한다. 한 번 죽음에 직면했으니 앞으로도 죽음에 당당히 맞설 수 있다고 확신하고 있다.

아래의 인용은 적의 공격을 받아 숲 속으로 도망친 헨리가 시체를 발견하고 놀라는 장면이다.

> At length, he reached a place where the high, arching boughs made a chapel. He softly pushed the green doors aside and entered. Pine-needles were a gentle brown carpet. There was a religious half-light.
>
> Near the threshold, he stopped horror-stricken at the sight of a thing.
>
> He was being looked at by a dead man who was seated with his back against a column-like tree. The corpse was dressed in a uniform that once had been blue but was now faded to a melancholy shade of green. The eyes, staring at the youth, had changed to the dull hue to be seen on the side of a dead fish. The mouth was opened. Its red had changed to an appalling yellow. Over the grey skin of the face ran little ants. One was trundling some sort of a bundle along the upper lip.

The youth gave a shriek as he confronted the thing. He was, for moments, turned to stone before it. He remained staring into the liquid-looking eyes. The dead man and the living man exchanged a long look. Then, the youth cautiously put one hand behind him and brought it against a tree. Leaning upon this, he retreated, step by step, with his face still toward the thing. …

(드디어 그는 높은 아치형으로 굽은 큰 가지들이 예배당처럼 만든 장소에 도착했다. 녹색문을 살며시 밀고 들어갔다. 솔잎이 모여 부드러운 갈색 카페트를 이루고 있었다. 종교적인 어슴프레한 빛이 눈에 들어왔다.

문간 부근에서 어떤 물건을 보고 깜짝 놀라 멈춰 섰다. 원주같은 나무에 등을 기대고 시체가 그를 바라보고 있었다. 시체는, 전엔 청색이었지만 지금은 바래서 우울한 녹색이 된 군복을 입고 있었다. 청년을 지켜보는 시체의 눈은, 죽은 생선 옆구리에 드러나는 흐릿한 색으로 변해 있었다. 입은 벌어져 있다. 그 붉은 빛은 소름끼치는 노란색으로 변색되어 있다. 회색 피부의 얼굴 위로 작은 개미들이 달려가고 있었다. 그 중 한 마리는 윗입술 쪽으로 무슨 짐 같은 것을 나르고 있다. 그것을 바라보고 청년은 비명을 질렀다. 시체 앞에서 잠시 돌처럼 굳어 있었다. 액체처럼 보이는 두 눈을 응시하였고, 죽은 자와 산 자는 오랫동안 서로 바라보고 있었다. 그리고 나서 젊은이는 조심스레 한 손을 뒤에 돌리고 나무에 갖다 댔다. 이것에 기대고 한 걸음씩 물러났으며 얼굴은 계속 시체에 향하고 있었다.…)

해설(신병이 체험하는 전쟁)

크레인은 인간은 누구나 주위 환경에 지배를 받는다고 주장하는 자연주의 작가의 하나이다. 남북전쟁이라는 극한상황(極限狀況)에서 대부분의 병사들은 전투가 일어나자 "동물"로 변해 버린다. 죽음의 위기에 직면하자 옆 병사들이 달아나는 것을 보고 헨리도 달아나기 시작한다. 일종의 군중심리(mob psychology)를 따라 행동하는 것이다. 도망치고 나니 자신의 행위를 증오하게 된다. 자기편 병사에게 받은 상처로 영웅처럼 대우를 받게 되자 다음 번 전투에서는 영웅적으로 싸우는 "동물"로 변하게 된다. 전쟁터는 무의미한 소요와 혼란으로 가득 차 있다. 영웅이나 겁쟁이라는 것은 단지 우연과 그때 그때의 환경에 의하여 결정될 뿐이라고 작가는 생각하고 있다. 종래의 영웅숭배적인 전쟁 이야기는 진실이 아니라고 믿고, 헨리라는 신병(新兵)의 시점에서 크레인은 전쟁을 다룬 것이다.

작품에는 끊임없이 동요하는 병사들의 심리상태—영웅적 허영심, 불안, 공포, 초초감 등—가 선명하게 드러난다. 부대가 야영하고 행진하고 움직이는 의미를 병사들은 파악하지 못하고, 상관의 명령에 불만을 품고 분노하고 욕설을 내뱉는다. 전투에서 도망치기도 하고 정신없이 싸우기도 하며 이런 전쟁의 과정을 거쳐 하나의 병사가 되고, 죽음에도 직면할 용감한 "남자"가 되는 것이다. 작품은 병사 헨리의 심리적 갈등의 변화를, 심리주의적 사실주의의 기법으로 묘사한, 19세기 미국문학 걸작의 하나이다.

작가는 인상주의적 문체를 사용하여 아이러닉한 삽화를 계속 넣음으로써 전체의 구성에 통일성을 부여하고 있다. "붉은 색깔"(the color red)이 작품에 많이 나오는 것도 주의해야 한다. 예컨대 "붉은 환호"(red cheers), "붉은 태양"(red sun), "붉은 눈들"(red eyes), "피로 물들인 노호"(crimson roar) 등이다. 이것들은 공포와 죄의식, 분노와 영웅 행위 등의 주제와 밀접하게 관련되어 있다. 또 많은 기계의 이미지와 동물의 이미지 등을 능숙하게 사용하여 전쟁의 잔인성, 비인간성 등을 돋보이게 한다. 몇몇 비평가들은 이 이미지들을 더 깊이 분석하여 다음과 같이 암시하고 있다. 짐의 죽음 또는 플레밍의 숲 속 도피 등의 상징 속에, 그리스도 예수의 희생과 구속(救贖)이라는 기독교적 주제가 들어 있다는 것이다.[15]

작품에는 19세기 중엽 남북전쟁 당시의 전쟁터, 전투하는 모습, 극한상황에 처한 인간의 공포, 그에 대한 다양한 반응 등이 선명하게 드러난다. 크레인은 전쟁을 실제로 경험하기도 전에 이 작품을 썼는데, 나중에 전쟁을 취재하고 나서 『붉은 무공 훈장』은 실제 전투의 모습을 정확하게 묘사했다고 말한 적이 있다. 이 작품은 톨스토이(Tolstoi)의 『전쟁과 평화』(*War and Peace*), 헤밍웨이(Hemingway)의 『무기여 잘 있거라』(*Farewell to Arms*) 등과 함께 전쟁 소설의 고전으로 평가되고 있다.

15) Abraham Lass, P.75.

잭 런던(Jack London, 1876~1916)

(12) 『야성의 부름』(*The Call of the Wild*, 1903)

작가의 경력

런던은 1876년 샌프란시스코에서 점성술사(占星術師)의 사생아로 태어났다. 집안이 빈곤하여 초등학교 시절부터 신문배달을 하였고 통조림 공장에서 18세까지 일했다. 그 후 뜨내기 노동자, 굴따는 어부, 선원, 황마 제조공, 클온다이크(Klondike)의 황금광부, 농부 등 여러 직업을 전전하면서 모진 세파와 싸워 갔다. 부랑자라는 죄목으로 30일간 투옥된 일도 있었다. 그 때 비로소 공부하기로 결심하고 신속히 고등학교 과정을 마치고 캘리포니아 대학 선과생(選科生)으로 한 학기 동안 엄청나게 책을 읽었다. 퇴학한 후, 1897년 알래스카(Alaska)의 클온다이크 골드 러시(gold rush)에 참가했고 이듬 해 돌아왔다. 그 경험에서 단편집 『이리의 아들』(*The Son of the Wolf*, 1900)이 나왔고 40세에 자살할 때까지 50여권의 책을 출판하였다.

런던은 다윈(Darwin)이나 스펜서(Spencer)의 진화론에 공명(共鳴)하였고 니이체(Nietzsche)의 초인사상(超人思想)에 매력을 느꼈다. 다른 한 편 맑스(Marx)의 사회주의를 신봉하게 되었고 칸트(Kant)의 관념론에도 관심을 갖게 되었다. 이처럼 그는 혼돈과 자기모순에 고민하는 작가였다. 『나락(奈落)의 사람들』(*The People of the Abyss*, 1903), 『철의 뒤축』(*The Iron Heel*, 1908), 『계급간의 싸움』(*War of the Classes*, 1905), 『혁명』(*Revolution*, 1910) 등에는 맑스주의적인 사회주의 사상이 나타난다. 『야성의 부름』, 『베도라치』(*The Sea-Wolf*, 1904), 『흰 엄니』(*White Fang*, 1906) 등에는 다윈의 적자생존이론과 니이체의 초인개념이 기묘하게 혼합되어 있다.

자연주의 내지 사회주의(Socialism)의 문학가로서 더욱 발전할 수 있었는데 아깝게도 40세 때 음독자살을 하였다.

⁘ 작품 내용 ⁘

버크(Buck)는 세인트 버나드(St. Berard) 종과 스코치 셰퍼드(Scotch Sepherd) 종의 잡종개로 체중이 140 파운드나 되는 힘이 센 개다. 샌프란시스코 근처 산타 클아라 계곡(Santa Clara Valley)에 사는 판사 밀러(Judge Miller)의 애견(愛犬)이다. 1897년 알래스카의 클온다이크에 큰 금광이 발견되자 썰매를 끄는 개의 수요가 급증하여 개의 값이 올라간다. 판사 집의 정원사가 버크를 힘센 개를 구하는 사람에게 몰래 팔아버린다. 시애틀(Seattle)에 끌려가 갇혀 있는 우리에서 풀려나자 버크는 붉은 셔츠를 입은 남자—개 길들이는 사람—에게 무섭게 달려든다. 그러나 머리에 곤봉을 맞아 쓰려졌고, 버크는 곤봉 든 사람에게 도전할 수 없음을 깨닫는다. 버크를 구입한 사람들은 프랑스 계 캐나다인 페러(Perrault)와 썰매를 운전하는 프랑소와(Francois)이다. 그들은 캐나다 정부의 우편물을 수백 마일 떨어진 알래스카의 탐광자(探鑛者)들에게 운반하는 집배원이다. 버크와 함께 썰매를 끄는 팀은 꾀병을 잘 부리는 파이크(Pike), 힘차게 끄는 솔 레크(Sol-leks)와 데이브(Dave), 온순한 컬리(Curly), 썰매 끄는 팀의 리더(leader) 스핏츠(Spitz) 등이다. 어느 날 밤 에스키모 개들이 썰매 끄는 개들을 급습하여 싸움이 벌어졌고 버크는 그 중의 한 마리를 물어 죽인다. 얼마 뒤 이 팀의 개 한 마리가 발광하자 프랑소와가 도끼로 사정없이 죽인다. 버크가 상상도 못했던 잔인한 세계이다. 리더인 스핏츠는 처음부터 버크에게 심술궂게 대한다. 원한이 쌓이자 버크가 기회를 보아 스핏츠에게 달려든다. 싸우는 중에 버크는 지혜를 발휘하여 스핏츠의 균형을 무너뜨려 적의 앞 발 뼈를 으깨어 승리를 거둔다. 구경하던 개들이 달려들어 스핏츠를 물어뜯어 먹어치운다. 버크에게 조상으로부터 유전된 야성(野性)의 본능이 되살아나고 있다.

이튿 날 다른 개가 스핏츠가 끌던 자리를 차지하자, 버크는 그 개를 사납게 공격했고 자기의 옛자리로 가지 않는다. 프랑소와는 눈치를 채고 버크가 스핏츠의 자리에서 끌게 한다. 버크는 스핏츠 대신 리더가 되자 팀의 결속(結束)을 강화시키고 열심히 달려 주인의 칭찬을 받는다. 그해 겨울 이 팀은 통틀어 1,800 마일이나 달렸다. 힘을 회복하도록 개들을 휴식시켜야 하는데 주인들은 일과 돈에 눈이 어두워 휴식을 주지 않는다. 다시 이 팀은 알래스카 동부 도시 스캐그웨이(Skagway)에서 개를 다룰 줄 모르는 풋내기 할(Hal)과 찰즈(Charles)에게 팔린다. 그들은 개들을 금광으로 몰았고 힘 빠진 개들은 피로와 기아로 계속 죽어간다. 열네 마리 중 버크를 포함하여 다섯 마리만 남게 된다. 개들은 헐떡이며 존 쏘온톤(John Thornton)이 겨울을 지내는 캠프 안으로 들어가 쓰러져 버린다. 할은 개들을 일으키려고 먼저 리더인 버크를 곤봉으로 때리려고 한다. 위험한 찰나에 쏘온톤은 버크를 할에서 구해냈고 극진히 간호한다. 할은 나머지 네 마리의 개들과 강을 건너다 얼음이 깨져 모두 다 익사하고 만다. 버크는 자기를 돌보아 주는 쏘온톤에게 이제껏 느껴보지 못한 애정을 느꼈고 진정한 주인으로 섬긴다. 주인에 대한 변치 않는 사랑 때문에 버크는 원시생활로 돌아가고 싶은 충동을 억제하고 있다. 그 후 버크는 여울에 빠진 주인을 구출했고, 술집에서 주인이 깡패에 맞아 쓰러지자 그 깡패를 무섭게 공격한다. 힘이 장사인 버크는 얼마 뒤 1,000 파운드의 짐을 실은 썰매를 끌어 내기에서 이겼고, 주인에게 1,600 불의 거금을 안겨 준다.

이 돈으로 쏘온톤과 동료들은 금을 찾기 위해 알래스카 원시림으로 들어간다. 그들이 금을 채취하는 동안 버크는 이리들과 함께 원시림 속에서 마음껏 뛰어 다닌다. 버크 내면에 점차 변화가 일어났고 예전 기억이 되살아난다. 버크의 옛 조상이 야수로서 생활했던 원시생활의 유혹–야성이 외치는 소리–에 매력을 느낀다. 얼마 뒤 쏘온톤과 동료들은 이이핫트 족(the Yeehats)에게 살해되었다. 주인을 잃은 버크는 줄곧 자신을 유혹하는 "야성의 부름"에 끌리어 옛 조상의 야수생활 속으로 돌아가며 작품은 마무리된다.

다음의 인용은 버크의 공로로 내기에서 번 1,600 불을 가지고 금광을 찾아 출발하는 내용이다.

When Buck earned sixteen hundred dollars in five minutes for John Thornton, he made it possible for his master to pay off certain debts and to journey with his partners into the East after a fabled lost mine, the history of which was as old as the history of the country. Many men had sought it; few had found it; and more than a few there were who had never returned from the quest. This lost mine was steeped in tragedy and shrouded in mystery. No one knew of the first man. The oldest tradition stopped before it got back to him. From the beginning there had been an ancient and ramshackle cabin. Dying men had sworn to it, and to the mine the site of which it marked, clinching their testimony with nuggets that were unlike any known grade of gold in the Northland.

(버크가 5분 동안에 존 쏘온톤을 위해 1,600 불을 벌어주었을 때, 주인이 어떤 부채를 변제하고 또 동료들과 함께 지금은 알 수 없지만 전설상으로 유명한 금광을 찾아 동부로 떠날 수 있게 했다. 그 금광의 역사는 그 나라의 역사만큼 오래된 것이었다. 많은 사람들이 이 금광을 찾으려고 애썼다. 그러나 찾아낸 사람은 거의 없었다. 탐색에서 돌아오지 못한 사람도 적지 않았다. 잃어버린 금광은 비극이 깊이 스며들어 있었고 신비에 싸여 있었다. 최초로 그 곳에 간 사람이 누구인지 아무도 몰랐다. 아무리 오래된 전설도 그 사람에게까지 소급되기 전에 흐지부지되고 말았다. 최초부터 오래 된 넘어질 듯한 오두막이 하나 있었다. 죽어가는 사람들이 오두막이 있었다는 것, 그리고 오두막이 금광의 위치를 알려주고 있음을 증언했고, 또 북국(北國)에서 알려진 등급의 금과는 전혀 다른 금괴를 보여줌으로

써 증언을 확실하게 했다.)

해설(야성에의 복귀)

런던은 다윈과 니이체의 영향을 깊이 받은 자연주의 작가이다. 다윈이 주장한 대로 자연에는 "끊임없는 투쟁"(constant struggle)이 있고, "적자생존" (the survivial of the fittest)의 비정(非情)한 법칙－외계의 상태나 변화에 잘 적응하는 것만이 살아남는다는－이 지배하는 것도 사실이다. 작품에는 처음부터 끝까지 치열한 싸움이 나타난다. 인간과 개의 싸움－개 길들이는 자와 버크의 싸움, 미친개를 도끼로 죽이는 프랑소와의 잔인한 행위, 쏘온톤을 때린 깡패에 대한 버크의 공격 등. 그리고 개와 개의 싸움－에스키모 개에 의한 컬리의 죽음, 버크가 에스키모 개 한 마리를 물어 죽이는 것, 버크와 스핏츠의 싸움 등. 그리고 인간 및 개들과 자연력(elements)－혹한, 폭풍우, 서증(暑症), 질병 등－과의 싸움이 있다.

약하고 인내력이 부족한 개, 병든 개, 지혜롭게 싸우지 못하는 개, 그리고 이런 유형의 사람까지도 다 죽고 만다. 봄이 가까워 얼음이 얇아진 데도 개를 끌고 강을 건너다 익사하는 할도 결국 적자생존, 자연도태(自然淘汰)를 근저(根底)로 하는 다윈이즘(Darwinism)의 정당함을 입증하고 있다.

인간뿐만 아니라 개에게도 니이체가 말하는 "권력에의 의지"(will to power)－자기 자신과 다른 사람, 주변 세계를 지배하려는 욕망(desire to control oneself, other people and the world around one)[16]－가 나타난다. 버크는 스핏츠를 죽이고 리더가 되려는 욕망을 무섭게 드러낸다. 일단 리더가 되자 팀워크(teamwork)를 강화시키고 일의 능률을 전보다 향상시키는 것이다. 쏘오톤이라는 새 주인을 만날 때까지 버크는 팀의 리더로서 충성을 다한다.

작품에는 버크의 운명을 둘러싼 여러 인물의 힘든 생활상과 저속한 인간의

---

16) High, P. 99.

탐욕 등이 생생하게 드러난다. 혹한의 알래스카로 무거운 우편물을 배달하는 집배원들의 성실한 태도와 봉사 정신, 골드 러시(gold rush)로 탐욕에 눈이 어두운 인간들의 광분(狂奔)하는 모습이 돋보인다. 인간의 개에 대한 사랑, 개의 인간에 대한 애정과 희생, 주인을 위해 경쟁적으로 일하는 동물의 심리도 나타난다. 그리고 문명사회에서 원시적 환경으로 돌아가 조상에서 물려받은 옛 본성(本性)－야성－으로 복귀하는 버크를 통해, 진화론과 유전의 법칙 등이 흥미롭게 묘사되어 있다.

물론 작품에도 여러 가지 결점이 있다. 선정적(煽情的)이고 흥미본위이며, 믿을 수 없는 내용과 터무니없는 장면 등이 종종 나타난다. 그러나 이 소설이 수많은 독자들을 오늘 날까지 크게 매혹시키는 이유는 버크라는 개에서, 우리가 변함없이 찬양하는 미덕－용기, 충성심, 인내력, 결단력, 지능 등－을 발견할 수 있기 때문이다.

런던은 20세기 초엽 미국 사회의 가혹한 현실의 대변자이자 사회주의자였고 또한 유전과 환경의 힘을 강조하는 자연주의 작가였다. 그러나 작품을 객관적으로 살펴볼 때, 자연주의 작가로나 어떤 유형의 작가로 일관(一貫)하기보다는 독자에게 좋은 이야기를 들려주고 즐거움을 주는 데에 더 관심이 있었던 것으로 보인다.

시어도어 드라이저(Theodore Dreiser, 1871~1945)

(13) 『시스터 캐리』 (*Sister Carrie*, 1900)

작가의 경력

드라이저는 1871년 인디애나(Indiana) 주 테러 호오트(Terre Haute)에서 13명의 형제 중 12번 째로 태어났다. 집안이 몹시 가난하여 15세부터 사실상 독립하여 손에 잡히는 대로 일을 하면서 생활비를 벌었다. 딱하게 여긴 어느 교사의 도움으로 1889년에 인디애나 대학에 다닐 수 있게 되었지만 1년 뒤에 결국 중퇴한다. 1892년 『시카고 글오브』(*Chicago Globe*) 지에 일자리를 얻었으며 지방순회기자로 10년 이상 일하면서 서서히 작가로서의 길을 모색하고 있었다. 찰스 다윈(Charles Darwin), 에른스트 해켈(Ernst Hackel), 토머스 헉슬리(Thomas Hurley), 허버트 스펜서(Herbert Spencer) 등 19세기 말 과학자 및 사회과학자들의 책을 탐독하여 많은 영향을 받았다. 기자로 일하는 중 프랭크 노리스(Frank Norris)와 친해졌고 그의 도움으로 처녀작 『시스터 캐리』가 광고도 없이 출판되었다. 그러나 많은 혹평을 받았고 몹시 실망하여 자살까지 생각하게 된다. 1911년 두 번째 장편, 가난하지만 마음 착한 한 시골 여자의 생애를 다룬 작품 『제니 거르하트』(Jennie Gerhardt)가 나왔지만 일시 발매가 금지되었다. 『금융인』(*The Financier*, 1912), 『거인』(*The Titan*, 1914), 『금욕주의자』(*The Stoic*, 1947)의 3부작은 산업계의 슈퍼맨 프랭크 카우퍼우드(Frank Cowperwood)의 생애를 묘사하였다. 대표작 『미국의 한 비극』(*An American Tragedy*, 1925)은 빈곤한 가정에 태어나 신분에 넘치는 출세를 시도한 나머지 살인이라고도 할 수 없는 결단성 없는 행위 때문에 사형당하는 한 청년의 이야기이다.

1927년에는 소련을 방문했고 이듬 해 『드라이저 러시아를 보다』(*Dreiser Looks At Russia*, 1928)를 발표하였다. 1931년 미국 자본주의를 비판한 사회

평론집 『비극적 아메리카』(*Tragic America*, 1931)를 출판하였다.

작품 내용

1898년 8월, 열여덟 살 된 처녀 캐리 미이버(Carrie Meeber)는 일자리를 찾아 위스컨신(Wisconsin) 주 작은 도시에서 시카고(Chicago)에 사는 형부와 언니의 집으로 출발한다. 구한 직업은 시카고의 구두 공장 조립라인에서 일하는 힘든 일이다. 얼마 지나지 않아 가을의 추운 날씨 때문에 감기에 걸려 3일간 결근하였다. 이것이 문제가 되어 바로 해고당하고 만다. 다시 일자리를 찾아 헤매다가 시카고로 오는 기차 안에서 알게 된 젊은 외판원 도루에(Drouet)를 만난다. 캐리의 사정을 알고 아파트를 임대하겠으니 동거하자고 은근히 유혹한다. 일자리도 없이 형부의 집에서 지낼 수 없게 된 캐리는 요청을 받아들여 멋지고 아늑한 생활공간으로 옮겨 간다. 고향에 돌아갈 수도 없고 실업자로 살아갈 수도 없는 상황에서 최선의 선택을 하였다고 동거 생활을 합리화한다.

얼마 뒤 도루에는 고급 술집 지배인 허스트우드(Hurstwood)를 집으로 초대한다. 허스트우드는 도루에에 비하여 훨씬 교양 있고 부유한 신사처럼 보인다. 캐리와 허스트우드가 점차 가까운 사이가 되자 도루에는 둘의 사이를 의심하고 허스트우드에게 처자가 있음을 알려 준다. 도루에가 허스트우드를 집에 끌어들인 잘못 때문에 둘은 심한 말다툼을 벌였고 도루에는 집에서 나가버린다.

어느 날 밤 허스트우드는 술집 금고문이 열려있는 것을 발견한다. 금고 안에 현금으로 1만불이 들어 있다. 아내와 이혼한 후 캐리와 몇 년이고 살 수 있는 돈이다. 몇 번 망설이다가 돈을 집어 들었는데 우연히 금고문이 닫혀 버렸고, 이제는 돈을 도로 넣을 수도 없다. 돈을 가지고 캐리에게 달려가 도루에가 중상을 입어 입원했으니 빨리 병원에 가자고 속여 함께 몬트리올(Montreol)로 간다. 이튿날 찾아 온 형사의 충고를 받아 들여 훔친 돈을 술집에 반환했지만 지배인의 자리에서 쫓겨나고 만다. 허스트우드는 뉴욕으로 가서 새 생활을 하려고 결심했고, 휠러(Wheeler)로 이름을 바꾸고 캐리와 정식으로 결혼한다. 그는 파트너와 함께 술집을 경영하였는데 3년 후 불황이 닥쳐 오자 곧 문을 닫아 버린다. 취직자리를 알아보려고 하나 기술 없는 중년 남자인지라 일자리가 없다. 상황이 바뀌어 캐리는 코러스 걸(chorus girl)로 취직하여 남편을 부양하는 입장에 놓이면서 연민과 불만이 계속 쌓인다. 여배우가 된 캐리는 어느 날 밤 무대에서 대본에 없는 말을 우연히 내뱉는데 관객들은 일제히 갈채를 보낸다. 이것이 계기가 되어 브로드웨이(Broadway)의 일류 여배우가 되었다. 캐리는 친구 롤라(Lola)와 같이 살기로 하고 남편에게 약간의 죄책감은 들었지만 돈 20불과 편지를 남기고 집에서 나가버린다. 허스트우드는 캐리와 헤어지고 여러 일을 전전하다가 결국 거지로 전락된다. 어느 날 밤 허스트우드는 극장 문에서 캐리를 만나 돈을 꾸어달라고 간청했고 그녀는 가진 돈 9불을 준다. 이것이 마지막 만남이다.

결국 인생의 낙오자 허스트우드는 절망하여 싸구려 여인숙에서 가스로 자살한다. 성공한 캐리는 호텔에서 호화롭게 살고 있으며, 허스트우드가 자살하는 밤에도 흔들의자에 앉아 새 애인 봅 에임즈(Bob Ames)의 생각을 하고 있다.

아래의 인용은 허스트우드가 싸구려 여인숙 방에서 자살하려고 하는 처량한 모습이다.

> Hurstwood laid his fifteen cents and crept off with weary steps to his alloted room. It was a dingy affair—wooden, dusty, hard. A small gas-jet furnished sufficient light for so rueful a corner.
>
> "Hm!" he said, clearing his throat and locking the door.
>
> Now he began leisurely to take off his clothes, but stopped first with his coat, and tucked it along the crack under the door. His vest he arranged in the same place. His old wet, cracked hat he laid softly upon the table. Then

he pulled off his shoes and lay down.

It seemed as if he thought a while, for now he arose and turned the gas out, standing calmly in the blackness, hidden from view. After a few moments, in which he reviewed nothing, but merely hesitated, he turned the gas on again, but applied no match. Even then he stood there, hidden wholly in that kindness which is night, while the uprising fumes filled the room. When the odour reached his nostrils, he quit his attitude and fumbled for the bed.

"What the use?" he said, weakly, as he stretched himself to rest.

(허스트우드는 15센트를 놓고, 지정된 방을 향해 지친 발걸음으로 느릿느릿 걸어갔다. 지저분한 방이었다—나무로 된, 먼지투성이의 튼튼한 방이었다. 가스 등 불꽃이 음울한 방구석까지 밝게 비추고 있었다.

"흠!" 하고 헛기침을 하고 나서 문을 잠그었다.

천천히 옷을 벗기 시작했다. 먼저 상의를 벗고 문아래 틈이 있는 곳에 내려놓았다. 조끼도 같은 자리에 가지런히 놓았다. 낡은 축축한 금이 난 모자는 테이블 위에 살며시 놓았다. 그리고 나서 구두를 벗고 누었다.

잠시 생각하는 듯 했다. 다시 일어나서 가스를 껐다. 어둠 속에 조용히 서 있었지만 보이지는 않았다. 얼마동안 아무것도 생각하지 않고 있었다. 망설이고 있는 것이었다. 가스를 다시 켰지만 성냥은 그어대지 않았다. 상냥한 밤 속에서 전혀 보이지 않은 채 그대로 서 있었다. 그러나 솟아오르는 가스는 방 안을 점점 채우고 있었다. 가스 냄새가 코를 찌르자 자세를 바꾸어 침대 쪽으로 더듬어 갔다.

"무슨 소용이 있어?" 쉬려고 몸을 눕히며 나직히 중얼거렸다.)

해설(돈과 우연의 역할)

자연주의 작가 드라이저는 인간이란 환경과 우연에 의해 지배되는 무력한 존재라고 생각하고 있다. 큰 도시에 사는 인간이란 거미줄에 잡힌 파리, 또는 고래가 헤엄치는 바다의 피라미와 같은 존재라는 것이다. 큰 도시에서 한 인간의 약점－돈 없고 일자리 없는－이 노출되면, 허약한 동료를 가차 없이 잡아먹는 시베리아 늑대처럼, 불의한 자가 나타나 파멸로 이끈다고 생각한다. 인생이란 아무런 도덕적 목적도 없고 다만 약육강식(弱肉强食)이라는 무자비한 운명이 지배할 뿐이라고 보고 있다.

미국의 도시에서 힘이 있다는 것은 돈이 있다는 것이다. 무슨 짓을 해서 모았건 간에 돈만 많으면 행복하고 안전하다. 돈이 없다는 것은 바로 죽음을 의미한다. 허스트우드는 일류 술집의 지배인으로서 부유한 환경에 있을 때에는 안락하고 친구도 많았다. 그러나 사업에 실패하고, 불우한 환경에 빠지자 사랑하고 믿었던 아내도 떠나갔고, 결국 자살을 선택할 수 밖에 없다.

가난한 캐리는 4불을 가지고 고향을 떠나 시카고의 형부 집을 찾아갔다. 구두 공장 조립라인에서 일하면 주급 4불 50센트다. 언니에게 식비 4불을 지불하면 한 주에 50센트 남는다. 이처럼 작가가 모든 수입·지출을 줄곧 세밀하게 기록한 것은 인간이 얼마나 돈에 예속되어 있는가를 강조하기 위해서다.

도시에서 인간이 성공하느냐 실패하느냐, 즉 돈을 버느냐 못 보느냐 하는 것은 "우연" 또는 운명에 의해 결정된다. 허스트우드는 술집 금고문이 우연히 열려 있어 1만불을 집었을 때, 문이 곧 닫혔다는 "우연" 때문에, 몬트리올로 도망친다. 결국 실업자가 되고 무일푼이 되어 마침내 비극으로 인생을 마친다. 시카고로 가는 기차 안에서 캐리가 도루에를 우연히 만났고, 또 일자리를 찾아 헤매는 중 만난 것이 원인이 되어 동거하게 된다. 또 별 생각 없이 도루에가 허스트우드를 우연히 초대한 일 때문에 캐리와 허스트우드의 운명이 결정된다. 여배우가 된 캐리는 무대에서 엉겁결에 대본에 없는 대사를 한 마디 한 덕택으로 일류 여배우가 되어 스타덤(stardom)에 오른다. 우연 때문에 성공하면 돈을 벌고 아첨과 추종(追從)이 따른다. 반면에 우연 때문에 실패하면 알거지가 되고 냉대와 멸시가 나타난다.

그리고 허스트우드와 캐리에게 "기독교적 도덕관"(Christian morality)에 의한 죄의식(罪意識)이 없다는 점도 주의해야 한다. 처자가 있는 몸으로, 허스트우드가 도루에와 동거하는 캐리를 빼앗으려는 욕망, 결혼도 하지 않고 도루에와 동거하고 또 부자처럼 보이는 허스트우드와 결혼을 원하는 캐리의 욕심—모두 죄의식이 없는 탓으로 품는 불의한 생각이고 타락한 욕기(慾氣)이다.

허스트우드나 캐리나 똑같이 죄를 범했는데, 전자는 멸망하고 후자는 정반대로 성공하는 두 사람의 운명—그 운명의 작용(the workings of fate)에 대해서 드라이저는 아무런 설명도 하지 않는다. 다만 인간은 "운명의 장기말"(chessman of fate)이고, 파도 위의 배처럼 이리저리 번롱(翻弄)될 뿐이라고 말할 뿐이다.

마지막 장면에서 캐리는 흔들의자에 앉아 성공과 돈이 주는 즐거움을 만끽하며, 새 애인 에임즈에 대해 생각하고 있다. 그녀는 단 한번도 남자의 진실한 사랑을 받지 못했고, 인생의 진정한 의미도 깨닫지 못하고 있다. 사람은 육적인 존재인 동시에 영적인 존재이며, "떡"(bread)[17]—물질적 만족(material pleasures)—으로만 살 수 없는 존재이다. 앞으로의 인생에서 또 다시 환멸(幻滅)을 맛볼 운명이 놓여 있는 것이다.

작품은 처음에 출판사인 하아퍼(Harper) 사에서 거절되었고, 다음에는 더블데이 페이지(Doubleday Page) 사에 송부되었다. 기독교인이자 사회봉사가인 출판사 사장 부인이 원고의 내용이 부도덕하다는 이유로 출판을 반대한 결과, 광고도 없이 1000 부만 출판되었다. 현재 미국의 자연주의소설의 걸작으로 지목되고 있지만, 그 당시에는 "점잖은 전통"(Genteel Tradition)을 지극히 무시하는 작품으로 인정되었던 것이다.

---

17) *Mathew* 4:4

(14) 『미국의 한 비극』(*An American Tragedy*, 1925)

작품 내용

주인공 클라이드(Clyde)의 아버지는 목사 자격이 없는 전도사이고, 아내와 아이들과 함께 매일 거리에 나가 설교를 한다. 소년 클라이드는 아버지의 설교를 들어도 아무런 감명도 받지 못하고 다만 호화롭게 사는 사람들, 사치스러운 상점에만 관심을 갖는다. 어려서부터 클라이드는 다른 또래 아이들이 가난한 자기의 가족을 경멸하고 있는 것을 느끼고 있다. 돈이 없어 고등학교를 중퇴하고 호텔의 사환으로 취직하게 된다. 사치스러운 호텔의 영향을 받아 점차 소년의 순진성을 상실했고, 물욕과 주색에 빠져든다. 함께 일하는 또래들도 거의 다 같은 죄악에 빠져버린 무리다. 어느 날 밤 그들과 함께 차를 몰고 가다가 운전하는 동료의 실수로 소녀를 치어 죽였고 클라이드는 시카고로 도망하여 호텔의 사환으로 취직한다. 그 후 21세 때 우연히 백부 사무엘(Samuel)을 만나게 된다. 백부는 칼라와 셔츠를 만드는 공장을 경영하고 있으며 클라이드를 기꺼이 사원으로 채용한다. 클라이드는 열심히 일했고 과장으로 승진하여 25명의 직공들을 거느리게 된다. 이 직공들 중에 로버타(Roberta)라는 예쁜 처녀가 있다. 집안은 가난하지만 농가에서 정숙하게 성장한 현명하고 신앙도 좋은 아가씨이다. 로버타와 클라이드는 둘 다 외로운 입장이라 서로 사랑하게 되었고 깊은 관계까지 맺게 된다.

어느 날 길에서, 클라이드는 손드라(Sondra)라는 처녀가 자기를 부르는 소리를 듣는다. 손드라는 클라이드의 종형(從兄) 길버트(Gilbert)인 줄 착각하고 부른 것이다. 둘은 이때부터 서로 교제하기 시작했고 만일 상류사회에 속한 손드라와 결혼하게 되면 미국의 꿈-돈과 성공-이 성취될 가능성이 농후하다. 손드라는 클라이드를 진심으로 사랑하게 되었고 결혼 약속까지 한다. 이 무렵 그 동안 잊고 있던 로버타가 나타나 임신한 사실을 알려준다. 어느 날 신문에는 두 남녀가 강에서 보트놀이를 하다가 보트가 전복되어 여자는 익사했고 남자는 행방불명이 되었다는 기사가 나온다. 이 기사를 읽고 클라이드는 로버타를 살해할 계획을 세운다. 로버타를 만나 보트에 태우고 산 속 호수로 저어간다. 죽일 단계에 이르자 클라이드는 용기를 상실했고 양심의 가책으로 계획을 실행할 수 없다. 그 때 로버타는 일어나서 몸의 균형을 잃은 클라이드를 손으로 잡으려 한다. 무의식적으로 카메라를 든 손으로 그녀의 손을 뿌리쳤는데, 얼굴에 맞아 로버타는 쓰러진다. 클라이드가 그녀를 일으키려하자 보트는 크게 흔들려 전복되었고 로버타의 살려달라는 소리를 듣고도 혼자 헤엄쳐 도망친다.

얼마 뒤 클라이드는 체포된다. 지방 검사 메이슨(Mason)은 클라이드가 당초 로버타를 살해할 계획을 세웠음을 정황증거(情況證據)를 수집하여 입증했고 사형이 선고된다. 항소(抗訴)도 인정되지 않는다. 아들의 무죄를 확신하고 있는 어머니는 주지사를 찾아가 구명(救命)을 애원한다. 주지사는 클라이드를 줄곧 도와준 매크밀란(McMillan) 목사와 상의하지만, 목사도 클라이드의 정신적 유죄를 인정하고 있음을 알게 된다. 결국 사형은 집행된다.

아래의 인용은 사형이 집행되는 바로 전날 클라이드가 어머니와 만나 마지막으로 대화를 나누는 장면이다.

> So accoutered, he was allowed once more to meet his mother and McMillan, who, from six o'clock in the evening preceding the morning of his death until four of the final morning, was permitted to remain near him to counsel with him as to the love and mercy of God. And then at four the warden appearing to say that it was time, he feared, that Mrs. Griffiths depart leaving Clyde in the care of Mr. McMillan.… And then Clyde's final farewell to his mother, before which, and in between the silences and painful

twistings of heart strings, he had managed to say :

"Mama, you must believe that I die resigned and content. It won't be hard. God has heard my prayers. He has given me strength and peace." But to himself adding : "Had he?"

(복장을 단정히 하고, 그는 한번 더 어머니와 매크밀란 목사를 만나도록 허락을 받았다. 매크밀란 목사는 처형 전날 저녁 6시부터 최후의 아침 4시까지 곁에 머물러 신의 사랑과 자비에 대해 설명해도 좋다는 허락을 받았다. 그리고 4시에 교도소장이 와서 클라이드를 매크밀란 목사에게 맡기고 어머니는 돌아가야 한다고 알려 주었다.… 클라이드는 어머니에게 마지막 작별을 해야 했다. 그 전에 침묵과 애정으로 찢어지는 듯한 고통을 느끼며 겨우 다음과 같이 말할 수 있었다 :

"엄마, 전 운명에 맡긴 채 평안히 죽는다고 믿어 주세요. 고통스럽지 않을 거예요. 하느님은 제 기도를 들어 주셨습니다. 힘과 평안을 주셨어요." 그러나 마음속으로는 "정말일까?"하고 묻고 있었다.)

해설(돈이 지배하는 미국 사회의 죄악)

클라이드의 비극은 올바른 교육을 받지 못했다는 사실에서 출발한다. 가정이 빈곤하여 정규 대학을 졸업하지 못했고 가정에서조차 정신적, 종교적인 교육을 제대로 받지 못했다. 어려서부터 돈과 성공이라는 미국의 꿈을 지니고 있었지만 이를 실현시킬 모든 가능성이 박탈된 사람이었다. 우연히 상류사회의 미녀 손드라를 만나 결혼 약속까지 받아 꿈이 현실이 될 단계까지 이르게는 되었다. 그러나 임신한 로버타가 나타나 꿈을 파괴하려고 한다. 로버타를 살해해야 클라이드는 욕망을 이룰 수 있는 것이다. 살의(殺意)를 품게 된 것은 목적을 달성하기 위해서는 어떤 수단을 사용해도 된다는 잘못된 신념 때문이다.

클라이드의 부모는 독실한 기독교 신자이고 남의 영혼을 구원하는 것이 사명이다. 그러나 애석하게도 본인의 자식은 제대로 교육시키지 못했다. 불의하게 돈 버는 것, 그리고 쾌락을 멀리해야 한다는 정신적인 교육을 등한히 한 것이다. 호화로운 호텔에서 일하면서 여러 유혹에 쉽사리 넘어가는 것을 보아도 알 수 있다. 장성한 후에도 주위에는 모범이 될 만한 사람을 찾아볼 수 없고 모두 타락한 무리들 뿐이다. 올바른 교육을 받지 못하고 잘못된 꿈을 가진 사람들로 이루어진, 자본주의 미국사회 자체가 벌을 받아야 한다. 클라이드의 비극은 개인의 비극이라기보다 돈이 지배하는 미국 사회 자체의 비극인 것이다.

살인혐의로 구속된 클라이드는 자기의 결백과 무죄를 주장한다. 보트에서 고의로 로버타를 물속에 떠민 일이 없는 것은 사실이다. 그러나 사전에 살인 계획을 세웠고, 물에 빠진 로버타가 살려달라고 소리쳐도 못들은 체 혼자 헤엄쳐 도망쳤다. 또한 그녀가 익사하면 손드라와 결혼할 수 있다고 생각한 사실 등으로 보아 정신적 범죄 의식이 있었던 것은 부인할 수 없다. 여자를 보고 음욕을 품는 것도 죄가 된다고[18] 가르치는 기독교의 목사로서, 매크밀란은 클라이드의 정신적인 유죄를 도저히 부인할 수 없는 것이다.

둘째로 클라이드의 비극에 우연 또는 운명의 힘이 크게 작용하고 있다. 손다 양이 자기를 부르는 소리를 듣고 클라이드가 교제하게 된 것도 우연에 기인된다. 로버타가 탄 보트가 호수에서 전복되는 것도 인간의 힘을 넘어선 운명의 힘 때문이다. 마치 『시스터 캐리』에서 금고의 문이 우연히 닫히는 것과 유사하다. 이런 우연에 대하여 드라이저는 아무런 설명도 하지 않으며 인간이 통제할(control) 수 없는 알 수 없는 힘에 의해 운명이 좌우된다고 말할 뿐이다.

드라이저의 작품에 대하여 여러 가지 비판적인 의견이 있는 것도 사실이다. 문체가 둔중(鈍重)하고 문장들을 서투르게 나열하며, 문법적인 과오도 종종 나

---

18) *Matthew* 5 : 28

타나 편집자가 고쳐주는 일도 있었다고 한다. 작품의 구성도 균형이 잡혀 있지 않고 등장인물의 성격묘사도 자연스럽지 못하다. 그러나 드라이저는 『시스터 캐리』를 발표한 이래 줄곧 자연주의의 관점에서 작품을 구상하여, 발금처분을 받으면서도 굴복하지 않았고 자연주의문학을 확립시켰다. 시종일관 결정론적 입장(決定論的 立場)을 고수하고 자료를 성실하게 수집하고 체험을 기록하고 사회를 분석하는 자연주의수법을 철저하게 실행하였다. 드라이저는 "점잖은 전통"을 물리치고 20세기 미국 문학에 "있는 그대로의 인생", "인생의 참된 사실"을 도입한 것이다. 아마도 "참된 인생의 해명"(truthful interpretation of life)을 위해 전력을 기울인 개척정신의 기수라고 할 수 있을 것이다.

윌라 캐더(Willa Cather, 1873~1947)

(15) 『나의 안토니아』 (*My Antonia*, 1918)

작가의 경력

캐더는 1873년 버지니아(Virginia) 주에서 태어났으며, 열 살 때 가족과 함께 네브라스카(Nebraska) 주 레드 클라우드(Red Cloud)로 이사갔다. 버지니아 주의 문명 생활에서 초원이었던 네브라스카 주로의 이주는 어린 소녀에게 큰 충격이었을 것이며 그 때의 체험이 초기 작품 속에 잘 나타나 있다. 1895년 네브라스카 대학 졸업 후 피츠버그(Pittsburgh)의 잡지사에서 일했고 또 고등학교에서 영어도 가르쳤다. 1908년에 뉴잉글랜드의 지방주의 작가 사라 온 쥬잇트(Sarah Orne Jewett)를 만나 친구가 되었다. 쥬잇트는 다른 작품을 모방하지 말고 자기만의 독특한 기법으로 작품을 창작할 것과 잘 아는 세계에서 소재(素材)를 찾아내라고 귀중한 조언을 던져 주었다.

캐더는 네브라스카를 무대로 하여, 1913년에 『오오,개척자들이여!』(*O Pioneers!*, 1913), 『나의 안토니아』(*My Antonia*, 1918), 『방황하는 여인』(*A Lost Lady*, 1923) 등을 발표하였다. 앞의 두 장편은 황야를 아름다운 농장으로 만드는 데 성공한 굳센 여주인공을 사실적으로 묘사한 것이다. 마지막 『방황하는 여인』은 굳센 여개척자와는 정반대로, 나약한 여성의 타락하는 모습을 그렸다. 장편 『종다리의 노래』(*The Song of the Lark*, 1915)는 시골 목사의 딸이 시카고로 나가 음악을 공부하여 성공하는 이야기다. 『교수의 집』(*Professor's House*, 1925)은 아내와 사이가 좋지 못한 교수의 중년의 위기를 다루었고, 『대주교에게 죽음이 오다』(*Death comes for the Archbishop*, 1927)는 뉴멕시코(New Mexico) 전도에 헌신한 두 신부의 생애를 그렸다. 그 밖에 『바위 위의 그림자』(*Shadow on the Rock*, 1913), 『루시 게이하트』(*Lucy Gayheart*, 1935), 『서파이러와 노예소녀』(*Sapphira and the Slave*

Girl, 1940) 등의 장편과 단편집 『어두운 운명』(*Obscure Destinies*, 1932) 등이 있다. 시집으로는 『4월의 황혼』(*April Twilights*, 1903)이 있고, 평론집 『40 이상』(*Not Under Forty*, 1963), 『예술의 왕국』(*The Kingdom of Art*, 1966) 등이 있다. 캐더는 일생 독신으로 지내며 문학에 전 생애를 바친 뛰어난 여류 작가이며, 12편의 장편과 여러 단편, 평론집 등 주옥같은 작품을 남겼다.

작품 내용

중서부 네브라스카 초원을 배경으로 시작된다. 보헤미아(Bohemia, 체코의 서부 지방)에서 온 한 이민 가족의 이야기를, 짐 버든(Jim Burden)이라는 1인칭 주인공의 시점에서 차례로 써 내려갔다. 짐의 1인칭 회고담은 19세기 말엽 그가 개척지에서 어린아이였을 때 만난 보헤미아 이민 소녀 안토니아(Antonia)에 대한 회상에 근거를 두고 있다.

짐이 열 살 때 양친 모두 사망한다. 고아가 된 짐은 버지니아 주를 떠나 네브라스카 주의 작은 도시 블랙 호크(Black Hawk)로 가게 된다. 기차를 타고 대륙을 횡단하여 밤중에 블랙 호크에 도착했고, 다시 마차를 타고 큰 농장을 경영하는 할아버지 집으로 간다. 앞에 가는 또 한 대의 마차에는 유럽에서 온 이민 일가―시머다(Shimerda) 영감, 그의 부인, 19세의 맏아들 앰브로쉬(Ambrosch), 14세의 안토니아, 그 밑에 또 남매가 타고 있다. 그들은 할아버지의 집에서 좀 떨어진 짐승이나 살만한 토굴 같은 집에서 살게 된다. 짐과 안토니아는 이내 친구가 되어 짐은 그녀에게 영어를 가르쳐 주었고, 넓은 초원을 함께 뛰어다닌다.

어느 겨울 날 시머다 영감은 개척지 생활의 혹심한 고통과 외로움을 참지 못하고 목매어 자살한다. 그러나 안토니아는 낙심하지 않았고, 봄이 오자 오빠를 도와 거친 땅을 개간하기 시작한다. 이따금 남의 농장에서 일하여 돈을 벌어 온다. 얼굴은 구리빛으로 타고 그녀의 팔은 남자 팔처럼 근육이 불어난다.

그 후 짐의 가족이 블랙 허크로 이사하자 안토니아는 할머니의 소개로 짐의 옆집 할링(Harling) 씨의 집으로 식모로 간다. 얼마 뒤 시내에 멋진 춤 교습소가 문을 열었다. 안토니아는 춤에 푹 빠졌고 할링 씨가 교습소에 가지 못하게 막자 화가 나서 집에서 나와 버린다. 그리고 고리 대금업자 캇터(Cutter)의 집으로 옮겨 간다.

순진한 안토니아는 춤 교습소에서 만난 차장 도노반(Donovan)의 유혹에 넘어가 주변 지인들의 충고에도 불구하고 결혼을 결심한다. 부정한 짓을 하다 직장에서 쫓겨난 도노반은 안토니아의 돈이 떨어지자 집에서 나가 버린다. 할 수 없이 형의 농장에 돌아와 사생아인 딸을 낳았고 예전처럼 농장에서 열심히 일한다. 하버드 대학을 졸업하고 고향에 돌아온 짐은 안토니아를 만나러 농장에 찾아간다. 안토니아는 조금도 낙심하거나 부끄러워하지 않고 딸을 위해 굳세게 살아갈 것을 다짐한다.

20년이 지난 후 어느 날, 서부 철도의 법률 고문으로 일하는 짐은 고향에 돌아와 안토니아의 집을 방문한다. 안토니아는 쿠작(Cuzak)이라는 보헤미아 태생의 남자를 만나 결혼해서 행복하게 살고 있다. 사생아인 딸 마사(Martha)를 잘 가르쳐 좋은 남자와 결혼시켰고, 쿠작과의 사이에 열한명의 아이를 낳아 단란한 가정을 이루어 놓았다. 황무지를 개간하여 비옥한 농장과 과수원을 만들어 인생의 즐거움을 만끽하고 있다.

아래의 인용은 과수원을 만들기 위해 얼마나 애썼는지 안토니아가 짐에게 들려주는 내용이다.

> "There wasn't a tree here when we first came. We planted every one, and used to carry water for them, too— after we'd been working in the fields all day. Anton, he was a city man, and he used to get discouraged. But I couldn't feel so tired that I wouldn't fret about these trees when

there was a dry time. They were on my mind like children. Many a night after he was asleep I've got up and come out and carried water to the poor things. And now, you see, we have the good of them. My man worked on the orange groves in Florida, and he knows all about grafting. There ain't one of our neighbors has an orchard that bears like ours."

("처음 이곳에 왔을 때엔 나무 하나 없었죠. 우리가 모두 심은 나무고 물을 길어다 주었죠.-온종일 밭에서 일하고 돌아와서 말예요. 앤톤(안토니아의 남편)은 본래 도회지 사람이라 늘 낙심만 했죠. 나는 그렇게 피곤하지도 않았어요. 가뭄 때에도 과수 때문에 속 태우지 않았어요. 과수들은 내 아이들 같아요. 남편이 잠든 후 혼자 일어나 나와서 나무에 물을 길어다 준 밤이 한두 번이 아니어요. 자, 보세요, 얼마나 멋진 과수들이 되었는지. 남편은 플로디아에 있는 귤 과수원에서 일했었죠. 접 붙이는 법을 잘 알고 있답니다. 우리 과수원처럼 열매가 열리는 과수원은 이 근처에 하나도 없어요.")

해설(좌절과 재생)

낯선 신세계에서 황무지를 개간하여 개척지에서 성공하기 위해서는 남다른 인내력과 비전, 그리고 모진 환경에 적응할 능력이 있어야 한다. 구세계의 인습과 전통에 젖어버린 과거지향적인 사람들은 신세계에 적응할 능력이 없는 것이다. 작가는 신세계의 과업은 구세계의 인습과 무관한 미래지향적인 젊은 세대만이 이룩할 수 있다고 본다. 시머다 영감의 자살은 개척자로서의 마음의 준비와 새 세계에 적응할 능력이 없었기 때문에 일어난 비극이다.

맏딸 안토니아는 겨울의 혹한(酷寒)을 이겨내고 봄이 오자 온 힘을 기울여 땅을 개간한다. 이민 처녀 안토니아의 처지와 부유한 가정－오래 전에 신세계에 정착한－에서 자라나는 짐의 형편이 자주 대조된다. 안토니아는 짐의 집에서 며칠간 품삯을 받고 일한 적이 있다. 그때 짐은 오빠 앰브로쉬처럼 불쾌한 인상을 주며 남과 다투지 말고 사이좋게 지내라고 충고한다. 그녀는 평안한 처지에 있는 사람과 달리 힘든 형편에 있는 사람은 성격도 강퍅(剛愎)해지고 모나기 쉽다고 의미심장한 말을 한다.

안토니아는 아버지가 일찍 사망하여 올바른 가정교육을 받지 못했다. 순진하고 열심히 일하는 장점도 있지만, 매사에 충동적이고 열정적이며, 다른 사람의 조언이나 충고에 따르지 않을 때도 있다. 교습소에 다니지 말라는 대리 아버지(substitute father) 할링 씨의 명령을 따르지 않았고, 결국 도노반에게 속아 넘어가 신세를 망친다. 작가는 인간에겐 정해진 운명이 있으나, 일정한 범위 내에서 의지의 자유, 선택의 자유가 인정되는 것으로 믿는 듯하다. 안토니아가 시머다 영감의 맏딸로 태어나고 대서양을 건너 신세계로 오는 것 등은 피할 수 없는 운명이겠지만 할링 씨의 명령을 따르느냐 여부는 선택할 수 있는 문제이다. 만일 명령에 순종했더라면 도노반 같은 놈팡이와 사랑에 빠지지도 않았을 것이다. 그녀는 빗나간 선택을 했으며, 선택에 대한 책임을 져야 한다.[19] 또 남자의 "외양"(appearance)만 보고 그 "실상"(reality)을 보지 못하는 것도 안토니아의 큰 결점이다. 남성을 보는 통찰력이 너무나 부족한 것이다.

낯선 도시 덴버(Denver)에서 도노반과 결혼한 후 남편은 사라지고 돈은 떨어지고, 안토니아는 홀로 무서운 시련을 겪게 된다. 이 때 비로소 자기는 누구이며 어떤 사명을 가지고 있는지 깨닫기 시작한다. 안토니아는 황무지를 옥토로 바꿔야 할 특수한 사명을 지녔고, 기만이 가득찬 도시보다 순박한 농촌이 자기가 살 곳임을 절감한다. 사생아인 딸에 대한 책임도 오빠의 농장에서 수치를 당하며 일하는 시련 중에 깨닫는다. 이런 자아발견(自我發見)과 책임감은

19) *Genesis* 3 : 17

안토니아를 좌절시키는 것이 아니라 더욱 분발시키고 투지를 강화시킨다. 야스퍼스(K. Jaspers)는 인간은 한계상황에 부딪힘으로써 깊은 절망을 체험하고 본래적 자아(本來的 自我) 즉 실존(實存)을 찾게 된다고 말했는데[20] 이것은 그대로 안토니아에게 적용된다. 이런 사상은 욥기에도 나타난다.[21]

안토니아는 오빠의 농장으로 자기를 찾아온 짐에게, 자기가 앞으로 해야 할 일, 사생아 마사에 대한 책임 등을 들려준 일이 있다. 20년 후 짐이 다시 찾아갔을 때, 예전에 그녀가 다짐한 모든 일을 완수했음을 발견한다. 마사는 좋은 남자와 결혼했고, 안토니아는 쿠작과 결혼하여 열한 명의 아이들을 낳았고, 농장과 과수원은 풍요롭고 아름답다. 작가는 인간은 무서운 시련을 겪는다 해도 절망하지 않고 노력하면 다시 일어날 수 있음을[22] 강조하고 있으며, 일종의 기독교적 인도주의를 신봉하고 있다.

캐더는 거의 모든 작품에 신화적 패턴(mythic pattern)을 사용하고 있는데 작품에도 그 패턴이 나타난다. 신약 누가복음 15장의 탕자(蕩子)의 이야기[23]가 작품의 신화적 패턴으로 생각된다. 아버지가 물려준 재산을 가지고 도시에 나가 다 탕진(蕩盡)하고 고생하다가 잘못을 뉘우치고 아버지의 집에 돌아와 새롭게 출발하는 이야기이다. 안토니아도 덴버 시에 가서 도노반에게 돈을 다 털린 후, 잘못을 깨닫고 농촌에 돌아와 다시 일어나는 것이다.

물론 작품에 대한 평은 한결같지는 않으나 대부분 긍정적으로 높이 평가하고 있다. 멘켄(H. L. Mencken)은 『나의 안토니아』는 캐더가 쓴 소설 중에서 가장 훌륭한 작품일 뿐 아니라 미국 소설의 걸작 중의 하나라고 격찬했다.[24]

---

20) 안병욱, 『現代思想』(서울 : 삼육출판사, 1987), P.249.

21) *Job* 23 : 10

22) *Ezekie*l 33 : 15~16

23) *Luke* 15 : 11~24

24) Edith Lewis, *Willa Cather Living* (Lincoln : University of Nebraska Press, 1976), PP.66~67.

(16) 『방황하는 여인』 (*A Lost Lady*, 1923)

작품 내용

화자인 닐(Niel)의 3인칭 시점과 이를 보충하는 전지적 작가 시점을 사용하여 포리스터(Forrester) 부부의 생활이 묘사되어 있다. 닐은 어려서부터 포리스터 부부를 잘 알고 또 존경하고 있으며 자주 놀러간다.

여 주인공의 남편 포리스터 대위는 남북전쟁 당시 북군의 대위로 참전한 용사다. 전쟁이 끝나자 어떤 운수회사의 마부(driver)로서 일하게 되었고, 네브래스카 시에서 덴버까지 광막한 대초원을 가로질러 많은 물자를 운반했다. 얼마 후 마부에서 철도 부설업자로 직업을 바꾸어 철도 회사와 계약을 맺고 선로를 부설하기 시작한다. 마침내 막대한 돈을 벌어 소위 '철도 귀족'의 하나가 되었다. 이처럼 성공의 가도를 달릴 수 있게 된 것은 개척자다운 진취적 기상, 앞을 내다보는 비전, 실천하는 힘, 그리고 행운이 따랐기 때문이다.

아내는 불행히도 병으로 일찍 사망하였다. 홀아비 생활을 하고 있는 중에 사업상의 일로 산에서 피서 중인 메리안(Marian : 처녀 시절 포리스터 부인의 이름)의 아버지를 찾아갔다. 마침 메리안이 산 속에서 행방불명이 되자 구조대원으로 참여하여 찾아냈다. 19세의 어린 그녀는 포리스터의 남자다운 성격에 호감을 느껴 25년이나 연상임에도 구혼을 승낙했다. 포리스터는 부와 명예를 얻어 인생을 즐길 수 있었고, 아름다운 여자와 재혼하는 기쁨을 누리게 되었다.

그러나 얼마 뒤 미국을 휩쓴 경제공황으로 막대한 재산을 탕진해 버린다. 그가 설립하여 은행장으로 일하는 덴버 은행이 파산했기 때문이다. 은행장 밑에서 일하는 젊은 중역들은 은행파산이 불가항력인 공황에 기인하는 이상, 경영자뿐 아니라 예금주도 손실을 부담해야 한다고 주장한다. 하지만 은행장인 대위는 많은 예금주들—대부분 노동자들인데—이 '포리스터 대위'라는 이름만 믿고 예금했기 때문에 1센트도 예금주들에게 손해를 끼쳐서는 안 된다고 생각한다. 자신의 사유 재산을 팔아 모든 예금을 상환했다. 이제 남은 재산은 스윗 워터(Sweet Water)의 저택과 양로연금 뿐이다. 경제 공황의 여파로 대위는 가난뱅이로 전락한 것이다. 불행한 사건을 지켜본 닐은 스윗 워터를 포함하여 미국 경제를 지배할 사람은, 과거의 개척자가 아니라 냉정하게 실리만 추구하는 신흥세력－은행이 파산했을 때 대위만 손해를 보게 한 젊은 중역들, 악질 변호사들, 기타 돈만 아는 실업가들－일 거라고 한탄한다.

포리스터 부인은 부유한 집안에서 태어나 25년 연상인 대위와 결혼했다. 당시 남편은 아직도 건강하고 막대한 재산을 소유하고 있었다. 그러나 남편이 노쇠하여 성적으로 불만이 쌓이게 되자 40세의 독신 남자 엘링어(Ellinger)와 불륜의 사랑에 빠져든다. 은행 파산 때문에 남편이 덴버를 떠나자 그 기회를 이용하여 엘링어를 침실에 불러들여 동침한다. 그 후 대위와 닐은 엘링어와 포리스터 부인이 서신왕래를 해 온 사실을 우연히 알게 된다. 대위는 아내와 엘링어의 불륜의 관계를 발견하지만 못 본 척 넘겨 버린다.

엘링어가 젊은 콘스턴스(Constance) 양과 결혼했다는 소식을 듣게 되자 포리스터 부인은 절망에 빠져 밤중에 닐의 집으로 찾아온다. 엘링어에게 장거리 전화를 걸어 무섭게 매도한다. 남편이 죽은 뒤 엘링어가 자기와 결혼하겠다는 약속을 어겼기 때문이다. 남편이 사망한 후, 그녀는 대위의 재산을 20년간 성의껏 관리해온 파머로이(Parmoroy) 판사를 배신하고, 악질 변호사 아이비(Ivy)에게 재산관리를 넘겨 버린다. 아이비가 판사보다 더 신속하게 더 유리하게 악랄한 방법으로 돈을 불려줄 것으로 기대했기 때문이다.

그 후 닐은 아이비가 은밀한 곳에서 포리스터 부인을 포옹하는 장면을 보고 아이비의 정부가 되었음을 알게 된다. 그때부터 닐은 그녀의 집으로 다시 가지 않는다. 포리스터 부인은 대위가 건축한 저택, 목초지 등 모든 것을 정부 아이비에게 팔아넘기고 캘리포니아로 떠나간다.

아래의 인용은, 정숙하고 아름다웠던, 포리스터 부인의 말과 표정, 흉내 내는 솜씨 등－젊었을 때의 매력을 묘사한 글이다.

The charm of her conversation was not so much in what she said, though she was often witty, but in the quick recognition of her eyes, in the living quality of her voice itself. One could talk with her about the most trivial things, and go away with a high sense of elation. The secret of i t…was that she couldn't help being interested in people, even very commonplace people.…She had a fascinating gift of mimicry. When she mentioned the fat iceman, …or the Blum boys with their dead rabbits, by a subtle suggestion of their manner, she made them seem more individual and vivid than they were in their own person. She often caricatured people to their faces, and they were not offended, but greatly flattered.

(그녀의 말이 종종 재치 있는 것도 사실이었지만 그녀의 매력은 말 자체 보다는 눈에 나타나는 재빠른 인식력과 활기에 찬 목소리에 있었다. 가장 시시한 얘기를 그녀와 나눈 사람도 대화를 끝내고는 신바람이 나는 것을 느꼈다. 비결은…사람들에 대해서, 심지어는 아주 평범한 사람들에게 까지도 관심을 가질 수 밖에 없는 사람이었다는 점이다.… 그녀는 남을 흉내내내는 기막힌 재주를 가지고 있었다. 뚱뚱보 얼음 장수에 대해서…혹은 죽은 산토끼를 팔러 다니는 블럼 형제에 대해 이야기할 때, 그들의 언동에 대한 미묘한 암시로 그들 자신이 직접 나타내는 것보다 더 생생하게 개성을 나타냈다. 사람들을 면전에서 우스꽝스럽게 묘사하는 일이 많았는데 사람들은 이 점을 불쾌하게 여기는 것이 아니라 오히려 기분 좋게 받아들였다.)

해설(개안(開眼)의 과정)

작가는 분신인 닐의 눈을 통해 공황이 일어났을 때 신흥세력의 파렴치한 행위를 묘사함으로써 물질만능주의에 빠진 미국 사회를 신랄하게 비판한다. 손해를 덜 보고 조금이라도 이익을 보려고 어떤 불의한 짓도 서슴없이 자행한다. 대표적 인물이 악덕 변호사 아이비다. 세상 물정(物情)을 잘 모르는 인디언들, 또는 곤경에 처한 사람들의 약점을 이용하여 이득을 보는 천재다. 포리스터 부인은 사기를 쳐서 돈 버는 아이비를 존경할 수 없지만 '못된 짓'(rascality)이 돈 버는데 더 유리함으로 돈을 맡기는 것이다. 결국 그녀 역시 신흥 세력의 타락한 가치관을 받아들여 아이비와 같은 패거리가 된 셈이다. 닐은 그녀의 말을 듣고 예쁜 외모 뒤에 숨어 있는 타락한 인간성을 파악한다. 이상화된 허상(虛像)은 점차 깨지기 시작하여 적나라한 실상(實像)이 나타나는 것이다. 이것은 바로 닐의 인생에 대한 개안(initiation)을 의미하는 것이며 작품의 주제의 하나로 볼 수 있다.

이런 개안은 포리스터 부인과 정부(情夫) 사이의 관계를 알게 됨으로써 시작된다. 덴버 은행의 파산으로 남편이 덴버로 가자 에링어를 불러 들여 동침한다. 닐은 아무 것도 모르고 그녀의 침실 창문턱에 장미 꽃다발을 놓으려고 했는데 갑자기 방안에서 엘링어의 웃음소리가 들려온다. 닐은 꽃다발을 진흙 구덩이에 던져 버리고 집 밖으로 뛰쳐나간다. 그 동안 훌륭한 부덕(婦德)을 지닌 여성으로 흠모해 왔는데 추악한 실상을 파악하고 분노에 몸을 떤다. 얼마 후 닐은 그녀가 부엌에서 일하고 있는데 아이비가 나타나 뒤에서 포옹하는 장면을 목격한다. 그때부터 다시는 그녀의 집으로 가지 않는다. 너무나 타락한 부인을 만나고 싶지 않은 것이다. 닐의 인생에 대한 개안은 부인의 타락의 과정을 지켜보며 이루어지고 있다. 부인은 정부 아이비에게 남편이 남겨 놓은 모든 재산을 팔아버린다. 위대한 개척자 포리스터 대위가 이룩한 것을 불한당인 아이비가 모두 차지한 것이다. 대위가 청춘의 정열을 불사르며 산과 평야에 부설한 수백 마일의 철도만이 그의 꿈과 포부의 상징으로 남아 있을 뿐이다.

작품에도 신화적 패턴이 깔려 있는 것으로 보인다. 정욕과 빈곤 때문에 여주인공이 타락하는 과정을 보면 에덴(Eden) 동산의 하와의 이야기가 패턴인 듯하다. 하와는 악마의 꾀임에 넘어가 금단의 열매를 따 먹었고 죗값으로 온갖 불행과 재앙이 따라온다. 여 주인공을 유혹하는 뱀은 엘링어와 아이비다. 포리스터 부인의 죗값으로 은행 파산으로 인한 빈곤, 남편의 뇌졸중 등 불운이 겹친다. 남편이 죽은 뒤 저택과 목초지 등을 팔고 스윗 워터를 떠나는 데, 이것은 아담과 하와가 에덴 동산을 떠나는 사실과 유사하다.

마지막으로 문체를 살펴보면, 간결하고 세련되어 읽기 쉬운 문장들과 짧은 음절의 단어들이 자주 사용되고 있다. 아무리 사소한 인물이나 사건도 정확히 사실적으로 묘사된다. 또한 자연을 묘사한 장면은 생생하고 박진감이 넘친다. 붉은 풀만이 무성하게 자란 네브라스카의 허허벌판, 광막하고 황량한 겨울 풍경 등은 원시적인 황야에서만 발견되는 인상 깊은 광경이다.

F. 스콧 피츠제럴드(F. Scott Fitzgerald, 1896~1940

(17) 『위대한 개츠비』 (*The Great Gatsby*, 1925)

작가의 경력

작가는 1896년 미네소타(Minnesota) 주 세인트 펄(St. Paul)에서 태어나 동부(東部)에서 예비학교를 다녔다. 1916년 프린스턴(Princeton) 대학에 입학했지만 이듬 해 중퇴하고 군대에 입대하였다. 제대 후 1920년 처녀작 『낙원의 이쪽』(*This Side of Paradise*, 1920)을 발표하여 베스트셀러가 되었고 젤다(Zelda)와 결혼하였다. 작품은 주인공의 자기중심적인 대학 생활을 묘사한 것이며, 제 1차 대전 후의 젊은 세대의 압도적인 찬사를 받았다. 『아름답고 저주받은 자』(*The Beautiful and Damned*, 1922)는 조부의 유산을 받으려고 결혼한 젊은 부부의 타락한 생활을 묘사했으며 전후의 생활풍속을 생생하게 그려냈다. 『재즈 시대의 이야기』(*Tales of the Jazz Age*, 1922)는 잡지에 발표한 여러 단편들을 모은 단편집이며, 이 제목으로 "재즈 시대"라는 말은 금주법 시대의 향락적, 퇴폐적, 냉소적 시대정신을 표현하는 상징이 되었다. 1922년부터 피츠제럴드 부부는 뉴욕 주 롱아일랜드(Long Island)에 살면서 파티, 댄스, 술로 세월을 보내게 된다. 1925년에 발표한 『위대한 개츠비』는 이 시기의 경험을 토대로 한 걸작이다. 『밤은 상냥하다』(*Tender Is the Night*, 1934)에서 주인공 정신분석의(精神分析醫) 다이버(Diver)는 환자인 미국 처녀를 사랑하고 결혼한다. 그러나 아내의 불안한 정신 상태, 다이버의 연애 사건 등으로 가정파탄이 일어나게 된다. 피츠제럴드는 심장 마비로 1940년 12월에 사망하여 할리웃 영화 제작자를 주인공으로 한 『최후의 대군(大君)』(*The Last Tycoon*, 1941)은 미완(未完)의 소설이 되었다. 친구인 에드먼드 윌슨(Edmund Wilson)이 1945년 그의 단편적인 유고를 모아 『붕괴』(*The Crack-Up*, 1945)를 발표하였다.

작품 내용

화자인 닉 캐러웨이(Nick Carraway)는 중서부(中西部) 명문(名門)의 출신이다. 중서부의 고향은 소박하고 조야(粗野)하다고 생각하고, 교양과 문화가 세련된 동부를 동경한다. 닉은 지금 롱아일랜드의 서 에그(West Egg)로 와서 여름을 보내고 있다. 이웃집에서는 밤에 많은 남녀가 정원에 모여 성대한 파티가 열린다. 집 주인은 갯츠비(Gatsby)라고 하는데 소문에 의하면 제 1차 세계대전 중 독일 스파이였다고도 하고, 금주법 시대에 주류 밀매로 큰 돈을 벌었다고도 하는 등 구설수에 오르는 인물이다.

롱아일랜드 동 에그(East Egg)에는 닉과 함께 예일 대학을 나온 톰 뷰카난(Tom Buchanan)이 아내 데이지(Daisy)와 함께 살고 있다. 개츠비는 1차 세계 대전 중 육군 중위였으며, 당시 아름다운 데이지와 서로 사랑하는 사이였다. 전쟁이 끝나 고향에 돌아왔지만 애인 데이지는 부자 톰과 결혼하여 신혼여행을 떠나 만날 수 없게 된다. 밀주거래(密酒去來)로 큰 돈을 벌게 되자 개츠비는 옛 사랑 데이지를 되찾겠다는 강렬한 욕망을 품게 된다. 과거의 행복을 돈으로 다시 찾겠다는 것이다. 자기 집 바로 옆에 사는 닉의 주선으로 종자매(從姉妹)인 데이지를 만나게 된다. 두 남녀는 5년만에 만나 기쁨의 눈물을 흘렸고 데이지는 정부(情婦, mistress)가 된다.

얼마 뒤 톰과 데이지 부부, 데이지의 여자 친구 조단(Jordan), 개츠비와 닉 등 다섯 사람은 두 대의 차를 타고 뉴욕으로 점심을 먹으러 출발한다. 식사 후 톰과 개츠비 사이에 데이지를 사이에 두고 심한 말다툼이 일어난다. 톰은 개츠비가 데이지와 몰래 만난다고 비난을 퍼부었고, 데이지는 자기가 한때 톰을 사랑한 것은 사실이지만 이젠 개츠비를 사랑하니 남편과 헤어지겠다고 솔직히 말한다. 톰은 개츠비가 암흑가의 불량배와 손을 잡고 있으며 주류밀매업자라고 폭로한다. 개츠비는 자리에서 분연히 일어나 데이지와 함께 자기의 차로 롱아일랜드로 돌아간다. 개츠비의 차를 데이지가 운전한다. 마틀(Myrtle)—자동차 수리소를 경영하는 윌슨(Wilson)의 아내—은 개츠비가 탄 차가 정부(情

夫) 톰의 차인 줄 착각하고 정지시키려고 달려가다 차에 치여 죽고 만다. 닉은 개츠비에게 경찰이 체포할 것이니 속히 떠나라고 충고한다. 그러나 개츠비는 데이지가 톰에서 떠날 것을 예상했고, 또 데이지의 운전사고에 대해 자기가 책임을 질 결심으로 닉의 충고를 따르지 않는다. 톰은 개츠비가 운전을 잘못하여 마틀을 치었다고 윌슨을 속인다. 분노한 윌슨은 개츠비의 저택으로 들어가 수영장에서 개츠비를 사살하고 자기도 자살한다. 개츠비의 장례식에 나타난 사람은 늙은 아버지와 몇몇 하인, 그리고 닉 뿐이다. 운전을 잘못하여 마틀을 죽인 데이지 그리고 개츠비를 사살하도록 윌슨을 부추긴 톰은 여행을 떠나 장례식에 나타나지도 않는다. 윤리적으로 무책임한 사람들이라고 할 수 밖에 없다.

아래의 인용은 화자 닉이 중서부의 고향으로 돌아가기 바로 전날 밤, 해안에서 개츠비가 품고 있던 꿈을 명상하는 대목이다.

Most of the big shore places were closed now and there were hardly any lights except the shadowy, moving glow of a ferryboat across the Sound. And as the moon rose higher the inessential houses began to melt away until gradually I became aware of the old island here that flowered once for Dutch sailors' eyes—a fresh, green breast of the new world.…

And as I sat there brooding on the old, unknown world, I thought of Gatsby's wonder when he first picked out the green light at the end of Daisy's dock. He had come a long way to this blue lawn, and his dream must have seemed so close that he could hardly fail to grasp it. He did not know that it was already behind him, somewhere back in that vast obscurity beyond the city, where the dark fields of the republic rolled on under the night.

Gatsby believed in the green light, the orgiastic future that year by year recedes before us. It eluded us then, but that's no matter—tomorrow we will run faster, stretch out our arms farther.…And one fine morning—

So we beat on, boats against the current, borne back ceaselessly into the past.

(해안의 큰 저택은 대부분 문이 닫혔고, 해협을 지나가는 연락선의 흐릿한 불빛의 움직임 외에는 불빛은 거의 보이지 않았다. 달이 하늘에 높이 올라감에 따라 뚜렷하지 않은 집들은 시계(視界)에서 사라지기 시작했고, 그 대신 네덜란드 선원들의 눈에 꽃처럼 아름답게 보였던 섬의 옛날 모습—신세계의 신선한 초록색 가슴—이 점차 눈앞에 나타나기 시작했다.

나는 거기에 앉아 옛적 알 수 없는 세계를 생각하면서, 데이지의 집 잔교의 끝에서 개츠비가 초록색 불빛을 처음 발견했을 때, 얼마나 놀랐을까 하고 상상해 보았다. 긴 여행 뒤 푸른 잔디에 도착했을 때 꿈이 아주 가까이에 있으며, 그 꿈을 실현시키겠다고 생각했을 것이다. 그는 꿈이 배후로, 도시를 넘어 광막한 어떤 곳—공화국의 검은 들판이 밤하늘 아래 펼쳐진—으로 이미 사라진 것을 모르고 있었다.

개츠비는 초록색 빛을 믿었고, 해마다 우리 앞에서 물러나는, 열광적인 미래를 믿고 있었다. 그 때는 교묘히 빠져나갔지만 문제가 되지 않았다—내일 우리가 더 빨리 달려 나가 두 팔을 더 멀리 뻗치면 되는 것이다…그러면 어느 화창한 아침—

그래서 우리는 줄곧 과거로 밀려가면서도 물결에 거슬려 올라가는 보트처럼, 계속 나아가는 것이다.)

해설(화려한 꿈의 좌절)

작품은 데이지라는 아름답고 부유한 여성으로 상징되는 주인공의 꿈이, 비참하게 깨지고 마는 이야기이다. 개츠비는 물질적 성공－부의 축적－을 거두었기 때문에, 데이지의 마음을 움직여 잃어버린 옛사랑과 행복했던 과거를 되찾을 수 있다고 믿고 있다. 돈으로 사랑과 행복을 살 수 있다는 "미국적 신념"(American belief)[25]을 굳게 지니고 있다. 닉은 과거를 되풀이할 수 없다고 말하는데 개츠비는 모든 것을 예전처럼 바로잡을 수 있다고 강조한다. 5년간의 톰과의 결혼생활이 없었던 것처럼, 이제 데이지는 자신을 행복하게 해줄 수 있다는 것이다. 톰과 데이지, 개츠비와 닉 등 다섯 사람이 뉴욕의 식당에서 만났을 때 개츠비는 톰에게 데이지는 당신을 이제껏 한 번도 사랑한 적이 없다고 말한다. 그러나 데이지는 양심상 수긍할 수 없고, 한 때 톰을 사랑한 적은 있으나, 지금은 개츠비를 사랑한다고 말한다. 여기에서도 개츠비의 지나치게 편파적인 자기중심적인 생각이 드러난다. 개츠비의 비극은 마음에 품은 희망 또는 꿈이 "현실이 주는 시험"(test of reality)[26]에 실패하였기 때문에 일어난 것이다.

제목 『위대한 개츠비』에서 "위대한"(great)이라는 말에는 비꼬는 뜻이 들어있다. 객관적으로 보아 실현될 가능성이 없는데도, 실현된다고 일방적으로 믿고 그 희망 또는 꿈을 끝까지 추구하는 "순진성"(naiveté), 또는 "성실성"(sincerity)을 "위대한"이라는 말로 표현한 것이다. 결국 비극으로 끝난다 해도 목표를 향하여 마지막까지 힘쓰는 노력이 위대하다는 것이다.

작품에는 1920년대 미국 부유층의 탐욕에 빠진, 무책임하고 타락한 생활상이 적나라하게 묘사되어 있다. 금주법 시대의 밀주거래로 법망(法網)을 뚫고 막대한 돈을 번 개츠비도 타락한 인간임에 틀림없다. 호화로운 저택을 데이지의 집 바로 옆에 구입하여 파티를 열어 첫사랑 데이지의 관심을 끌려고 한다. 톰은 많은 유산을 물려받아 귀족처럼 자처(自處)하고 자수성가한 사람들을 경

---

25) High, P.144.

26) *ibid.* P.146.

멸한다. 가정생활의 귀중함과 사회도덕을 강조하지만, 이면에서는 윌슨의 아내 마틀과 불륜의 사랑을 즐기고 있다. 데이지가 사랑하는 개츠비를 버리고 톰과 결혼하는 것은 돈 때문이다. 개츠비가 부자가 되어 다시 나타나자 남편과 이혼하고 개츠비에게 돌아가겠다고 결심한다. 하지만 그가 죽자 다시 톰에게로 간다. 돈과 일신(一身)의 안전을 위해 우왕좌왕할 뿐이다.

닉은 동부의 교양과 문화를 동경하고 소박하고 거친 중서부를 떠나 롱아일랜드로 나온 사람이다. 그러나 동부 사회의 부패와 타락을 목도하고 또 개츠비의 허황된 꿈이 깨지는 것을 지켜보며 인생을 바라보는 시각이 점차 성숙해진다. 닉은 처음에 개츠비가 조그만 만(灣, bay) 넘어 나루터의 "초록색 빛"(green light)을 응시하는 장면을 본 적이 있다. "초록색"은 끝에 가서 다시 몇 번 반복되어 나타난다. 예컨대 "신세계의 신선한 초록색 가슴"(a fresh green breast of the new world)에서, "초록색"은 약 2세기 반 전 네덜란드 선원들이 미대륙에 상륙했을 때 처음 비친 색깔이었다. 이 초록색은 돈과 성공을 의미하는 미국의 꿈을 상징한다고 볼 수 있다. 그러나 미국의 꿈은 『미국의 한 비극』의 주인공 클라이드를 파멸시켰듯이, 개츠비도 파멸시켰으며 악몽으로 변질되었다.

작가는 작품에서 감각적(感覺的) 문체와 다양한 상징을 활용하여 여러 주제 —1920년대 미국 사회의 타락, 인생에 대한 개안(開眼), 미국의 꿈, 동부와 중서부의 대비 등—를 실감나게 표현했으며 대표작으로 여겨지고 있다.

어니스트 헤밍웨이(Ernest Hemingway, 1899~1961)

(18) 『무기여 잘 있거라』(*A Farewell to Arms*, 1929)

작가의 경력

헤밍웨이는 1889년 일리노이(Illinois) 주 오크파크(Oak Park)에서 태어났다. 고교 졸업 후 여러 직업을 전전했으며 잡지사의 기자도 하였다. 1918년 19세 때 적십자 요원으로서 이탈리아 전선에 출정하였는데, 오스트리아군의 포탄을 맞아 중상을 입었고 이탈리아 정부의 훈장을 받았다. 22세부터 통신원으로 유럽 각지를 돌아다녔다. 그 후 파리에서 거투르드 스타인(Gertrude Stein), 에즈라 파운드(Ezra Pound), 제임즈 조이스(James Joyce) 등을 만나 이미지즘(imagism), 의식의 흐름 수법 등을 전수받았다.

1926년에 발표한 『태양은 다시 떠오른다』(*The Sun Also Rises*, 1926)는 전쟁을 경험한 국적 상실자들의 허무와 퇴폐를 그린 작품으로서 "방황하는 세대"(Lost Generation)의 대표작으로 찬사를 받았다. 『무기여 잘 있거라』는 전쟁 연애 소설이며 전 세계의 인기작가로 명성을 떨치게 되었다. 두 권의 단편집 『여자 없는 남자들』(*Men Without Women*, 1927)과 『승자더러 허탕치게 하라』(*Winner Takes Nothing*, 1933)는 헤밍웨이가 단편에도 우수한 작가임을 보여주었다. 1932년에 투우의 해설서 『오후의 죽음』(*Death in the Afternoon*, 1932)을 발표하였고, 1935년에 여행기 『아프리카 녹색 언덕』(*Green Hills of Africa*, 1935)을 출판했다. 『누구를 위하여 종을 울리나』(*For Whom the Bell Tolls*, 1940)는 격렬한 연애와 죽음의 공포가 뒤얽힌 스릴에 가득 찬 작품이다. 중편 『노인과 바다』(*The Old Man and the Sea*, 1952)는 퓰리처상을 수상하였고 또 1954년도 노벨상을 받았다. 1961년 7월 엽총을 수선하다가 사고로 사망하였다.

작품 내용

주인공 프레데릭 헨리(Frederick Henry)는 건축학을 공부하려고 이탈리아(Italy)로 온 청년이다. 제 1차 대전이 일어나자 위생대의 중위로서 이탈리아 군대에서 근무한다. 전쟁의 비참한 현실을 목도하면서도 영화 속의 전쟁처럼 전쟁은 자신과 아무런 관계도 없는 것처럼 생각하고 있다. 이탈리아 전선은 교착상태(膠着狀態)에 빠져 있고 장마는 계속 되고 전염병으로 수천 명이 죽어가고 있다. 병사들은 참호 속에서 답답하고 우울하여 견딜 수 없을 지경이다. 헨리도 허무감에 빠져들어 밤마다 술에 취하고 여색을 탐한다. 그 후 우연히 전우의 소개로 영국군 야전병원의 간호사 캐더린 버크레이(Catherine Berkley)를 알게 된다. 첫사랑의 약혼자가 출정한 뒤, 간호사로 지원하여 나왔으나 약혼자는 전사했고 외로운 처지에 놓여 있다. 그녀와 헨리는 서로 허전한 마음을 달래기 위해 가볍게 만나 교제한다.

얼마 뒤 헨리는 적의 포탄을 맞아 발에 큰 부상을 입었고 밀안(Milan)의 육군병원으로 후송된다. 거기서 우연히 캐더린을 다시 만나자 진정한 애정이 싹트기 시작한다. 죽음이 언제 닥쳐와 둘 사이를 갈라놓을지 예측할 수 없는 상황이라 사랑은 더욱 깊어지고 뜨거워진다. 헨리의 상처가 회복되자 일선의 부대로 돌아가게 되었으며, 그 때 캐더린은 임신한 상태였다.

오랜만에 전선에 돌아와 헨리는 의료자재를 운반하는 임무를 맡게 된다. 어느 날 독일군의 지원을 받는 오스트리아군의 총공격이 시작되자 이탈리아 군은 패배하였고 무서운 혼란 중에 카포렛토(Caporetto)에서 퇴각한다. 헨리는 지친 몸으로, 비를 맞으며 끝까지 부하들과 함께 장비를 운반한다. 명령에 불복(不服)하는 부하를 사살까지 한다. 드디어 큰 강의 다리 앞에 도착한다. 아군 헌병들이 지켜 서서 장교들을 신문(訊問)하고 부대 이탈의 이유로 가차 없이 사살한다. 그는 서투른 이탈리아어 발음 때문에 적 스파이의 혐의를 받게 된다. 목숨이 위험해지자 강물로 뛰어들어 헤엄쳐 대안(對岸)에 기어오른다. 군복을 벗어 버리고 화물 열차에 뛰어 올라 캐더린이 있는 밀안으로 간다. 밀안에서 스트레자(Stresa)로 옮겨간 캐더린을 다시 만나 기뻐하지만, 헌병들이 탈주병을 추적하고 있다는 소식이 들려온다. 그들은 폭풍우가 몰아치는 밤에 보트를 타고 호수를 건너 스위스로 도피하였고 스위스 산장에서 목가적(牧歌的)인 행복한 생활을 즐기게 된다.

병원에서 캐더린의 분만의 시기가 다가왔고 헨리는 고통스러운 모습을 바라보며 무슨 "덫"에 걸린 듯한 불길한 느낌이 든다. 이 예감은 맞아 들어 아기는 사산(死産)이 되고 산모는 출혈과다로 숨을 거두고 만다. 헨리는 비 내리는 어두운 밤 홀로 병실에서 나와 외롭게 걸어간다.

다음의 인용은 전쟁이 진행 중인 환경에서, 헨리와 캐더린이 잠시나마 사랑을 즐기고 있는 행복한 모습이다.

> We would be lying together and I would touch her cheeks and her forehead and under her eyes and her chin and throat with the tips of my fingers and say, "Smooth as piano keys," and she would stroke my chin with her finger and say, "Smooth as emery paper and very hard on piano keys."
>
> "Is it rough?"
>
> "No, darling. I was just making fun of you."
>
> It was lovely in the nights and if we could only touch each other we were happy. Besides all the big times we had many small ways of making love and we tried putting thoughts in the other one's head while we were in different rooms. It seemed to work sometimes but that was probably because we were thinking the same thing anyway.
>
> We said to each other that we were married the first day

she had come to the hospital and counted months from our wedding day. I wanted to be really married but Catherine said that if we were they would send her away and if we merely started on the formalities they would watch her and would break us up. We would have to be married under Italian law and the formalities were terrific.…

(우리는 함께 누워 있었고 나는 손가락 끝으로 그녀의 뺨, 이마, 눈 아래, 턱, 목 등을 만지곤 하였다. "피아노키처럼 매끄럽군."하고 중얼거렸다. 그러면 캐더린은 손가락으로 턱을 쓰다듬고 "금강사 종이 같아서 피아노키에는 몹시 아플 거예요."라고 대꾸했다.

"그렇게 거친가요?"

"그게 아니라 좀 놀린 거예요."

그런 밤은 몹시 즐거웠다. 서로를 만기기만 해도 행복하였다. 둘이 함께 하는 아주 멋진 때 뿐 아니라, 애정을 표현하는 여러 사소한 방법이 있었고, 또 다른 방에 있을 때엔 상대방의 머리 속에 각자의 생각을 전해 주려고 애썼다. 이따금 잘 전해질 때도 있었는데 서로가 같은 생각을 하고 있었기 때문일 거라고 상상했다.

그녀가 병원에 온 첫 날에 우리는 결혼한 것과 같다고 말했고, 결혼한 날부터 몇 달이 지났는지 계산해 보았다. 나는 정식으로 결혼하기를 원했었다. 하지만 그렇게 되면 그녀는 딴 곳으로 옮겨질 것이고 또 우리가 결혼 수속을 밟기 시작하면 그녀는 주목의 대상이 되어 관계가 깨뜨려질 거라고 캐더린은 말했다. 결국 이탈리아 법으로 결혼해야 했고 그 수속은 몹시 까다로웠다.…)

해설(전쟁과 운명의 비극)

작품의 앞부분, 주인공과 군목과의 대화에서 보여 지듯이, 헨리는 전쟁터에서 완전히 무신론자가 되고 허무주의자가 된다. 기존의 종교나 가치관이 완전히 소멸된 세계에서 육체적 감각(感覺)만이 유일한 절대적 기준이 된다. 영광, 명예, 종교, 신앙 등의 단어도 아무런 의미와 가치가 없는 것으로 들린다. "민주주의를 위한 전쟁", "전쟁을 없애기 위한 전쟁" 등의 구호도 젊은이들을 전쟁터로 보내기 위한 허위에 찬 슬로건에 불과하다. 전쟁터는 인간의 냉혹함과 잔인성, 폭력과 죽음을 적나라하게 보여주었다. 헨리는 인생의 의미와 방향 감각을 거의 상실해 버렸으며 주색을 탐할 뿐이다.

헨리는 당초 전쟁이나 사랑에 대해서도 진지한 태도를 지니지 않고 있었다. 이탈리아 군에 입대한 것은 우연히 이탈리아에 와서 공부하고 있었기 때문이다. 독일과 오스트리아로부터 이탈리아를 수호하겠다는 특별한 사명감에서 전쟁에 참가한 것은 아니다. 그러나 부상을 입어 병원에 입원한 후, 다시 전선에 나가게 되자 태도가 완전히 달라진다. 수송대 장교로서 성실하게 임무를 수행한다. 카포렛토 후퇴시에는 명령을 따르지 않는 부하를 사살해 버린다.

캐더린과의 교제도 처음에는 지루한 군대 생활을 견디어내기 위한 가벼운 만남에 지나지 않았다. 그러나 밀안 육군병원에서 다시 만나게 되자 진지한 사랑으로 바뀌고 만다. 인간은 환경의 지배를 받는다는 자연주의 사상이 여실히 드러난다. 군대에서 탈주한 헨리는 임신한 캐더린과 함께 목숨을 걸고 밤중에 호수를 건너 스위스로 망명한다. 전쟁과 사회에서 완전히 등을 돌린 채 스위스 산장에서 행복한 겨울을 보내지만 캐더린의 출산의 시기가 임박해 온다. 심한 고통 때문에 제왕절개 수술을 해야 하는 상황에 놓인다. 그동안 신앙을 가지라는 군목의 충고를 귀담아듣지 않았지만 생사를 다투는 긴박한 순간에는 온 정성을 다해 기도한다. 마침내 이탈리아 군에 입대한 것도 캐더린과의 사랑에 빠진 것도 운명의 함정(陷穽)이었음을 깨닫는다. 인력을 넘어선 운명은 가혹한 것이고 인생은 무의미한 비극임을 절감한다. 낯선 땅 스위스에서 아내와 사별하여 완전한 고아가 되어버린다.

작품에는 다양한 상징이 나온다. 비는 죽음과 불행을 상징하고, 산과 흰 눈 등은 평화 또는 즐거움을 나타낸다. 또 계절의 변화는 작품의 내용과 밀접한 관계가 있으며, 뜨거운 여름에는 사랑에 열을 올리고 추운 겨울에는 캐더린이 사망한다. 작가는 작품에서 "하드 보일드 스타일" (hard boiled style)이라는 유명한 문체를 사용하고 있다. 전쟁이나 폭력 등의 사건이나 장면을 다룰 때, 일체의 감정을 억제하고 윤리적 판단을 의식적으로 피하며 행동의 외형만을 간결하게 비정적(非情的)으로 묘사하는 문체이다. 카포레토의 비참한 후퇴 장면에서 좋은 예를 발견할 수 있다.

이 작품은 1926년에 발표된 『태양은 다시 떠오른다』와 더불어, 1차 대전 후 인생의 의미와 방향감각을 상실한 "방황하는 세대"를 다룬 걸작의 하나로 여겨지고 있다

(19) 『누구를 위하여 종은 울리나』

(For Whom the Bell Tolls, 1940)

⁑ 작품 내용 ⁑

주인공 로버트 조던(Robert Jordan)은 미국 몬태나(Montana) 대학의 스페인어 강사이다. 1936년 스페인에 내란이 일어나자 정부군(인민공화파)의 편에서 싸우려고 휴가를 얻어 스페인으로 간다. 그는 공산주의자는 아니자만 반파시스트이다. 전쟁에서 임무는 적-프랑코(Franco) 장군의 반란군-의 주요 보급로인 교량을 폭파하는 일이다. 정부군의 폭격과 지상군의 총공격과 때를 맞추어 교량을 폭파시켜야 한다. 조던은 지리를 잘 아는 노인 안셀모(Anselmo)의 안내로 폭약 폭발장치, 기폭약 등이 든 배낭을 메고 적진 배후에 잠입, 게릴라대의 동굴로 들어간다. 게릴라대의 수령 파블로(Pablo)는 협력을 거절하지만 그의 애인 필라(Pilar)와 나머지 대원들은 협조하겠다고 약속한다. 이튿날 조던은 스페인 소녀 마리아(Maria)와 함께 필라의 안내를 받아 다른 게릴라 대장 엘 소르도(El Sordo)를 찾아가 도와줄 것을 부탁한다. 동굴로 다시 돌아올 때 조던과 마리아는 뜨겁게 포옹했으며 앞으로 결혼할 것을 약속한다. 마리아의 아버지는 파시스트에게 무참히 살해되었고 그녀 역시 성폭행을 당했으며, 3개월 전에 동굴로 도피해 온 전쟁의 희생자이다.

조던은 안드레(Andrés)라는 게릴라 대원을 전령으로 본부에 보내어 교량 폭파 계획을 취소해 줄 것을 요청한다. 그러나 전령은 돌아오지 않았고 정부군의 공습이 시작되자 부득이 조던은 안셀모와 함께 교량폭파 작업을 시작하여 가까스로 성공한다. 조던은 대원들에게 말을 타고 길을 가로질러 숲 속으로 달아날 것을 명한다. 모두 다 무사히 달아났는데, 조던이 탄 말이 적탄에 맞아 쓰러졌고 말 밑에 깔려 왼쪽 발이 부러지고 만다. 더 이상 몸을 움직일 수 없게 되자 조던은 자기를 그대로 두고 속히 달아나라고 대원들에게 명령한다. 마리아는 곁에 남겠다고 눈물로 호소한다. 조던은 마리아에게 서로 헤어진다

해도 마음은 언제나 그녀와 함께 있겠다고 위로하고 떠나게 한다.

마리아가 사라지는 모습을 바라보며 필라가 잘 지켜줄 것이라고 생각한다. 조던은 죽음을 눈앞에 두고 이제껏 신념에 따라 살았고 또 싸웠음을 자랑으로 여기고 있으며 자살하고 싶은 충동을 가까스로 억제한다. 아직도 해야 할 일이 남아 있는 것이다. 대원들이 안전하게 도피할 수 있도록 최후까지 지켜주어야 한다. 몸을 겨우 움직여 배를 깔고, 적 기병대의 장교가 사정권 안에 들어올 때까지 기관총을 겨누고 기다리고 있다. 심장이 땅에 닿아 고동치는 것을 분명이 느낄 수 있다.

아래의 인용은 중상을 입은 주인공이 기관총을 겨누고 적의 접근을 기다리는 마지막 장면이다.

Then he rested as easily as he could with his two elbows in the pine needles and the muzzle of the submachine gun resting against the trunk of the pine tree.

As the officer came trotting now on the trail of the horses of the band he would pass twenty yards below where Robert Jordan lay. At that distance there would be no problem. The officer was Lieutenant Berrendo. He had come up from La Granja when they had been ordered up after the first report of the attack on the lower post.…

Lieutenant Berrendo, watching the trail, came riding up, his thin face serious and grave. His submachine gun lay across his saddle in the crook of his left arm. Robert Jordan lay behind the tree, holding onto himself very carefully and delicately to keep his hands steady. He was waiting until the officer reached the sun-lit place where the first trees of the pine forest joined the green slope of the meadow. He could feel his heart beating against the pine needle floor of the forest.

(그는 되도록 몸을 편히 하고 솔잎 속에 두 팔꿈치를 대고 기관총의 총구를 소나무 줄기에 기대어 놓았다.

장교가 한 떼의 말 발자국을 따라 속보로 달려오게 되면 로버트 조던이 누워있는 곳에서 20야드 아래를 지나가게 될 것이다. 그만한 거리라면 아무 문제도 없을 것이다. 장교는 베렌도 중위였다. 라그란자에서 왔으며, 아래쪽 진지가 공격을 받았다는 첫 보고를 받고 출동하도록 명령을 받은 것이다.…

베렌도 중위는 발자국에 주의를 기울이면서 말을 타고 왔다. 야윈 얼굴은 진지하고 엄숙했다. 기관총은 구부린 왼쪽 팔에서 안장을 가로질러 놓여 있었다. 로버트 조던은 나무 뒤에 누웠고, 주의 깊게 또 솜씨 좋게 몸을 가누어 두 팔을 안정시켰다. 소나무 숲의 첫 나무가 목장의 초록색 사면과 마주치는 햇빛 비치는 곳에 장교가 도착할 때까지 기다렸다. 심장이 숲 속 솔잎이 깔려 있는 지면에 닿아 고동치는 것을 느낄 수 있었다.)

해설(고귀한 자기희생)

작품의 제목은 17세기 종교시인 존 단(John Donne)의 시에서 인용한 말이다. 인간이란 섬처럼 독립된 존재가 아니라 대륙의 일부와 같은 존재라는 것이다. 파도가 땅을 씻어 가면 대륙은 그만큼 줄어든다. 이처럼 누군가 죽으면 인류는 그 만큼 감소하고 인류의 일부인 나 자신도 감소한다. 조종(弔鐘)이 울리면 누구를 위해 울리는지 알아 볼 필요가 없다는 것이다. 너 자신을 위해 울리고 있기 때문이다. 인류의 연대성(連帶性), 인간 공동체의 의미와 중요성을 강조하고 있는 것이다.

작품에도 『무기여 잘 있거라』에서처럼 폭력, 죽음 등이 많이 나타나지만 의미 없는 폭력, 죽음이 아니라, 동료를 위한, 민주주의라는 대의명분을 위한, 나아가 인류를 위한 죽음이고 자기희생이다. 마지막에 주인공은 중상을 입고 고통에 못 이겨 자살하고 싶은 충동을 느낀다. 그러나 마지막까지 신념과 사명에 충실하여 동지들이 무사히 달아날 수 있도록 최선을 다한다. 주인공은 죽지만 정신과 신념은 죽지 않으며, 전쟁은 패배로 끝나 파시스트가 승리한다 해도 자유와 민주주의를 위한 정열과 희생은 살아남는다는 것이다.

주인공이 게릴라들에게 협조를 구하는 장면이 여러 번 나타난다. 조던은 게릴라 대장 파블로에게 원조를 부탁했고, 거절당하자 필라와 나머지 대원들에게 부탁한다. 또 엘 소르도에게 찾아가 협조를 구한다. 필라는 조던에게 마리아를 위로하고 도와줄 것을 원했고 둘이 사랑하는 사이가 되도록 여러 모로 배려한다. 인간은 서로 신뢰하고 협조해야 숭고한 공동의 목적을 달성할 수 있음을 강조하고 있는 것이다. 인생의 가혹한 운명과 허무에 초점을 맞추었던 『무기여 잘 있거라』와는 다른 내용이고 주제이다. 1930년대의 미국의 대공황(Great Depression)에 기인된 실업과 빈곤, 국내 및 국제 정세의 불안 등 온갖 불행과 참화 때문에 작가의 생각과 신념이 달라진 것으로 보인다. 또 용서와 관용(寬容)의 태도가 주인공에 나타나는 것도 주목할 만하다. 조던은 처음부터 파블로를 불신했고 몇 번 사살하려고 하지만 자제한다. 파블로가 교량폭파에 쓸 폭약 등 폭발장치를 훔쳐 강에 버린 사실을 알고도 사과하자 그는 용서해 준다. 『무기여 잘 있거라』의 주인공 헨리는 명령에 불복하는 부하를 즉각 사살했지만, 조던은 끝까지 파블로를 너그럽게 대한다.

등장인물들은 거의 다 불행과 불운(不運)에 고통을 받았거나 현재 받고 있는 사람들이다. 파블로의 애인 필라의 과거의 불행, 파시스트에 의해 부모를 잃고 성폭행을 당한 마리아, 용감한 엘 소르도와 안셀모의 죽음, 주인공의 부상과 닥쳐오는 죽음 등. 그러나 이런 불행 중에도 자기의 임무와 신념을 위해 순교

(殉教)의 정신으로 정진(精進)하는 인간의 고귀한 면을 작가는 높이 평가하고 있는 것이다.

작품은 여러 등장인물의 사실적인 성격묘사, 다양한 삽화의 삽입, 극적인 작품구성 등으로 헤밍웨이의 후기 걸작의 하나로 평가되고 있다.

(20) 『노인과 바다』 (*The Old Man and the Sea*, 1952)

❖ 작품 내용 ❖

하바나(Havana)근교의 어촌에 사는 늙은 어부 산티아고(Santiago)는 멕시코 만류(灣流)에 작은 배를 띄우고 고기를 낚고 있다. 언제나 일을 도와준 10세의 소년 마노린(Manolin)은 배에서 떠나갔다. 40일간 산티아고가 고기를 잡지 못하자 소년의 부모는 최악의 불운에 걸려든 어부라고 생각하고 마노린을 산티아고의 배에서 떠나게 한 것이다. 소년이 떠난 지 44일이 지나도 고기를 잡을 수 없다. 그래도 소년은 음식과 미끼 등을 가져와서 노인을 도왔고 그도 소년에게 감사한다. 수년전 산티아고의 아내는 죽었고 자식도 없어서 몹시 외로운 형편이다. 산티아고는 미국 야구경기에 관심을 집중하면서 즐거운 시간을 보내려고 애쓴다. 눈빛은 바다와 같은 색깔이고 두 눈은 낙관적이고 불굴의 정신을 드러내고 있다.

1950년 9월 12일 화요일이다. 고기를 못 잡은지 84일 째 날이다. 이튿날 수요일은 고기 못 잡은 85일째 날이다. 정오경 고기가 미끼를 물었고, 고기는 배를 끌고 간다. 밤새도록 노인과 고기(청새치)의 싸움이 계속된다. 왼손에 쥐가 나고 두 손바닥은 상처를 입어 피가 흐른다. 낚싯줄에 의한 어깨의 상처도 심한 고통을 준다. 노인은 수면부족과 피로 때문에 현기증이 난다. 금요일 정오까지 고기와 싸웠고 드디어 고기는 은빛 배를 드러내고 죽어서 물에 뜬다. 너무 커서 배 안에 들여 놓을 수 없어 이물에서 고물까지 배에다 고기를 잡아매고 집으로 돌아간다.

그러나 그 고기가 흘린 피 냄새를 맡고 상어들이 계속해서 덤벼든다. 배에 매놓은 고기의 살을 뜯어먹기 위해서다. 노인은 작살, 칼, 노, 노에 칼을 맨 무기, 갈고릿대, 몽둥이 등으로 상어들과 싸우지만 고기의 살은 상어들에게 다 뜯어 먹히고 앙상한 뼈만 남는다. 뼈의 잔해(殘骸)가 매인 배를 바닷가에 올려놓고 마스트(mast)를 어깨에 메고 언덕을 올라간다. 마스트의 무게 때문에 쓰러졌다 다시 일어난다. 오두막에 도착하여 침대에 눕는다. 담요를 덮고 얼굴을 신문지에 묻은 채 엎드려 잠이 든다. 금요일 밤도 깊어진 때다.

이튿날 아침 소년 마노린이 찾아와 들여다보니 노인은 자고 있다. 많은 동네 어부들이 나타나 작은 배에 매인 고기의 뼈를 보고 놀란다. 18피트나 되는 크기 때문이다. 소년은 깊은 상처가 난 노인의 손바닥을 보고 울기 시작한다. 밀크와 설탕을 듬뿍 탄 뜨거운 커피를 가지고 노인의 침대 옆에 앉아 있다. 노인은 잠에서 깨어나 커피를 마시고 소년과 이야기를 나눈다. 노인은 마노린이 없어서 외로웠다고 털어 놓는다. 산티아고는 토요일 오후 내내 잠을 잤고 소년은 침대 옆에 줄곧 앉아 있다. 노인은 아프리카의 사자 꿈을 꾸고 있었다.

다음의 인용은 달려드는 상아를 죽이고 나서 산티아고가 혼자 생각에 잠기는 내용이다.

> But I killed the shark that hit my fish, he thought. And he was the biggest dentuso that I have ever seen. And God knows that I have seen big ones.
>
> It was too good to last, he thought. I wish it had been a dream now and that I had never hooked the fish and was alone in bed on the newspapers.
>
> 'But man is not made for defeat,' he said. 'A man can be destroyed but not defeated.' I am sorry that I killed the fish though, he thought. Now the bad time is coming and I do not even have the harpoon. The dentuso is cruel and able and strong and intelligent. But I was more intelligent than he was. Perhaps not, he thought. Perhaps I was only better armed.
>
> 'Don't think, old man,' he said aloud. 'Sail on this course and take it when it comes.'

But I must think, he thought. Because it is all I have left. That and baseball. I wonder how the great DiMaggio would have liked the way I hit him in the brain? It was no great thing, he thought. Any man could do it. But do you think my hands were as great a handicap as the bone spurs? I cannot know. I never had anything wrong with my heel except the time the sting ray stung it when I stepped on him when swimming and paralysed the lower leg and made the unbearable pain.

(하지만 나는 물고기를 습격한 상어를 죽였지, 하고 생각했다. 놈은 내가 이제껏 본 중에서 가장 큰 '팔중치 상어'였어. 분명히 나는 전에 큰 놈들을 보기는 했지만.

너무 멋진 일이라서 오래 가지 않을 거라고 생각했지. 그게 꿈이었다면 좋았겠어. 그런 고기는 낚지 말고 침대에서 신문지 위에 혼자 누워 있었으면 좋았을 거야.

'그러나 인간은 패배하도록 창조된 건 아니지.' 혼자 말했다. '인간은 살해될 수는 있지만 패배당할 수는 없는 거지.' 내가 고기를 죽였으니 안 된 일이지, 하고 생각했다. 이제 어려운 일이 닥쳐오는데 작살도 없는 거야. '팔중치 상어'는 잔인하고 능력있고 강하고 또 지혜가 있지. 그러나 나는 그 놈보다 더 지혜롭지. 아니 그렇지 않을 수도 있어, 하고 생각했다. 아마 그 놈보다 더 나은 무기를 가지고 있었을 거야.

'더 생각하지 마세요, 할아버지.' 그는 소리를 내어 말했다. '배를 반듯이 달리게 해요. 그렇게 되면 그때 처리하면 되죠.'

하지만 생각 안 할 수는 없지, 하고 생각했다. 그것만이 내게 남겨진 일이니까. 그것과 야구지. 큰 다미지오는 내가 상어의 뇌를 찌른 방법을 어떻게 생각하고 있을까? 별로 대단한 일은 아니었지,

하고 그는 생각했다. 누구든 할 수 있으니까. 하지만 내 양손은 뼈의 융기(隆起)만큼 심한 핸디캡이었다고 할 수 있을까? 모르겠어. '노랑가오리'에게 찔린 때 이외에는 내 뒤꿈치에 상처를 입은 적은 없었어. 그때 수영을 하다가 놈을 밟은 거야. 무릎 아래가 마비되고 참을 수 없는 아픔을 겪은 거야.)

해설(주인공의 영웅적 자질)

산티아고가 84일간 고기를 한 마리도 못 잡은 것은 한 어부로서 최악의 상태이다. 그러나 이런 극한상황에서도 그는 절망하거나 자포자기하지 않는다. 불만이나 분노를 나타내지 않는다. 그는 낙천적인 성격을 가졌고 굳센 인내력이 있다. 일곱 번 쓰러져도 여덟 번 일어나는 불굴의 투지가 있다. 하루하루가 새 날이고 희망이 가득 찬 날이다. 두 눈은 이와 같은 영웅의 자질을 뚜렷이 드러내고 있다. 그는 신앙 깊은 사람은 아니지만 미끼를 문 고기가 배를 끌고 가자 고기를 잡게 해 달라고 신에게 기도한다. 너무 피로해서 기도의 문구가 생각나지 않지만 끈질기게 기도한다. 기도를 끝내자 기분은 한결 좋아지지만 육체의 피로는 가시지 않고 더 피로를 느낀다. 그래도 낙심하지 않는다. 산티아고는 바다는 "위대한 여성"이고 큰 축복을 인간에게 안겨주는 존재라고 생각하고 있다. 신의 창조물인 바다를 신뢰하고 있는 것이다.

잡은 고기를 배에 매고 돌아오는 중 상어가 달려들어 싸움을 벌인다. 작살을 상어에 쳐 박아 죽이고 나서 혼자 말한다. "인간은 패배하도록 창조된 것은 아니야. 인간은 살해될 수는 있지만 패배당할 수는 없지." 여기에 인생에 대한 강한 신념이 드러난다. 상어떼가 계속 달려들어 잡은 고기의 살을 다 뜯어 먹히고 말지만, 잡은 고기를 지키고 상어떼와 싸워 이길 수 있느냐의 문제가 중요한 것이 아니다. 최후까지 싸우겠다는 의지와 용기가 중요하다. 『누구를 위해 종은 울리나』의 주인공 조던에서도 마찬가지다. 파시스트와의 전쟁에서 승패가 중요한 것이 아니라 민주주의를 위해 정열과 희생을 바치는 의지가 중요한 것이다. 산티아고가 사명을 위해 최선을 다하고 나서 느끼는 심정은 사도 바울(Saint Paul, ?~?67)의 고백에 나타나는 심정과 유사하다. "나는 선한 싸움을 싸우고 달려갈 길을 마쳤으니…이제 후로는 나를 위하여 의의 면류관이 예비되어 있으리라."(I have fought the good fight, I have finished the race,…. Now there is in store for me the crown of righteousness,…)[27] 진인사대천명(盡人事待天命)의 경지라고 할 수 있다.

작품에는 산티아고의 원형이 예수 그리스도임을 시사하는 내용이 여러 군데 나타난다. 산티아고의 두 손바닥에 난 상처는 예수의 손바닥 못자국을, 상어와 싸우며 부르짖는 "아이"(Ay)라는 외침은 예수가 십자가에 못박힐 때의 부르짖음을, 어깨에 메고 가는 산티아고의 마스트는 예수가 메고 가는 십자가를 각각 상징한다. 산티아고가 금요일 밤 집에 돌아와 침대에서 자는 것도, 금요일 십자가에서 죽어 무덤에 누운 예수를 나타낸다. 산티아고는 고기 뼈만 가져와 실패했지만 잠에서 깨어나 자기의 잘못을 제자 마노린에게 들려주어 어부로서의 지식, 정신 자세 등을 가르친다. 지혜와 통찰력, 인내력을 가져야 할 것을 강조하여 훌륭한 제자로 성장시키는 것이다. 예수 그리스도는 십자가에서 비참한 죽음을 맞이하여 실패자로 보여지나 부활하여 제자들에게 인류 구원의 위대한 일을 맡기고 성령을 받아 사명을 이루게 한다. 인간의 현세에서의 실패는 단순한 실패로서 끝나는 것이 아니라 앞으로 더 큰 의미와 영광이 있음을 보여주고 있다.

또 산티아고가 3일간 고투하여 잡은 고기를 상어떼가 뜯어 먹는 것은 인간사회에서도 타인의 노력의 결정(結晶)을 불한당(不汗黨)이 빼앗으려 시도하는 일이 비일비재(非一非再)함을 시사하고 있다.

작품의 문체는 일반적으로 평이하고 간결하며, 구성은 긴밀하고 정확하다. 헤밍웨이는 이 작품으로 퓰리처상을 받았다. 1954년에는 노벨 문학상을 받았다.

---

27) *2 Timothy* 4 : 7~8

윌리엄 포크너(William Faulkner, 1897~1962)

(21) 『8월의 빛』 (*Light in August*, 1932)

작가의 경력

윌리엄 포크너는 1987년 미시시피 주 뉴얼버니(New Albany)에서 태어났다. 다섯 살 때 이사 간 옥스퍼드(Oxford)는 작품세계의 가공의 마을 요크나파토파 군(Yoknapatawpha County)의 중심지인 제퍼슨(Jefferson)이 된다. 포크너는 두 가지 면에서 "방황하는 세대"에 동조하고 있다. 하나는 전후 세계에 대한 혐오감이고 또 하나는 예술의 가치에 대한 신뢰이다. 첫 번째 소설 『병사의 보수』(*Soldier's Pay*, 1926)는 전후 사회의 "황무지"로 돌아오는 부상병에 관한 이야기이다. 두 번째 소설 『모기』(*Mosquitoes*, 1927)는 1920년대 뉴올리언스(New Orleans)의 예술가와 예술 애호가에 대한 이야기이다. 1929년에 나온 『사아토리스』(*Sartoris*, 1929)에 등장하는 인물들과 사아토리스 가문은 다른 작품에 다시 등장하며, 배경은 바로 요크나파타파 군이라는 작가의 상상 세계이다. 남부의 한 집안의 와해를 다룬 『음향과 분노』(*The Sound and the Fury*, 1929)는 4부로 구성되어 있으며 각 부는 모두 다른 화자와 플롯을 지니고 있다. 1930년에 출판된 『내가 누워 죽어갈 때』(*As I Lay Dying*, 1930)는 어머니의 죽음을 등장인물들의 내적 독백으로 말하고 있다. 1931년의 『성단』(*Sanctuary*, 1931)은 성, 악당, 도시 폭력 등에 관한 선정적인 작품이다. 『8월의 빛』은 인종차별주의가 남부 백인사회를 어떻게 타락시키고 병들게 했나 보여 주고 있다. 『압살롬, 압살롬!』(*Absalom, Absalom!*, 1936)은 남북전쟁 후 남부에 다시 하나의 왕가를 건설하려고 한 토머스 섯펜(Thomas Sutpen)의 이야기다. 포크너는 1950년 노벨 문학상을 받았을 때 연설에서 인간은 "정신적인 존재"(spiritual being)라고 말했다. 이런 정신적 존재의 세계는 변하지 않는 도덕적 진실(moral truths)에 기초를 두고 있는 것이다. 65세의 아까운 나이로 사망하였다.

⁘ 작품 내용 ⁘

작품은 조 크리스마스(Joe Christmas)와 레나 그로브(Lena Grove)라는 두 주인공을 따로 따로 다루고 있다. 사건의 전개가 시간의 순서에 따라 이루어지지 않고 현재와 과거가 서로 교착(交錯)되어 있고, 다양한 시점과 복잡한 구조 때문에 이해하기가 좀 힘든 장편이다.

광신적(狂信的)인 백인우월론자 하인즈(Hines)에게 밀리(Milly)라는 딸이 있다. 밀리는 서커스단을 따라다니는 흑인(밀리는 멕시코인 이라고 말하지만)과 눈이 맞아 가출한다. 분노한 하인즈는 남자를 추적하여 사살해 버린다. 밀리는 그 남자의 아이를 낳고 죽었으며, 하인즈는 아이를 크리스마스 전야 백인 고아원 문 앞에 버린다. 고아원에서 자라난 아이는 조 크리스마스라는 이름을 지니고 있다. 조가 다섯 살 때 흑인 혼혈아라는 이유로 고아원에서 쫓겨나 마키챤(McEachern)이라는 백인의 양자가 된다. 마키챤은 완고한 청교도이며 소년 조가 교리문답을 제대로 하지 못하면 무섭게 매질했고, 조는 어려서부터 종교와 양부를 몹시 증오한다.

조는 17세 때 음식점에서 우연히 만난 보비(Bobbie)라는 창녀 아가씨를 사랑하게 된다. 어느 날밤 조가 보비와 춤을 추고 있는데 양부가 나타나 고함을 쳤고 조는 의자로 양부를 때려눕히고 달아난다. 그때부터 15년간 이 도시 저 도시로 방랑생활이 시작된다. 그 후 33세의 조는 제퍼슨(Jefferson) 시에 나타났고, 혼자 사는 노처녀 조안나 버든(Joanna Burden)의 집에서 지내게 된다. 조와 조안나는 깊은 관계를 맺었고 그녀는 흑인 대학에 다녀 변호사가 되라고 권하지만 조는 거절한다. 조는 브라운(Brown)과 함께 조안나의 집에 살면서 주류밀매(酒類密賣)를 하여 돈을 번다. 브라운은 전에 제판공장(製板工場)에서 조와 함께 일했던 방종한 젊은이이다. 어느 날 조안나는 조와의 동거생활을 뉘우치고 속죄(贖罪)를 위한 기도를 함께 드리자고 한다. 이를 거절하자 조안나는 권총을 쏘지만 불발(不發)이었다. 조는 면도칼로 그녀를 살해하고 달아난다. 이튿날 아침 브라운은 조안나의 시체를 발견하고 엉겁결에 집에 방화하고 빠져 나간다.

바로 전날 레나 그로부(Lena Grove)가 제퍼슨 시에 나타났으며, 그 때부터 다른 이야기가 전개된다. 레나는 20세 때 루카스 버치(Lucas Burch)라는 남자의 유혹을 받아 임신하였고, 루카스를 만나려고 앨라배마(Alabama)에서 제퍼슨 시까지 찾아 온 것이다. 레나는 바이론 버치(Byron Burch)를 만나 루카스에 대해 물어본다. 바이론은 그녀가 찾는 루카스가 바로 브라운임을 알게 된다. 바이론은 30대의 홀아비로 제판공장에서 일하고 일요일에는 시골 교회에서 성가대를 지휘하는 독실한 기독교 신자다. 브라운 즉 루카스는 조안나의 집에 방화하고 달아났는데 1,000불의 상금을 타기 위해 조안나의 살해범은 조이고, 또 흑인이라고 경찰에 밀고한다. 경찰은 조를 추적하여 6일 후 못츠타운(Mottstown) 시에서 체포한다. 하인즈 부인과 바이론은 하이타워(Hightower) 목사를 찾아가서 조를 살려주기 위해 위증(僞證)해 줄 것을 부탁한다. 조가 조안나를 살해한 날 밤, 조가 목사의 집에 와 있었다고 증언하면 석방될 수도 있기 때문이다. 하이타워 목사는 남북전쟁 때 전사한 조부의 이야기를 설교 때마다 강조하여 신도들의 배척을 받았고, 지금 고독하게 살고 있다. 목사는 고심한 끝에 그들의 요구를 거절해 버린다. 이튿날 조는 감방에서 법정으로 압송되는 도중 탈출하여 하이타워 목사의 집으로 들어갔고 목사의 머리를 때려 쓰러뜨린다. 목사는 뒤쫓아 온 주군대위(州軍大尉) 그림(Grimm)에게 조는 조안나가 살해된 날밤 자기 집에 와 있었다고, 마음을 바꾸어 위증하지만, 그림은 그 말을 무시하고 조를 사살한다.

이튿날 새벽 산파술(産婆術)을 지닌 하이타워 목사의 도움을 받아 레나는 아기를 무사히 분만한다. 레나를 마음속으로 사랑하고 있던 바이론은 자기의 사랑을 버리고, 브라운 즉 루카스를 만날 수 있도록 보안관에게 부탁한다. 감방에 갇혀 있던 브라운은 석방되어 레나를 만나지만 몇 마디 쓸모없는 말을 할 뿐이다. 레나는 악의 없는 침착한 어조로 집으로 돌아가자고 브라운을 달래지만 기다리라고 한 마디하고 창틀을 넘어 숲 속으로 달아난다. 브라운은 달려오는 화물열차에 뛰어 오른다.

3주 후 바이론은 아기를 안은 레나와 함께 브라운을 찾아 여행을 떠난다. 레나는 미래에 대한 희망을 버린 것이 아니며, 바이론은 브라운을 꼭 찾아내겠다고 결심하고 있다.

해설(생명과 사망의 상징)

작품은 조를 중심으로 한 이야기와 레나를 중심으로 한 이야기로 구성되어 있다. 두 이야기는 거의 독립되어 전개되고 두 남녀는 만나지도 못하고 끝난다.

먼저 조에게 나타난 비극을 살펴보겠다. 미국의 인종차별주의가 비극의 주요한 원인이라고 할 수 있다. 하인즈가 밀리의 애인, 즉 조의 아버지를 사살한 것은 흑인임에 틀림없다고 믿었기 때문이다. 그러나 그가 백인인지 흑인인지 끝까지 밝혀지지 않는다. 아무것도 모르는 어린 조가 다섯 살 때 백인 고아원에서 쫓겨나는 것도 조가 흑인이라고, 영양사가 원장에게 밀고한 탓이다. 첫사랑 보비는 자기가 흑인을 백인처럼 대했다고 조를 조롱한다. 조안나는 흑인을 도와주는 일을 하는 백인 여성이다. 그러나 흑인에게 선심(善心)을 쓰는 체 하는 태도를 볼 때마다 조는 분노가 타오른다. 흑인이라는 열등의식을 가진 탓이다. 이 분노가 그녀를 살해한 이유의 하나이다. 조는 자기가 흑인인지 백인인지 분명히 알 수 없다. 외모는 백인과 같지만 자신에게 흑인의 피가 흐르고 있는지 여부는 알 길이 없다. 자기가 누구인지 알 수 없다는 것은 비극일 수밖에 없는 것이다. 다음으로 그는 부모의 사랑, 친구의 사랑, 그리고 아내의 사랑을 받지 못하였다. 고아원 관리자들의 냉대와 양부 마키챤의 학대를 받았고, 일생 참된 애정을 받아본 적이 없다. 따라서 자신도 상대방을 진심으로 사랑하는 마음이 없고 자기의 이익과 욕심을 위해 이용하려는 마음뿐이다. 조안나에 대한 태도, 함께 일한 브라운에 대한 태도가 이를 입증하고 있다. 반사회적, 반도덕적 생활을 하도록 만든 것은 주위사람들-미국 남부사회-의 냉대와 무관심, 몰이해(沒理解) 때문이며 줄곧 고독과 소외감으로 고통을 받아온 것이다.

다음으로 레나는 조와 정반대의 여성이다. 꾸밈없는 순진한 마음, 용기와 인내력, 건강한 몸을 지닌 이상적인 여성이다. 다른 등장인물처럼 과거의 환영이나, 광신(狂信), 편견 등에 사로잡히지 않는다. 브라운과의 일시적인 잘못으로 임신까지 했지만, 아이를 출산한 후에는 전과 같이 자기의 운명을 태연히 수용(受容)하고 희망을 잃지 않고 살아간다. 오랜만에 만난, 애인 브라운의 냉정한 이기적인 태도를 보고도 낙심하지 않고 함께 살아가자고 타이른다. 레나가 아기를 안고 신앙 깊은 친구 바이론과 함께 브라운을 찾아 걸어가는 모습은 구약 룻기(記)의 룻을 상기시킨다. 과부 룻도 레나처럼 미래에 대한 희망을 잃지 않고 신앙 있는 시모 나오미(Naomi)와 함께 베들레헴으로 간다.[28)]

작품은 길가에 앉아 있는 레나의 모습으로 시작되고, 마지막엔 차 안에 앉아 주위의 풍경을 바라보는 모습으로 끝난다. 레나의 모습으로 시작되고 또 끝남으로써 하나의 원을 이루고 있는 셈이다. 레나의 이야기와 조의 이야기로 작품이 구성되었다는 말은 결국 양자의 상징인 생명과 죽음, 선과 악, 희망과 절망으로 이루어졌다는 말과 같은 뜻이 될 것이다.

포크너의 세 작품 『음향과 분노』, 『압살롬, 압살롬!』, 『8월의 빛』은 3대 걸작으로 평가되고 있는데, 그 중에도 『8월의 빛』은 제일 길고, 등장인물도 가장 다채롭고 문체도 비교적 이해하기 쉬운 편이다.

아래의 인용은 이 작품에 대한 비평의 일부이다.

> Acknowledged as one of Faulkner's finest and most readable novels, *Light in August* is nevertheless a difficult

---

28) *Ruth* 1:19

work. The sources of its difficulty are many : complex structure, diversity of points of view, intricate imagery and symbolism, and involved themes.

Critics have taken pains to demonstrate how Faulkner's technique serves his theme in the novel. The separate plots about Joe, Lena, and Hightower, for example, testify powerfully to man's isolation. And even when people do meet, or, as with Joe and Joanna, collide, they never do really communicate with one another. Each is sealed off in his own traumatic world of self. The same fate befalls even the minor characters : Doc Heines, McEachern, and Percy Grimm. By keeping characters like Joe and Lena from ever meeting, Faulkner not only underscores the theme of alienation and frustration, but counterpoints Joe's agony against Lena's serenity.

Similarly, the varied points of view used to narrate the story suggest how impossible it is for any single mind to comprehend the range of experience. Shifting from Lena's intuitive mind to Joe's inwardness and then to Hightower's agonized detachment, the reader begins to appreciate the kind of omniscience required to understand the power and weakness of man.

(『8월의 빛』은 포크너의 가장 잘 된 또 재미있는 소설로 인정되어 왔지만 어려운 작품인 것은 틀림없다. 그 이유는 여러 가지다. 복잡한 구조, 시점의 다양성, 난해한 심상(心像)과 상징, 착잡하고

불명확한 주제 등이다.

비평가들은 포크너의 기교가 주제를 드러내는데 어떻게 도움이 되는지 설명하는데 어려움을 느껴 왔다. 예를 들면 조, 레나, 하이타워 등에 대한 분리된 플롯은 인간의 고립(孤立)이라는 주제를 나타내는데 크게 도움을 주고 있다. 사람이 서로 만나거나 또는 조와 조안나처럼 우연히 접촉하게 될 때 사람은 서로 진정한 의사소통을 할 수 없다. 저마다 깊은 상처를 지닌 자아의 세계 안에 갇혀있을 뿐이다. 비교적 중요하지 않는 인물들, 예컨대 독 하인즈, 마키챤, 퍼시 그림 등에 대해서도 같은 설명을 할 수 있다. 조와 레나 같은 인물들을 만나지 못하게 함으로써, 포크너는 소외와 좌절의 주제를 강조할 뿐 아니라 레나의 침착성에 대한 조의 고민을 돋보이게 한다.

또 이야기를 전개할 때의 다채로운 시점은 사람이 타인의 경험의 범위를 이해하는 것이 얼마나 힘든 일인지 시사하고 있다. 레나의 직관적(直觀的)인 마음에서, 조의 내적 본질, 그리고 하이타워의 고통스러운 고립으로 이야기가 옮겨갈 때, 독자는 인간의 힘과 허약함을 파악함에 필요한 일종의 "전지(全知)"(omniscience)의 필요성을 깨닫게 되는 것이다.)

토머스 울프(Thomas Wolfe, 1900~1938)

(22) 『천사여, 고향을 돌아보라』(*Look Homeward, Angel*, 1929)

작가의 경력

울프는 노스캐롤라이나(North Carolina) 주 아쉬빌(Asheville)에서 태어났다. 노스캐롤라이나 대학을 졸업하고 하버드 대학원에서 극작법(劇作法)으로 석사 학위를 받았다. 1924년 뉴욕 대학에서 강사로 일하게 되었고 여가에 희곡을 썼다. 희곡은 너무 길고 많은 배우가 필요하여 상연하기가 어려웠다. 소설로 전향한 후 1929년에 첫 장편 『천사여, 고향을 돌아보라』를 발표하였다. 작가의 유년 시절과 가족에 관한 자전적 작품으로서 독자의 관심을 끌어 대뜸 문단의 총아가 되었다. 속편 『시간과 강』(*Of Time and the River*, 1935)은 6년 후 발표되었으며 한층 더 독자의 인기를 끌었다. 그 후에도 창작과 여행을 계속했는데 폐렴으로 아깝게도 1938년에 사망하였다. 남긴 원고에서 『거미집과 바위』(*The Web and the Rock*, 1939)가 나왔다. 이 작품은 청년작가 조지 웨버(George Webber)의 사랑과 사랑에서의 탈출을 다룬 것이다. 1940년에 발표된 『그대 다시는 고향에 못 가리』(*You Can't Go Home Again*, 1940)에는 유럽에서의 경험과 나치즘(Nazism)에 대한 항의가 들어 있고, 고국 미국의 재발견을 강조하고 있다. 그 밖에 단편집 『먼 산들』(*The Hills Beyond*, 1941), 희곡 『신문기자들』(*Gentlemen of the Press : A Play*, 1942), 평론 『어떤 소설의 이야기』(*The Story of a Novel*, 1936), 일기 등이 있다.

작품 내용

주인공 유진 갠트(Eugene Gant)의 아버지 올리버(Oliver)는 노스캐롤라이나 주 앨타몬트(Altamont) 시에서 채석(採石, stone- cutting) 가게를 경영하고 있다. 어머니 이라이저(Eliza)는 남편보다 여섯 살 연하인데, 몹시 인색하고 돈 버는데 정신이 집중되어 있다. 유진은 열 번째 아들이고 1900년에 태어났다. 6세 때 이미 학교에 입학했으며 독서와 글쓰는 것을 좋아한다. 십 남매 중에서 셋은 일찍 죽었다. 유진의 다섯 번째 형 벤(Ben)은 어려서부터 신문 배달을 했고 바로 위의 형 루가(Luke)는 『새터디 이브닝 포스트』(*Saturday Evening Post*) 지의 판매원이며, 유진도 형의 권고를 받아 형 밑에서 일하게 된다. 열 두 살 때 유진이 쓴 작문을 읽고 교장 레오나드(Leonard)와 부인 마가렛트(Margaret)는 크게 감명을 받아 그들이 개설한 사립학교 앨타몬트 휫팅 스쿨(Altamont Fitting School)에 유진을 입학시킨다. 마가렛트 여사는 고전 문학을 4년간 열심히 가르친다. 돈 버는 데만 열중한 어머니는 고독한 유진의 마음을 애정으로 채워주지 못했지만 마가렛트 여사는 그를 이해하고 사랑했으며 정신적 어머니로서 평생 큰 영향을 주게 된다.

16세도 되기 전에 유진은 아버지의 뜻을 따라서 정치가가 될 목적으로 주립대학에 입학한다. 대학에서 그는 동급생들의 조롱을 많이 받아 민감한 사춘기 시절에 많은 상처를 입게 된다. 한 친구는 창녀집을 소개해 주었고 그 결과 성병에 걸린다. 크리스마스 휴가 때 집에 돌아와 형 벤에게 고백하자 벤은 즉시 병원에 입원시켜 치료를 받게 한다. 이듬 해 7월 미국이 독일에 선전포고하자 유진은 군에 입대하려 했지만 연령미달로 입대할 수 없다.

여름 방학 때 집으로 돌아와 어머니가 경영하는 하숙집 딕시랜드(Dixieland)에서 지내게 된다. 마침 그 집에서 지내던, 순진한 처녀 로라(Laura)를 만난다. 둘은 서로 사랑하게 되었고 산으로 놀러 가서 깊은 관계까지 맺게 된다. 로라는 며칠 후 다시 돌아오겠다고 약속하고 리치몬드(Richmond)의 집으로 돌아갔는데 3일 후 편지가 배달된다. 1년 전에 약혼한 남자가 있어 내일 결혼한다는 사연이었으며 다시 절망에 빠져 버린다. 다음 해 리치몬드로 가서 일을 하면서 로라의 집 앞을 몇 번 지나가며 혹시 만날 수 있을까 하고 기대했지만 허사였다.

3학년이 되어 열심히 공부를 하고 있는데, 10월 말경, 형 벤이 위독하다는 전보가 배달된다. 고향으로 달려갔지만, 제일 사랑해 준 형은 폐렴으로 죽고 만다. 어머니는 돈을 너무 아낀 나머지 의사를 불러 치료하는 시기를 놓친 것이다. 유진은 처참한 죽음을 보고 인생의 무상함을 통감(痛感)한다.

그는 대학을 우수한 성적으로 졸업했고 하바드 대학 대학원에 진학할 결심을 한다. 형과 누이들은 형제 중에서 유진만 대학을 졸업했으니 유산의 상속에서 제외되어야 한다고 주장한다. 어머니는 그 대신 대학원 1년간의 학자금을 보내 주겠다고 약속한다. 유진은 상속을 받지 않겠다고 답변하고 대학원으로 출발할 결심을 한다. 출발하기 바로 전날 밤, 아버지 가게의 현관 철책에, 형 벤의 망령(亡靈)이 서 있는 모습을 달빛 아래 발견한다. 형과 대화를 나눈 끝에 다음의 확신을 지니게 된다 : '순간 순간의 생에 대한 집착과 의욕이, 인생의 허무함을 구제할 수 있는 길이다.'

해설(인생은 직접 경험하는 순간의 총화)

작가는 진지한 문학작품은 본질상 "자전적"(自傳的)이라고 말한 적이 있다. "자전적"이라는 말은 사실적 자전(寫實的 自傳)이라는 뜻이 아니라 상상력에 의한 경험의 극대화·극소화 과정을 거쳐 경험을 재편성한 것을 의미한다. 또 작가는 인간이란 존재는 직접 경험하는 생의 모든 순간의 총화(總和)라고 생각한다. 순간이란 때때로 극대화될 계기(契機)가 그 안에 내포되어 있다. 따라서 사소한 순간적인 일, 평범한 일상적인 경험도 장엄한 서사시(敍事詩)의 구성요소가 될 수 있다.

하이(Peter B. High)는 다음과 같이 언급한 적이 있다. "주인공 유진은 기쁨을 주건, 고통을 주건, 모든 것을 알고 느끼고 싶은 욕망을 지닌 낭만적 예술가이다. 그는 경험을 얻게 하는 더 깊은 바다, 즉 미지의 인생을 향해 여행을 떠난다. 기차의 창문에서 다른 기차를 타고 반대편으로 달려가는 사람들을 바라볼 때가 있다. 잠시 그들은 서로를 지켜보고 지나쳐 가고 영원히 시계(視界)에서 사라져 버린다. 하지만 그 사람들은 같은 기차에 타고 있는 사람보다 더 잘 아는 사람들 같았고, 대륙을 가로질러 수많은 목적지를 향해 달려가지만 광대한 영원한 하늘 아래 한 순간 만났기 때문에, 영원히 기억될 수도 있는 것이다. '이와 비슷한 불시의 심오한 이해의 순간들'(similar moments of sudden, deep understanding)이 울프의 모든 작품 속에 가득 차 있는 것이다."[29]

이와 같은 "순간들"을 작품에서 여러 번 찾아볼 수 있다. 유진이 친 어머니보다 더 사랑해 준 마가렛트 여사의 애정을 느낀 순간들, 산 속에서 로라와 사랑을 나눈 희열(喜悅)의 순간들, 성병에 걸린 유진을 데리고 병원에 찾아 간 형 벤의 우애(友愛)의 순간들, 아버지 가게의 현관 철책에서 벤의 망령과 잠시 대화를 나눈 의미심장한 순간들이다.

그리고 작품의 부제(副題)로서 "감추어진 생애의 이야기"(*A Story of the Buried Life*)라고 된 것으로 보아 주인공이 성장기에 의식하지 못하고 지난 생의 의미, 정신적 성장의 의미를 다시 생각해 보려고 한 것이다. 세계의 시간과 공간 속에 파묻혀 사라지려고 한, 한 인간의 적나라한 내면생활, 고독한 정신의 성장의 발자취를 더듬어 그 의미를 찾아보려고 한 것이다.

이 장편은 울프에 있어서 제임즈 조이스(James Joyce)의 『청년 예술가의 초상』(*A Portrait of the Artist as a Young Man*, 1916)에 해당하는 작품이다. 후자는 조이스 자신의 정신적 성장을 시사한 자전적 작품이기 때문이다. 울프는 흘러넘치는 사상을 정열이 넘치는 문장으로 자유자재로 적어 나간 작가이다. 휘트먼(Whitman)식으로 천심유로(天心流露)에 맡기는 작가였다. 작품의 통일성을 희생시키더라도 모든 내용을 다 표현하려는 정열적인 정신을 지니고 있었다.

또 울프는 방황하는 세대의 작가들과 달리 미국의 대공황기에도 미국의 미래에 대하여 희망을 잃지 않고 있었다. 이 점이 바로 30년대의 다른 작가들과

29) High, P. 166.

구별되는 뛰어난 특징이다. 이처럼 작품은 자기를 둘러 싼 세계에 대한 상세하고 정열적이고 낙천적인 기록이며, 말하자면 20세기 초엽 미국생활의 대서사시(大敍事詩)라고 할 수 있다.

다음 인용은 작품에 대한 비평의 일부이다.

> *Look Homeward, Angel* is Wolfe's first and most famous novel. Basically an initiation story, it depicts Eugene Gant's youth in a small North Carolina town and his gropings toward maturity. Chronologically, it traces his life from the time he is a newsboy to his days at the state university. It is generally considered Wolf's best novel because in it his rhapsodic rendering of sensuous detail and his poetic apostrophes are held within the sensibility of a sensitive, romantic boy. The novel introduces three unforgettable characters who recur intermittently in Wolfe's later work : Eugene's brother Ben, who died young ; his mother, Eliza, garrulous and domineering ; and his father, W. O. Gant, a stonecutter by trade but an artist and rhetorician by destiny. Mixing fine realistic scenes with torrents of rhetoric, Wolfe manages to convey Eugene's story but also, more memorably, the Christ-like figure of his brother Ben and the larger-than-
>
> life figure of his father. In fact, W. O. Gant, in his hunger for love and for all experience, and in the fustian rhetoric that is his defense against life, is much more like Wolfe himself than Eugene Gant is. In his essay "The Story of a

Novel" Wolfe (echoing Joyce) said that all men's search was for a father, an authority figure outside themselves. Although this notion is not often a shaping theme in Wolfe's fiction, it is certainly psychologically evident in his first novel.

(『천사여, 고향을 돌아보라』는 울프의 첫 번째 소설이자 가장 유명한 소설이다. 작품은 근본적으로 이니시에이션(입문 또는 개안)에 관한 이야기이며, 조그만 노스캐롤라이나 도시에 살고 있는 유진 갠트의 청년 시절과 성숙의 과정을 묘사하고 있다. 시간적으로 따져보면 신문 배달 소년인 때부터 주립대학 학생 시절까지의 삶을 다루고 있는 것이다. 심미적 세부(細部)에 대한 과장된 묘사와 시적 돈호법(詩的 頓呼法)이 민감하고 낭만적인 소년의 감수성 속에 들어있어 울프의 가장 잘 된 소설로 평가되고 있다. 그리고 소설은 울프의 후기 작품 속에 간헐적으로 반복하여 등장하는 세 명의 등장인물을 소개한다. 모두 잊을 수 없는 인물들이다. 젊어서 죽은 유진의 형 벤, 수다스럽고 우쭐대는 어머니 일라이자, 그리고 직업은 석수이지만 숙명적으로 예술가이고 수사가(修辭家)인 아버지 W. O. 갠트 등이다. 청산유수 같은 화려한 문체로 멋진 사실적인 장면을 묘사하면서, 울프는 유진의 이야기를 멋지게 전할 뿐 아니라, 그리스도 같은 형 벤과 실제보다 더 과장된 아버지의 모습을 기억 속에 잘 남도록 묘사한다. 사실, 사랑과 모든 경험을 갈망하고, 허풍떠는 언변술–삶의 방어 수단인–을 가진 W. O 갠트는 유진 갠트보다 울프 자신을 더 많이 닮은 인물이다. "어떤 소설의 이야기"라는 논평에서, 모든 사람이 찾는 대상은, 그들 밖의 권위 있는 인물인 아버지라고 울프는 말한 적이 있다(이 말은 조이스의 말을 되풀이한 것이다). 이 견해가 울프의 작품에서 자주 통용되는 것은 아니지만 첫 번째 작품에서는 아버지의 추구가 심리학적으로 분명히 드러나고 있다.)

존 스타인벡(John Steinbeck, 1902~1968)

(23) 『생쥐와 인간들』 (*Of Mice and Men*, 1937)

작가의 경력

스타인벡은 캘리포니아 주 살리나스 계곡(Salinas Valley)에서 1902년 태어났다. 아버지는 군청 직원이었고 어머니는 전직 교사였다. 스탠포드(Stanford) 대학에 입학했지만 1925년 중퇴하고 1930년 결혼할 때까지 여행과 독서, 창작을 하였고 또 미숙련 노동자로 종종 일터에 나갔다. 비교적 명성을 얻은 후에도 작품의 제재가 되는 평범한 사람들과의 교제를 위해 이주민과 과일 따는 사람들과 함께 일했다. 1935년 맥시코인과 인디언 그리고 코커서스인의 혼혈인 '파이자노들'(paisano)의 슬픔과 기쁨을 그린 『토틸라 마을(달동네)』(*Tortilla Flat*, 1935)을 출판하면서 유명해졌다. 두 번째로 성공한 소설은 『의심스러운 싸움』(*In Dubious Battle*, 1936)이며, 과수원 노동자들의 파업을 다룬 것이다. 이듬해 발표한 『생쥐와 인간들』은 두 부랑노동자(浮浪勞動者)의 꿈의 좌절을 다룬 것으로 베스트셀러가 되었다. 가장 훌륭한 소설 『분노의 포도』(*The Grapes of Wrath*, 1939)는 오크라호마(Oklahoma) 주의 농민 톰 조드(Tom Joad) 집안을 중심으로, 사풍(砂風) 때문에 땅을 잃고 새 생활을 찾아 캘리포니아 주에 이주한 사람들의 비참한 운명을 다룬 것이다. 1942년에 발표한 『달은 졌다』(*The Moon is Down*, 1942)는 히틀러 점령군에 대항하는 노르웨이(Norway) 어느 소읍(小邑) 읍민들의 투쟁을 그려내었다. 『변덕쟁이 버스』(*The Wayward Bus*, 1947)에서는 전후의 성적 풍속을 묘사하고 있다. 『진주』(*The Pearl*, 1947)는 멕시코의 전설에서 취재한, 물욕 때문에 파멸하는 인간들의 소박한 우화이다. 1952년에 발표한 『에덴의 동쪽』(*East of Eden*, 1952)은 구약 창세기에서 가인과 아벨의 이야기를 원용하여 세 새대에 걸친 두 가족의 역사를 묘사한 장편이다. 1963년에 스타인벡은 영예로운 노벨상을 받았다.

⁝ 작품 내용 ⁝

두 부랑 노동자 죠지(George)와 레니(Lennie)는 금요일 저녁 캘리포니아의 어느 목장으로 일자리를 찾아 떠난다. 살리나스(Salinas) 강변의 둑에서 야영을 하고 이튿날 아침 목장으로 가볼 생각이다. 죠지는 작은 몸집에 검은 얼굴을 하고 두 눈은 날카로우며 동작이 매우 민첩하다. 레니는 몸집이 크고 우람하게 생겼지만 지능(知能)이 낮아 조지의 지시대로 움직일 뿐이다. 작은 동물의 털을 쓰다듬기를 좋아하는데 힘을 너무 주어 종종 눌러죽이고 만다. 또 여자의 부드러운 옷이나 머리카락을 만지는 것도 몹시 즐긴다. 전에 일하던 위드(Weed) 농장에서도 어떤 소녀의 옷을 만지자 소녀는 비명을 질렀고, 사람들이 달려오자 레니와 죠지는 도망쳐 깊은 도랑에서 온 종일 숨어 있었다. 어두워진 후 겨우 농장에서 빠져 나올 수 있었다.

둘은 강변 둑에서 저녁을 먹고 나서 앞으로 돈을 모아 땅을 사고, 집을 짓고 과수원을 만들고 토끼와 비둘기를 기르며 멋지게 살아보자고 작은 "미국의 꿈" 이야기를 한다.

이튿날 죠지와 레니는 새 농장에서 일을 하게 된다. 십장(什長) 격인 슬림(Slim)은 레니가 무거운 짐을 번쩍 들어 운반하고 죠지와 함께 열심히 일하는 모습을 보고 속으로 기뻐한다. 농장주의 아들 컬리(Curley)는 난폭한 사람이며 권투를 잘 한다. 약 2주 전에 결혼했는데 아내는 바람기가 있는 여자이다. 진한 화장을 하고 남자 일꾼들의 합숙소에 자주 나타나 십장인 슬림, 일꾼 칼손(Carlson) 등에게 추파를 던진다. 마침 컬리가 합숙소에 들어왔는데, 죠지와 레니는 땅 이야기를 하고 있었고 레니는 기분이 좋아 미소를 짓고 있었다. 컬리는 레니가 자기를 비웃는 줄 착각하고 때려 얼굴이 피투성이가 된다. 죠지는 더 이상 참을 수 없어 레니에게 컬리를 치라고 명한다. 레니는 컬리의 주먹을 잡아 뼈를 부러뜨린다.

이틀이 지난 일요일 오후, 레니는 마구간에서 스림에게 받은 강아지를 쓰다듬다 눌러 죽이고 만다. 컬리의 아내가 나타나 슬퍼하는 이유를 묻자, 털 만지기를 좋아하는 것과 잘못해서 강아지를 죽인 이야기를 한다. 그녀는 레니의 손을 잡아 머리카락을 만지게 한다. 그는 점점 세게 머리카락을 쓰다듬는다. 그녀는 머리가 아파지자 몸을 빼어 달아나려고 한다. 레니는 여자를 잡아 몸을 세게 흔들었으며 목이 부러진다. 그는 살인한 것을 깨닫고 살리나스 강변의 둑 숲 속으로 도망친다. 문제가 발생하면 둑의 숲 속으로 가라는 죠지의 말이 생각났기 때문이다. 해질 녘 죠지는 레니를 발견한다. 잡히면 컬리가 사살하거나 다른 사람들이 린치(lynch)를 가하여 죽일 것이 분명하다. 죠지는 자신이 죽이는 것이 제일 좋을 거라고 판단한다. 추적대의 발자국 소리가 들려오자 죠지는 그에게 강 넘어 저쪽 땅을 바라보라고 말한다. 그리고 레니가 좋아하는 작은 "미국의 꿈" 이야기를 되풀이한다. 레니는 땅을 속히 사자고 졸랐고 죠지는 그렇게 하겠다고 대답한 뒤 뒤통수를 향해 방아쇠를 당긴다.

다음의 인용은 죠지가 레니를 사살하는 마지막 장면이다.

> The voices came close now. George raised the gun and listened to the voices.
>
> Lennie begged, "Let's get that place now."
>
> "Sure, right now. I gotta. We gotta."
>
> And George raised the gun and steadied it, and he brought the muzzle of it close to the back of Lennie's head. The hand shook violently, but his face set and his hand steadied. He pulled the trigger. The crash of the shot rolled up the hills and rolled down again. Lennie jarred, and then settled slowly forward to the sand, and he lay without quivering.
>
> George shivered and looked at the gun, and then he threw it from him, back up on the bank, near the pile of old ashes.

The brush seemed filled with cries and with the sound of running feet. Slim's voice shouted, "George. Where you at, George?"

But George sat stiffly on the bank and looked at his right hand that had thrown the gun away. The group burst into the clearing, and Curley was ahead. He saw Lennie lying on the sand. "Got him, by God." He went over and looked down at Lennie, and then he looked back at George. "Right in the back of the head.", he said softly.

(사람들의 목소리가 이제 가까이 들려 왔다. 죠지는 권총을 들고 사람들의 목소리에 귀를 기울였다.

레니는 죠지에게 졸라댔다. "곧 땅을 사자고."

"그래, 곧 해야지. 곧 사겠어. 우린 곧 살 생각이야."

그리고 나서 죠지는 총을 들고 흔들리지 않게 했다. 총구멍을 레니의 뒤통수 가까이로 가져갔다. 손이 몹시 떨렸다. 그러나 얼굴이 굳어지더니 손도 흔들리지 않았다. 방아쇠를 당겼다. 총소리는 산 위로 울려 퍼지더니 울림이 되어 되돌아 왔다. 레니는 신음 소리를 냈고 모래 바닥에 천천히 쓰러지고 말았다. 떨지도 않고 누워 있었다.

죠지는 몸서리를 쳤고 총을 내려다 보았다. 그리고 나서 오래된 잿더미 쪽 둑 위로 던져 버렸다.

숲 속에서는 사람들이 외치는 소리와 달려오는 발소리가 들려왔다. 슬림의 외치는 소리가 났다. "죠지. 어디 있어, 죠지?"

그러나 죠지는 둑 위에 가만히 앉아서 총을 던져버린 오른 손을 쳐다보고 있었다. 사람들은 빈 터로 뛰어 나왔다. 컬리가 제일 앞에 있었고 레니가 모래 위에 쓰러져 있는 것을 보았다. "정말이지, 해치웠구만." 가까이 가서 레니를 내려다보고 죠지를 돌아보았다. "바로 뒤통수를 말이오." 조용히 말했다.)

해설(부랑 노동자의 꿈과 좌절)

밀드레드 실버(Mildred Silver)는 두 부랑 노동자의 우정과, 그 우정 때문에 그 중의 하나를 다른 하나가 사살해야 하는 비극을 다룬 것으로 보고 있다.[30]

죠지는 레니와 함께 일하러 다니면 사고가 일어나 항상 다른 일자리를 찾아 전전(轉轉)할 수밖에 없다. 죠지는 레니와 헤어져버릴까 하고 종종 생각한다. 밤중에 위드 농장에서 도망쳤을 때에도 그런 생각을 했다. 레니는 지능이 극히 낮은 얼간이이지만 한편 정직하며 착하고 악의가 없다. 레니를 키워준 클아라(Clara) 아주머니는 죠지와 레니가 함께 일하러 다닐 때 노령으로 죽었다. 죠지는 레니를 돌봐주라는 그녀의 간절한 무언의 부탁을 잊지 않고 마음속에 기억하고 있다.

이 부탁은 레니가 컬리의 아내를 무의식중에 죽이고 강변 숲 속으로 도피했을 때에도 떠오른다. 클아라 아주머니의 부탁으로 보나 오랫동안 함께 일해 온 정으로 보나 죠지는 레니를 도저히 버릴 수 없는 것이다. 컬리 아내의 살해로 죠지가 할 수 없이 레니를 사살할 때에도 가슴이 찢어지는 듯한 고통을 느낀다. 레니는 컬리의 총에 맞아 죽거나 사람들의 린치를 받아 죽을 것이 분명하니 자기가 죽일 수밖에 없는 것이다.

등장인물들은 거의 다 부랑 노동자들이고 사회 하층계급의 사람들이다. 그러나 그들에게도 상류층보다 더한 우정이 있고 의리가 있다. 실례로 상술한 죠지와 레니의 우정 외에 십장 슬림의 우정을 들 수 있다. 죠지와 레니가 열심히 일하는 모습을 보고 흐뭇한 마음이 들었고, 성의껏 도와주려고 한다. 레니는 자기를 때리는 컬리의 손을 잡아 뼈를 부러뜨린 일이 있다. 슬림은 그 말이 컬리의 아버지 농장주의 귀에 들어가면 죠지와 레니가 쫓겨날 것을 직감

30) Mildred Silver, P.328.

(直感)한다. 슬림은 컬리를 설득하여 기계에 손이 끼어 부상을 입었다고 말하도록 한다. 죠지가 레니를 사살했을 때에도 비통한 마음을 이해하고 위로해 주는 사람은 슬림이다. 또한 죠지와 레니는 늙은 청소부 캔디의 소원을 들어주기로 한다. 캔디는 죠지와 레니의 땅 사는 이야기를 우연히 듣고 자기도 350불을 내겠으니 땅을 사서 함께 지내자고 한다. 죠지와 레니는 고독한 캔디의 입장을 동정하고 서로 도우며 같이 살자고 대답한다.

죠지와 레니에게는 어려움을 당할 때마다 위로해 주는 꿈이 있다. 나중에는 캔디마저 진지하게 관심을 갖는 작은 "미국의 꿈"이다. 조그만 땅을 사서 떠돌이 생활을 끝내고 집을 짓고 채소밭도 만들고, 토끼와 비둘기도 기르자는 것이다. 사람답게 안정된 정착생활을 하고 싶다는 것이다. 백만장자가 되고 대농장주가 되겠다는 거창한 꿈이 아니라 분수에 맞는, 목가적인 생활을 끊임없이 동경한다. 한 달에 겨우 50불을 벌어 사창가를 찾아가고, 도박으로 돈을 탕진하는 생활을 해도 마음 한 구석에는 꿈이 있다. 보잘것없는 부랑 노동자라해도 귀중한 꿈을 간직했기 때문에 하루 하루를 살아갈 힘을 얻는 것이다.

죠지와 레니의 귀중한 꿈이 왜 좌절되었는지 이유를 살펴볼 필요가 있다. 레니가 사고를 저지를 때마다 죠지는 항상 딴 곳에 가 있다. 헛간에서 레니가 강아지를 쓰다듬다 죽이고, 또 컬리 부인의 목을 무의식중에 꺾어 죽였을 때 보호자 죠지는 창녀집에 가 있었다. 육체의 정욕을 충족시키기 위해 의무와 책임을 저버린 것이다. 또 정욕에 눈이 어두워 이 남자, 저 남자에게 추파를 던지는 컬리의 아내는 창녀와 같은 여자이다. 그녀는 죠지의 말처럼 "남자를 형무소에 이끄는 여자"(jailbait)이다. 죠지가 그토록 레니에게 그 여자를 가까이 하지 말라고 경고하였지만 머리카락을 만지라는 유혹에 넘어갔다. 여자로 인하여 남자가 불행하게 되는 실례는 부지기수이며 인류의 시조인 아담(Adam)도 이브(Eve)가 주는 선악과를 먹고 낙원에서 추방되었다. 미국의 꿈을 이루기 위해서는 불의한 욕심을 억제하고 유혹을 물리칠 수 있는 강한 정신이 필요하다. 이것은 『분노의 포도』에서, 참된 경제 개혁을 이룩하기 위해서는 자본가와 노동자 모두 마음속으로부터 개혁해야 한다는 주장과 궤(軌)를 같이 하는 것이다.

작품의 첫 장면은 살리나스 강변의 숲 속에서, 식사 후 죠지가 레니에게 앞으로의 꿈을 들려주는 광경이다. 마지막 장면에서도 같은 장소에서 장래의 꿈 이야기를 한다. 그리고 권총으로 사살하는 것이다. 첫 장면에서 마지막 장면으로 하나의 원을 그리고 돌아온 셈이다.

스타인벡은 신화적 원형(mythic pattern)을 자주 사용하는데, 이 중편의 신화적 원형은 구약 창세기의 가인(Gain)과 아벨(Abel)의 이야기로 보인다. 물론 형인 가인은 죠지처럼 단장의 아픔을 겪으며 아벨을 죽인 것은 아니다. 신이 아벨의 제사는 받고 자기의 제사는 받지 않아 시기심에서 돌로 쳐 죽인 것이다.[31] 가인은 죠지처럼 동생을 보호하는 형이 아니라 시기하여 죽이는 살인자였다. 그러나 죠지도 가인처럼 레니를 죽인 것은 사실이며, 그도 가인처럼 앞으로 방랑할 운명에 놓여 있다.

작품의 문체는 회화체이며 등장인물들의 대화로 이야기가 진행된다. 하층 노동자들의 비어, 속어로 그들은 서로 거리낌 없이 솔직하게 이야기를 나눈다. 작가는 실감나는 대화의 창조에서 뛰어난 재간을 발휘하였다.

31) *Genesis* 4 : 4~8

(24) 『의심스러운 싸움』(*In Dubious Battle*, 1936)

작품 내용

주인공 짐은 툴만(Tulman) 백화점에서 포장계장으로 일하며 생활한다. 하루는 영화를 보고 돌아오는 길에 우연히 급진주의자들의 연설을 듣는다. 그는 아무 잘못도 없이 애매하게 경찰에 체포되었고 직장에서 쫓겨난다. 아버지는 도축업(屠畜業)을 했는데, 노동쟁의에서 열성적으로 싸우다가 경찰의 총에 맞아 죽었다. 그 후 어머니도 사망하였고 누이 메이(May)도 얼마 전에 행방불명이 되어 짐만 홀로 남게 된다.

짐은 경찰에서 석방되자 샌프란시스코의 공산당 본부에 찾아갔고 몇 가지 질문에 답변한 후 입당이 허락된다. 얼마 뒤 경험 많은 열성당원(熱誠黨員) 맥(Mac)과 함께 수천 에이커의 넓은 사과 과수원으로 가서 파업을 지도한다. 둘은 토거스(Torgas) 계곡 지대에 도착하여 당동조자(黨同調者) 앨(Al)을 찾아가 현지의 실정을 알아내고 노동자들의 천막촌으로 잠입(潛入)한다. 마침 그날 밤, 노동자들의 지도자 런든(London)의 며느리가 분만(分娩)을 하게 된다. 의사나 산파를 구할 수 없어서 난처한 형편이다. 맥은 병원에서 일한 적이 있다고 속여 엉터리로 분만을 도왔는데 성공하여 런든의 신임을 얻는다. 이튿날 아침 사다리를 타고 올라가 사과를 따다가 사다리가 부러져 늙은 댄(Dan) 영감이 중상을 입게 된다. 이 사고로 노동자들의 불만이 커지자, 맥은 런든을 움직여서 회의를 개최하여 파업 위원장과 위원들을 선출하고 파업에 들어간다. 맥은 또 앨의 아버지 앤더슨(Anderson)을 잘 구슬려 그의 사유지에 파업 노동자 천막을 칠 수 있도록 허락을 받아낸다.

이튿날 아침 일찍 의사 버튼(Burton)과 당공작원 딕(Dick)이 도착한다. 지방행정당국이 위생 시설 미비를 구실로, 천막촌을 철거시킬 것을 예상하고 의사를 불러온 것이다. 딕은 식량, 의료품, 기타 필요한 물자를 신속히 조달한다. 맥은 투쟁경력이 풍부한 당원으로 노동자들을 조직하고 후원자들을 찾아내어 도움을 얻고 숙소를 마련하는 등 비상한 능력을 발휘했고, 짐도 함께 다니면서 파업에 필요한 모든 수단과 기술을 배우게 된다.

한편 농장주들의 단결력도 대단하여 폭력배를 동원하고 자경대를 조직하며 파업을 방해하려고 전력을 기울인다. 시간이 지날수록 파업노동자들의 형세가 불리해진다. 농장주들의 편을 들어 사과를 따는 노동자들이 증가한다. 짐은 맥의 허락을 받아 감시단(picket group)의 일원이 되어 파업파괴자들과 싸우다가 어깨에 총상을 입는다. 파업위원장 데이킨(Dakin)도 길에서 경찰에 잡혀 감방에 갇힌다. 얼마 뒤 한 고등학교 학생이 자경대원의 사주(使嗾)를 받아 앨의 아버지 앤더슨의 헛간에 불을 지른다. 학생이 잡혀 맥에게 끌려오자 맥은 자백할 때까지 사정없이 구타했고 짐은 앉아서 냉정하게 지켜보고 있다.

식량이 떨어지고 형세가 불리하게 된다. 파업 노동자의 간부인 버크(Burke)는 데이킨의 후임, 런든 위원장에게 반기를 들고 쫓아내려 한다. 격분한 런든은 버크를 때려 유혈(流血)의 참사가 일어난다. 짐은 런든에게 손짓하여 노동자들을 경찰이 친 바리케이드로 돌진하게 하여 바리케이드를 쳐부순다.

앨의 아버지 앤더슨은 보안관에게 자기의 사유지에서 파업노동자들을 쫓아내라고 요청한다. 군보안관이 나타나 사유지에서 물러갈 것을 명했고, 파업노동자들은 전체 회의를 열어 파업계속여부를 투표로 결정하기로 한다. 맥과 짐은 회의에 나가 끝까지 싸우자고 선동하려고 한다. 그 때 한 소년이 나타나 의사 버튼이 숲 속에 쓰러져 있다고 알려준다. 맥과 짐은 의사를 찾으러 달려간다. 소년의 말은 자경대원의 속임수였고 짐은 총에 맞아 쓰러진다. 맥은 짐의 시체를 메고 돌아와 등불로 짐의 시신을 비추게 하고 군중들에게 선동연설을 시작한다.

다음의 인용은 짐의 시체 옆에서 맥이 선동연설을 시작하려는 장면이다.

Across the clearing, past the stoves he marched, and the crowd followed silently behind him. He came to the platform. He deposited the figure under the handrail and leaped to the stand. He dragged Jim across the boards and leaned him against the corner post, and steadied him when he slipped sideways.

London handed the lantern up, and Mac set it carefully on the floor, beside the body, so that its light fell on the head. He stood up and faced the crowd. His hands gripped the rail. His eyes were wide and white. In front he could see the massed men, eyes shining in the lamplight. Behind the front row, the men were lumped and dark. Mac shivered. He moved his jaws to speak, and seemed to break the frozen jaws loose. His voice was high and monotonous. "This guy didn't want nothing for himself…" he began. His knuckles were white, where he grasped the rail. "Comrades! He didn't want nothing for himself…"

(개활지를 가로질러 난롯가를 지나 맥은 계속 걸어갔다. 군중은 말없이 뒤를 따라갔다. 맥은 난간 아래에 시신을 내려놓고 단 위로 뛰어 올라갔다. 짐의 몸을 바닥을 가로질러 끌고 가 모퉁이 기둥에 기대어 놓았다. 짐의 몸이 옆으로 미끄러져 쓰러지자 움직이지 않게 해 놓았다.

런든이 램프를 들어 건네주자 맥은 램프를 짐의 시신 옆 바닥에 조심스레 내려놓았다. 램프 불빛이 머리를 환하게 비추었다. 맥은 일어나서 군중을 바라보았다. 두 손은 난간을 잡고 있었다. 두 눈을 크게 떴고 눈은 희게 빛났다. 앞쪽에서 사람들은 한 덩어리로 보였다. 램프 불빛을 받아 눈들이 번쩍 번쩍 빛났다. 앞 줄 뒤의 사람들은 시커먼 덩어리처럼 보였다. 맥은 몸을 부르르 떨었다. 말하려고 턱을 움직였다. 얼어붙은 턱을 억지로 움직이는 듯 했다. 목소리는 높고 단조로웠다. “이 친구는 자신을 위해 원한 것이 아무것도 없었소…” 난간을 잡은 손가락 관절들이 희게 빛났다. “동무들! 자신을 위해 원한 것이 아무것도 없었소…”)

해설(당원으로의 성숙)

작품은 청년 짐이 공산당에 입당하여 죽을 때까지 진정한 공산당원으로 성숙해가는 과정을 다루고 있다. 사과 과수원 파업사건이 일어난 후 짐과 노련한 선배당원 맥과의 관계를 중심으로 이야기가 전개된다.

맥은 이전에 동포들이 굶어죽어 간다는 연설을 하다가 제대군인들에게 죽도록 맞았고, 집까지 불에 타자 정부와 자본주의 체제에 대한 극도의 증오심을 품고 입당한 사람이다. 짐도 과격파의 연설을 들었을 뿐인데 경찰에 체포되었고 직장에서 해고된다. 그도 맥처럼 자본주의 체제의 타도와 빈부차가 없는 공산사회 건설을 목표로 하고 열성적인 당원이 되려고 결심한다.

짐은 당의 명령으로 맥과 함께 사과 과수원으로 간다. 맥은 런든의 며느리 라이사의 분만을 도와 순산시킨다. 맥은 출산에 관한 아무런 지식도 없었지만 노동자 지도자인 런든과 노동자들의 신임을 얻기 위해 위험한 모험을 감행한 것이다. 자칫하면 산모와 아기를 죽일 수도 있었지만 신임을 얻을 기회를 놓칠 수 없었고, 또 집단 투쟁의 방법을 노동자들에게 가르치려고 모험을 한 것이다. 인간의 목숨보다 당 목표를 위한 기회의 포착이 더 중요하다. 짐은 처음부터 맥의 활동을 위해 최선을 다해 도와준다.

파업자들이 국유지에 천막을 칠 수 없기 때문에 맥은 앤더슨에게 성의껏 도와주겠다고 잘 구슬려 그의 사유지에 천막을 칠 수 있도록 허락을 받는다. 이 일로 앤더슨은 농장주의 미움을 샀고 자경대원은 한 소년을 시켜 앤더슨의 헛간에 불을 지르게 한다. 방화한 소년이 잡혀오자 맥은 다른 소년에 대한 경고로 무섭게 구타했고, 그 광경을 말없이 지켜보는 짐의 비정(非情)한 태도에 맥은 더욱 놀란다.

짐은 당의 목표 완수에 동정은 금물이고 당원은 농장주나 자본가에 대한 불신과 증오로 불타올라야 한다고 확신하고 있다. 짐은 목적을 위해서는 수단을 가리지 않는 냉혹한 당원으로 성장해 가고 있다.

그 후 버튼은 어깨에 부상을 입은 짐을 치료한 후 짐의 눈 속에 신앙이 불타오른다고 말한다. 짐은 당의 명령을 수행할 때 가장 행복하고 황홀감마저 느끼며, 당장 죽어도 여한(餘恨)이 없다고 털어놓는다. 인간은 누구나 사명이라고 느끼는 임무를 수행할 때 황홀감을 느끼는 것이다. 짐은 술도 여자도 돈도 모르는 순수한 청년이고, 공산주의를 위해 목숨을 바치려는 열성당원이자 이상주의자이다. 기독교신자가 구세주의 명령을 실천하기 위해 순교(殉敎)의 각오를 하듯이 짐도 마음의 준비가 되어 있다.

또 집단을 단결시키는데 전투가 제일이고 집단을 흥분시키기 위해서는 유혈(流血)의 장면을 목도(目睹)시켜야 한다고 믿고 있다. 역전(歷戰)의 당원이자 스승인 맥의 가르침을 받았기 때문이다. 위원장 런든이 반역하는 버크를 때려 유혈의 참사가 일어나자, 노동자들을 부추겨 바리케이드를 부수라고 런든에게 손짓한다. 경찰에 위축되었던 노동자들은 피를 보자 성난 한 마리의 짐승처럼 달려가 바리케이드를 부서뜨린다. 짐은 기회를 놓치지 않고 런든을 움직여 군중을 돌진하도록 유도(誘導)한 것이다. 그는 점차 스승인 맥을 능가하는 당원이 된다. 스승의 지도를 받아 스승보다 더 훌륭한 일꾼이 된 대표적 인물을 성경에서 찾아보면 구약의 여호수아(Joshua)와 엘리사(Elisha)이다. 전자는 모세(Moses)의 후계자로 가나안(Canaan)을 정복하였고[32] 후자는 엘리야(Elijah)의 제자로 북왕국 이스라엘을 안전하게 지키는[33] 예언자가 되었다. 모세와 여호수아, 엘리야와 엘리사의 관계는 맥과 짐의 관계의 원형이라고 볼 수 있다. 다만 맥과 짐은 신의 뜻과 무관(無關)한 공산당의 목표를 수행하는 점에서 다른 것이다.

---

32) *Joshua* 11 : 15~16

33) *2 Kings* 13 : 14

파업 노동자들을 위해 봉사하지만 공산당원이 아닌 버튼은 맥에게 인명(人命)의 존귀함, 인간의 존엄성을 강조하고, 세상일을 선과 악의 둘로 나누는 색안경을 버리고 넓게 전체 국면을 바라보라고 권유한다. 또 짐에게 공산사회가 이루어져도 그 속에 불의가 나타나며, 폭력으로는 포악(暴惡)한 것 밖에 나타나지 않는다고 설명한다. 그러나 짐은 맥의 영향으로 도덕의식이 마비되었고 폭력을 중시하며, 악에서 선이 나올 수 있다고 확신한다. 파업을 위해 일하는 중에 인간이 마땅히 지녀야 할 품성(品性)—애정, 관용, 신뢰, 동정 등—을 모두 상실해버린 것이다. 짐은 비록 열성적인 공산당원으로 성숙했지만, 반면에 인간성을 상실하고 비인간화되었다고 볼 수밖에 없다. 이것이 바로 주의(主義)의 비극이다. 공산사회, 착취 없는 평등사회의 건설이라는 추상적인 대의명분(大義名分), 일종의 환상에 속아 아까운 나이에 목숨을 잃고 만다. 짐은 맥을 따를 것이 아니라 버튼의 충고를 받아들였어야 했다.

또 기성체제(旣成體制)의 지도자들도 짐과 같은 사회악에 물들지 않은 열성적인 청년을 공산주의자라고 적대시하고 탄압할 것이 아니라 사회적으로 보람찬 다른 일을 하도록 길을 열어주었어야 했다. 특히 토거스의 농장주들처럼 몰인정한 이기주의, 황금만능주의에 빠져 노동자들의 정당한 요구에 귀를 막고 이권 옹호에만 급급해서는 안 되는 것이다.

작가는 버튼이라는 이타주의자(利他主義者)이자 인권옹호론자를 내세워 농장주들, 자본가들, 공산주의자들을 두루 책망하고 있다. 버튼은 다음과 같이 말한 적이 있다. "나는 주의보다 인간을 믿는다."라고. 현대 노사, 빈부의 대결을 증오와 분열, 투쟁과 탄압으로 해결할 것이 아니라, 긴 안목(眼目)과 넓은 시야를 가지고, 서로 이해하고 양보하고 협조함으로써 해결하라고 충고하고 있는 것이다.

작품의 문체는 평이하고 간결하며, 노동자들의 비어와 속어를 사용하고, 상스러운 대화로 파업사건의 순서대로 이야기가 진행된다. 블에이크(Fay M. Blake)는 이 작품을 파업소설 중에서 가장 훌륭한 작품으로 평가하고 있다.

작가는 사과 따는 노동자들의 생활상과 심리를 정확히 이해하고, 노동자들의 요구와 공산당 조직책의 노동자 조종기술도 파악하고 있는 것이다. 또 인도주의적 의사를 등장시켜 몰인정한 농장주들과, 노동자들을 냉정하게 계획적으로 이용하는 공산당원에게도 올바른 항의를 제기한다고 평하고 있다.[34)]

34) Fay M. Blake, *The Strike in the American Novel* (Metuchen, New Jersey : Scarecrow Press, 1972), P.259.

(25) 『분노의 포도』 (*The Grapes of Wrath*, 1939)

작품 내용

주인공 톰(Tom)은 오클라호마 주 샐리노(Salino)지방의 농부 톰 조드(Tom Joad)의 둘째 아들이다. 4년간 교도소에 갇혀 있다가 가출옥으로 석방되어 고향으로 돌아온다. 고향의 농토는 가뭄과 사풍(砂風)으로 온통 모래로 덮여 있다. 농민들은 땅을 담보로 금융기관에서 대부를 받았는데 부채를 갚을 수 없어 농토를 빼앗기고 고향을 떠나간다. 공익사업가, 대농장주들도 농민의 땅을 빼앗아 자기의 이익만 추구한다.

톰은 고향에 돌아왔지만 집에는 아무도 없다. 그 지역을 아직 떠나지 못한 그레이브스(Graves)를 만났는데 그 동안의 소식을 들려준다. 조드 일가는 백부 존(Uncle John)의 집으로 가서 지냈으며 곧 서부로 떠날 거라고 알려 준다. 이튿날 아침 톰은 전에 순회 전도사였던 짐 케이시(Jim Casy)와 함께 백부 존의 집으로 간다. 그들은 톰과 케이시까지 합하여 열 세 사람이 변조한 트럭을 타고 캘리포니아에 가기로 결정한다. 거기에서 과일 따는 인부를 구한다는 소문을 들었기 때문이다. 서부로 뻗는 국도(國道) 66호선은 이주하는 사람들로 가득 찼고 차량은 5만 여대, 사람은 25만 명이 넘는다. 뉴 멕시코의 산악지대를 지나 애리조나(Arizona) 주를 횡단하여 캘리포니아 주에 이르는 사막에 도착한다. 형 노아(Noah)는 사막을 보자 용기를 잃고 강변에서 살겠다고 말하고 떠나간다. 이주민들이 후버빌(Hooverville) 수용소에서 쉬고 있는데 과일을 따는 인부를 모집하는 청부인이 나타난다. 오키즈(Okies : 오클라호마 주에서 온 방랑 농민)가 자기들이 제시하는 조건대로 일하지 않으면 추방하겠다고 위협한다. 이주민 하나가 이의를 제기하자 보안관보가 잡아끌고 간다. 옆에 있던 톰은 발을 걸어 보안관보를 쓰러뜨렸고 권총을 쏘려고 하자 케이시는 발로 차서 실신시킨다. 케이시는 톰에게 속히 피하라고 명한다. 톰은 집행유예 중이기 때문에 체포되면 곧바로 교도소로 가야 할 입장이다. 케이시는 스스로 모든 책임을 지고 경관에게 연행(連行)되어 간다.

그들은 얼마 뒤 후퍼(Hooper) 농장으로 가서 복숭아 따는 일을 하게 된다. 낮에 숨어 있던 톰은 밤중에 산책을 하다가 케이시를 우연히 만난다. 감옥에 갔다 돌아 온 후 농장에 일하러 온 것이다. 케이시는 노동자들과 파업을 계획하고 있다. 과수원 주인은 복숭아 한 상자를 따는데 5센트 주기로 계약하고 2.5센트 밖에 지불하지 않았기 때문이다. 갑자기 파업파괴자들이 텐트 안에 들어와 케이시를 곤봉으로 때려죽인다. 톰은 때린 놈의 곤봉을 빼앗아 죽이고 어둠 속으로 달아난다. 이튿날 밤 톰은 가재도구(家財道具) 속에 숨어서 무사히 농장을 빠져 나간다. 조드 일가는 도중에 목화 따는 일을 하게 되었고, 유개화차(有蓋貨車) 속에서 생활한다. 톰은 잡힐 위험이 있어 숲속 동굴에서 숨어 지낸다. 얼마 뒤 어린 여동생 루시(Ruthie)가 오빠 톰이 숨어 있다는 말을 친구에게 하여 다른 곳으로 피해야 한다. 케이시의 유지(遺志)를 따라 농업 노동자들을 모아서 조합을 만들 결심이다.

장마가 시작되었고 시냇물은 둑까지 올라온다. 여동생 샤론(Sharon)은 영양실조와 과로로 인해 사산(死産)을 했고, 백부는 죽은 아기가 든 사과상자를 물 위에 조용히 띄워 보낸다. 다음 날 아침 물이 더 올라오자 언덕 위 창고 안으로 피한다. 창고 안에는 병이 들어 6일간 아무것도 먹지 못해 죽어가는 남자가 누워 있다. 옆에는 한 사내아이가 앉아서 도와달라고 애원한다. 샤론은 어머니와 의논한 후, 남자에게 다가가 자신의 젖을 내놓고 남자의 머리를 한 손으로 들어 올려 "빠세요!"하고 말한다. 젖을 물려주면서 미소를 짓고 있다.

다음의 인용은 샤론이 사산을 한 후 굶어 죽어가는 남자에게 젖을 주는 마지막 장면이다.

> Rose of Sharon whispered, "Will—will you all—go out?" The rain whisked lightly on the roof.
>
> Ma leaned forward and with her palm she brushed the

tousled hair back from her daughter's forehead, and she kissed her on the forehead. Ma got up quickly. “Come on, you fellas,” she called. “You come out in the tool shed.”

Ruthie opened her mouth to speak. “Hush,” Ma said. “Hush and git.” She herded them through the door, drew the boy with her ; and she closed the squeaking door.

For a minute Rose of Sharon sat still in the whispering barn. Then she hoisted her tired body up and drew the comfort about her. She moved slowly to the corner and stood looking down at the wasted face, into the wide, frightened eyes. Then slowly she lay down beside him. He shook his head slowly from side to side. Rose of Sharon loosened one side of the blanket and bared her breast. “You got to,” she said. She squirmed closer and pulled his head close. "There!" she said. “There.” Her hand moved behind his head and supported it. Her fingers moved gently in his hair. She looked up and across the barn, and her lips came together and smiled mysteriously.

(로즈 샤론은 속삭였다. “모두-모두들 나가 주시겠어요?” 비가 지붕 위에 살며시 내리고 있었다.

마는 앞으로 몸을 구부리고 손바닥으로 딸의 흐트러진 머리카락을 이마에서 쓸어 올렸다. 그리고 이마에 키스했다. 마는 신속히 일어났다. “자, 여러분들,”하고 소리쳤다. “도구 두는 창고 쪽으로 가 주세요.”

루시는 무슨 말을 하려고 입을 열었다. “쉿!”하고 마는 제지했다. “말없이 나가거라.” 모든 사람을 문 밖으로 나가게 하고 소년의 손을 잡아 함께 나갔다. 삐걱거리는 문을 닫아버렸다.

로즈 샤론은 잠시 속삭이는 빗소리가 들리는 헛간에서 가만히 앉아 있었다. 이윽고 피곤한 몸을 간신히 일으키고 깃이불을 몸에 끌어당겨 감았다. 천천히 구석으로 가서 남자의 쇠잔한 얼굴을 내려다보고 크게 뜬 겁먹은 눈을 들여다보았다. 이어 서서히 남자의 곁에 드러누웠다. 남자는 머리를 천천히 좌우로 흔들었다. 로즈 샤론은 담요의 한 쪽을 끄르고 젖가슴을 드러내었다. "빠세요,"하고 말했다. 더 가까이 다가갔고 남자의 머리를 가까이 끌어당겼다. "자!"하고 말하고, 다시 "자"하고 되풀이했다. 한 쪽 손을 남자의 머리 뒤로 움직여 받쳐주었다. 손가락이 남자의 머리카락을 부드럽게 쓰다듬었다. 그녀는 눈을 들어 헛간을 둘러보았다. 그리고 입술을 꼭 다물고 신비로운 미소를 지었다.)

해설(의식의 변화와 성숙)

작품은 모두 30장으로 이루어져 있다. 짝수 장인 14개 장에서는 죠드 일가의 오클라호마에서 캘리포니아에 이르는 힘든 이주를 구어체(口語體)로 묘사하고 있다. 홀수 장인 16개 장에서는 경제상황, 사회현실, 자연적 여건 등을 산문시에 가까운 문체를 써서 설명하고 있다.

또 작품의 전체 구성은 구약의 출애굽기(*Exodus*)와 민수기(*Numbers*)를 원형으로 하고 있다. 애굽에서 바로(Pharaoh)의 학대에 시달리던 이스라엘 백성들이 모세(Moses)의 인도로 가나안(Canaan)에 이르는 이야기는 오클라호마 농민들이 풍요로운 캘리포니아를 향해 이주하는 이야기의 원형이다. 영도자 모세는 이주 농민들을 위해 일하는 톰의 원형이다. 이스라엘 백성들을 착취하고 속이는 바로는 농민의 땅을 빼앗고 괴롭히는 금융업자, 대농장주, 공익사업가 등을 대표한다. 이밖에도 양자의 유사점이 많이 나타난다. 이처럼 작품의 구상(構想)을 구약성경에서 원용한 것이 사실이지만 작품 자체는 어디까지나

스타인벡의 뛰어난 창의력과 통찰력에 기인한 서사시적 걸작인 것은 부인할 수 없다.

작품에는 여러 주제가 나타난다. 그 중에도 죠드 일가 등 등장인물들의 의식(意識)의 변화와 성숙이 중요한 주제로 보인다. 또 신비로운 생명력에 대한 신념과 존중도 주제의 하나로 볼 수 있다.

죠드 일가 사람들은 세상 사람들이 모두 형제와 같다는 박애주의, 사해동포주의(四海同胞主義)를 지닌 사람들이 아니다. 자기중심적인 개인주의자이고, 자기의 가족만을 중시하는 사람들이다. 주인공 톰은 성급하며 시야가 좁고 생각이 깊지 못하다. 수많은 사람들이 끊임없이 서부로 달려가는 광경을 보고 앞을 내다볼 줄 아는 케이시가 혼자 중얼거린다. "온 나라를 바꾸어 놓을 일이 일어날 것 같은데,"라고 말하자, 톰은 그런 일은 자기와 관계가 없고 앞만 보고 살아가면 된다고 냉정하게 대꾸한다. 또 캘리포니아 농장주들이 전단(傳單)을 뿌려 오클라호마 사람들을 유인하는 것이 임금을 삭감시키려는 계획임을 간파하지 못하고 있다. 그는 파업 조직책(罷業 組織責)이 된 케이시의 가르침을 받아 노동자들의 단결과 집단행동의 필요성을 비로소 깨닫는다. 파업 파괴자를 살해한 탓으로 도망쳐야 할 위험에 직면하자 톰은 어머니를 정성껏 위로 한다ㅡ케이시의 말처럼 사람은 커다란 영혼의 한 갈래이니 자기는 언제나 어머니 곁에 있을 것이고, 배고픈 사람들이 싸우는 자리에 반드시 나타날 거라고. 한 가족의 구성원이라는 좁은 입장을 떠나 무산층(無産層)을 도와야 할 사명의식을 터득한 것이다. 톰은 케이시의 뜻을 따라 파업을 이끌어갈 지도자가 된다.

아버지 파(Pa)도 목화 따는 노동자들의 숙소로 홍수가 밀려오자 함께 둑을 쌓자고 사람들에게 외친다. 그는 본래 이기적인 사람이어서 임금 삭감에 반대하는 파업에도 참여하지 않은 사람이었다. 그러나 사태가 급박해지자 협동을 외치는 것이다. 우울하고 고독한 성격의 백부 존은 샤론이 사산한 아기를 상자에 넣어 개천에 띄운다. 만일 사람들이 상자를 보게 되면, 영양실조로 사산한 비극을 목도하고 협동과 단결의 필요성을 절감하게 될 것이기 때문이다. 이처럼 사고방식의 변화와 의식의 성숙이 나타나고 있다.

사랑하는 아들 톰을 떠나보낸 후, 어머니도 자기의 가족만 중시했던 과거의 생각에서 벗어난다. 다른 사람들, 어려움을 겪는 이웃들에게 새로운 책임의식을 느끼게 된 것이다. 샤론의 해산을 정성껏 도와준 이웃 부인에게 감사하면서 속삭인다. "…예전엔 자기 가족 생각만 먼저 했지만 이젠 누구든지 돕게 되는군요." 마지막 장면에서 죠드 가족은 홍수를 피해 헛간으로 들어간다. 어머니는 굶어 죽어가는 한 남자를 보고 딸 샤론에게 젖을 빨려주라고 넌지시 눈짓을 한다. 어머니와 딸은 "나"보다 "우리"를 생각하는 성숙된 의식을 지니게 된 것이다.

또 작가는 인간에게 신비로운 생명력이 있다고 믿고 있다. 어떤 시련에 부딪혀도 참고 살아가는 힘이 인간과 모든 생물에 존재한다는 것이다. 케이시와 톰의 어머니 마 죠드는 "백성들은 아무리 고생해도 끝까지 살아간다."라고 말한 적이 있다. 워렌 프렌치(Warren French)도 작품 속의 "거북이"(turtle)는 불멸의 생명력 그 자체이고, 죠드 일가를 상징한다고 말했다.[35] 약 4천년 전, 모세의 영도 아래 40년 광야의 고난 끝에 이스라엘 민족은 가나안 복지에 들어갔다. 이 사실에 이스라엘 민족의 강인한 생명력이 표출(表出)되어 있다. 죠드 일가가 캘리포니아에 들어가는 것도 이 생명력 때문이다. 작가는 죠드 집안에서 가장 억센 마 죠드를 통해 생명력을 뚜렷이 보여주고 있다. 윌슨(Wilson)의 차가 고장이 나서 톰과 케이시는 남아서 차를 수리하고, 죠드 가족들은 먼저 가서 자리를 잡자고 합의하지만 마 죠드는 결사반대한다. 돈 버는 것은 문제가 아니고 가족을 단합시키고 분산되지 않도록 지키는 것이 가장 중요하다는 것이다. 또 후퍼 농장에서 톰은 파업파괴자를 살해하고 가족에서 떠나가려고 한다. 그러나 어머니는 톰을 붙들고 다른 사람은 못 믿어도 가족

---

35) Warren French, *A Companion to Grapes of Wrath* (New York : Penguin, 1989), P.210.

은 믿을 수 있다고 말하고 위험을 무릅쓰고 숨겨둔다. 가족을 단합시키고 끝까지 수호하는 것은 생명력의 발로라고 할 수 있다.

자기를 희생시켜 남을 도와주고 살리는 것도 생명력의 부여(賦與)이고 생의 긍정(肯定)이다. 샤론이 헛간에서 아사하는 남자에게 젖을 빨리게 하는 것은 이웃 사랑의 정신이고, 사람을 살리는 일이기 때문에 생명력을 부여하는 행위이다. 케이시가 예수의 정신으로 다른 사람들을 대신해서 감옥에 가고, 노동자들의 임금 삭감을 저지하려고 파업을 꾸미는 것도 같은 맥락(脈絡)에서 이해할 수 있다. 다 같이 어려움을 겪는 가운데, 도와주고 희생하여 이웃을 살리는 것, 즉 생명력의 부여와 존중은 『토틸라 마을』, 『의심스러운 싸움』, 『생쥐와 인간들』등의 작품에서 공통으로 나타나는 주제라고 할 수 있다.

작품은 농토를 빼앗긴 농민들, 이주노동자들, 무산층의 참상과 고통을 주로 다루고 있지만, 계급투쟁에 의한 프로레타리아 혁명을 주장하는 사회항의소설은 아니다. 20세기 미국사회에 만연된 개인주의, 이기주의, 황금만능주의에서 벗어나 빈민을 사랑하는 참된 기독교정신으로, 부익부·빈익빈의 잘못된 자본주의 제도를 개혁해야 한다고 주장하고 있는 것이다.

제목 『분노의 포도』에서 "분노"는 농산물의 가격 유지를 위해, 포도를 팔지 않고 태워버리는 농장주들에 대한 신의 분노와 굶주리는 농장노동자들의 분노를 의미한다고 볼 수 있다.

펄 벅(Pearl Buck, 1892~1973)

(26) 『대지』(*The Good Earth*, 1931)

▪ 작가의 경력 ▪

펄 벅은 1892년 6월 미국 웨스트 버지니아(West Virginia) 주 힐스브로(Hillsboro)에서 태어났다. 생후 3개월 만에 선교사인 양친의 품에 안겨 중국으로 건너갔으며 어린 시절 주로 중국인 유모의 손에 자라났다. 17세 때 버지니아 주 랜돌프 메이콘 대학(Randolph Macon College)에 입학하여 심리학을 전공했다. 졸업 후 모교에서 1년간 조교로 일하다가 다시 중국으로 돌아갔다. 1917년 남경대학의 교수와 결혼했고 남경대학과 다른 대학에서 약 10년간 영문학을 강의했다. 1933년 남편과 이혼하고 2년 후 존 데이(John Day) 출판사의 사장과 재혼했다.

1930년에 발표한 처녀작 『동풍, 서풍』(*East Wind : West Wind*, 1930)은 중국에서의 동서 문명의 문제를 다룬 작품이다. 1931년에 『대지』를 발표하여 문명을 날리게 되었고, 이듬해 속편인 『아들들』(*Sons*, 1932), 뒤이어 1935년에 『분열된 집안』(*A House Divided*, 1935)을 발표하였다. 작가는 1931년에 퓰리처상을 받았고, 1938년에 노벨상을 수상했다. 1936년에는 전기 『어머니의 초상』(*The Exile*, 1936)과 아버지의 생애를 그린 『싸우는 사도』(*Fighting Angel*, 1936)를 발표했고, 2년 후 『이 마음의 자랑』(*The Proud Heart*, 1938)을 출판했다. 『중국인 친구들』(*The Dragon Seed*, 1942)은 1942년에, 『향토』(*Kinfolk*, 1949)는 1949년에 발표했다. 이 밖에 수필, 수상, 어린이 책 등을 합하여 50여권의 책을 저술했는데, 이외에도 사회사업과 평화운동에 많은 공헌을 했다.

작품 내용

주인공 왕룽(王龍, Wang Lung)의 아버지는 농부의 아내는 예쁘면 안 된다는 생각을 가진 사람이며, 대지주 황(黃, Whang) 가(家)의 여자 노예 오란(阿蘭, O-lan)을 며느리로 선택한다. 오란은 얼굴은 예쁘지 않지만 키가 크고 건장하며, 결혼 후 남편에게 성의를 다해 순종하고 열심히 일한다. 왕룽은 정숙하고 부지런한 아내에게 만족하고 인생의 보람을 느낀다. 풍년이 계속되고 오란은 사내아이를 낳는다. 설날이 오자 왕룽 부부는 아기를 데리고 황 영감의 집으로 찾아가 옛 주인에게 인사를 드렸고 얼마 뒤 땅도 약간 사게 된다. 수년 후 무서운 기근이 들자 왕룽은 식구를 데리고 남쪽 지방으로 내려간다. 아내와 두 아들은 거지가 되어 구걸하고 왕룽은 인력거를 끈다. 얼마 후 도시에서 폭동이 일어나 부자집을 습격한다. 왕룽도 폭도들과 함께 부호의 집에 들어갔고, 우연히 만난 남자가 살려달라고 애원하며 돈을 주자 받아서 주머니 속에 감춘다. 오란은 벽 틈에서 보석 상자를 발견하여 많은 보석을 얻는다. 그들은 고향으로 돌아가 횡재(橫財)를 가지고 지주 황 영감의 여자 노예 뚜첸을 통하여 넓은 땅을 사게 된다. 7년간 풍작이 계속되자 왕룽은 점차 부호 황 영감을 제쳐놓고 큰 부자가 된다.

부자가 된 왕룽은 연화(蓮花, Lotus)라는 첩을 얻었고 그녀의 몸종으로 전에 황 영감의 몸종이었던 뚜첸을 집에 들어오게 한다. 뚜첸은 오란이 황 영감 집에서 노예로 있을 때 수없이 오란을 구박한 악독한 여자다. 오란은 뚜첸을 집에 들인 왕룽에게, 뚜첸의 비행을 폭로하여 추방하도록 부추기지만 왕룽은 연화의 감정을 건드릴까 겁이 나서 그대로 둔다. 아내에 대한 배은망덕(背恩忘德)은 이것에 그치지 않는다. 전에 오란이 발견한 보석 중에서 둘째 딸 시집갈 때 쓰려고 진주 두 개를 보관하고 있었다. 왕룽은 첩 연화의 환심을 사려고 그 진주를 아내에게서 빼앗아 연화에게 바친다.

왕룽이 오란과 결혼한 이래 줄곧 왕룽을 괴롭혀 온 숙부와 숙모, 그리고 그 아들이 왕룽의 집에 들어와 살게 된다. 게다가 장남 왕대(王大)마저 연화에게 정욕을 품고 접근했으며, 가정에 큰 소동이 일어난다. 왕룽은 왕대를 남쪽 지방으로 보내어 공부를 시키고 연화와 멀어지게 한다. 얼마 뒤 오란은 과로와 스트레스로 병이 들어 앓기 시작한다. 왕룽은 오란의 소원대로 장남을 돌아오게 하여 곡물상 유씨의 딸과 결혼시킨다. 오란은 아들과 며느리에게 할아버지, 아버지에게 효도하라고 타이른다. 그리고 자기가 죽은 후 뚜첸을 절대로 자기의 방으로 들어오지 못하게 하라고 남편에게 명하고 숨을 거둔다.

또 다시 홍수와 기근이 일어나 많은 농부들이 딸들을 노예로 판다. 왕룽은 여러 명의 노예를 샀고 그 중에서 이화(梨花)라는 어린 소녀를 연화에게 몸종으로 준다. 비적(匪賊)의 부두목인 숙부는 아편을 즐기다가 병들어 죽었고, 얼마 뒤 군인이 된 숙부의 아들이 많은 군인들을 데리고 왕룽의 집에 들어와 행패(行悖)를 부리다가 떠난다. 18세가 된 이화는 숙부의 아들에서 자기를 구해준 왕룽을 사랑하고 따른다. 그는 70세가 넘었는데도 이화를 첩으로 삼아 여생을 즐긴다. 그에게는 다 성장한 백치인 딸이 있다. 자기가 죽으면 딸을 돌보아 줄 사람이 없을 것으로 생각하고 이화에게 독약을 맡긴다. 딸이 평안히 죽도록 독살시키라는 것이다. 그리고 장남 왕대에게 집안일을 모두 관리하도록 책임을 지운다. 둘째 아들 왕이(王二)는 곡물상이 되었고, 셋째 아들 왕호(王虎)는 군인이 된다.

다음의 인용은 70세가 넘은 왕룽이 옛날 농사짓던 일을 잊지 못하고 봄이 오면 농장에 나가 시간을 보내는 내용이다.

> Thus spring wore on again and vaguely and more vaguely as these years passed he felt it coming. But still one thing remained to him and it was his love for his land. He had gone away from it and he had set up his house in a town and he was rich. But his roots were in his land and although he forgot it for many months together, when

spring came each year he must go out on to the land ; and now although he could no longer hold a plow or do anything but see another drive the plow through the earth, still he must needs go and he went. Sometimes he took a servant and his bed and he slept again in the old earthen house and in the old bed where he had begotten children and where O-lan had died. When he woke in the dawn he went out and with his trembling hands he reached and plucked a bit of budding willow and a spray of peach bloom and held them all day in his hand.

(이렇게 봄이 흘러가고 또 흘러갔다. 세월이 흘러감에 따라 봄이 오는 것을 점점 더 어렴풋이 느끼게 되었다. 그러나 한가지만은 그대로 남아 있었다. 땅에 대한 사랑이었다. 농토를 떠나서 읍내에 집을 마련하였고 지금은 부자가 되었다. 그러나 사람으로서의 뿌리는 농토에 있었고, 여러 달 동안 농토를 완전히 잊고 있어도 매년 봄이 오면 반드시 그 곳에 가야 했다. 이제는 쟁기를 잡을 수 없고 다른 일을 할 수도 없었다. 다른 사람이 땅을 가느라 쟁기질 하는 것을 서서 구경할 뿐이었다. 그래도 꼭 그곳에 가야 했고 실제로 갔던 것이다. 이따금 하인에게 침대를 들려 옛날의 흙담집에 가서 자기도 했다. 오란이 아이를 낳게 하고 또 오란이 죽은 옛날 침대에서 자보기도 했다. 새벽에 잠이 깨면 밖으로 나가 떨리는 두 손을 뻗어 작은 버들가지나 복숭아꽃이 핀 가지를 꺾어서 하루 종일 한 손에 쥐고 있었다.)

해설(땅에 대한 애착과 신뢰)

펄 벅의 작품 『대지의 집』(*House of Earth*)은 총 3부작으로 되어 있으며, 1부가 『대지』, 2부가 『아들들』, 3부가 『분열된 집안』이다. 작가의 40여년에 걸친 중국생활의 체험에서 우러나온 서사시적 장편소설이다.

그 당시 세계열강은 중국의 이권을 얻으려고 서로 다투었고, 국내적으로는 군벌 간의 싸움, 관리들의 부패, 농민들에 대한 착취 등으로 혼란스러운 시대였다. 이 어지러운 시기에도 많은 농민들은 농토를 떠나지 않고 지켰으며 끈질기게 일했다.

구약 창세기에는 신은 에덴동산을 만들고 인간이 "다스리고 지키게 했다." (cultivate and guard)[36]고 기록되어 있다. 땅을 사랑하고 묵묵히 일하는 것이 신의 뜻이고, 그렇게 하면 반드시 신의 축복을 받는다는 것이 작가의 신념으로 보여진다.

주인공은 무서운 기근을 만나 남방으로 내려가서 지독한 고통과 학대를 받지만, 고향으로 돌아와 땅을 밟고 일하는 중에 모든 마음의 상처를 잊어버리고 새 힘을 얻게 된다. 연화와의 불같은 애욕의 생활로 심신이 피곤하고 기력(氣力)이 떨어질 때, 밭에 나가 땅을 밟고 땅 냄새를 맡으면 새 힘이 솟아나는 것이다. 쟁기를 잡고 괭이를 들고 일을 하면 애욕에 사로잡힌 번뇌(煩惱)와 고민이 사라지고 생의 보람을 깨닫게 된다. 이것이 인간과 대지의 본연(本然)의 관계이고 신이 인간에게 허락한 참된 행복이다. 물론 인간의 죄과(罪科)로 인하여 무서운 천벌-가뭄, 홍수, 메뚜기떼, 혁명과 전쟁 등-이 내리기도 하지만 끝까지 참고 인내해야 한다. 주인공의 임종이 가까웠을 무렵, 두 아들이 땅을 팔겠다는 말을 하자 노발대발하고 호통을 친다. "우리는 땅을 파먹고 살아왔어.…너희들도 땅만 가지면 살 수 있어.…누구도 내가 사랑하는 땅만은 빼앗을 수 없어!" 이 왕룽의 말 속에 작품의 중요한 주제가 들어 있는 것이다.

---

36) *Genesis* 2 : 15

작가의 심리묘사, 특히 여성의 심리묘사는 세밀하고 정확하다. 오란은 인내심이 강하고 정숙하고 애처로울 만큼 자기희생적이다. 둘째 딸 시집갈 때 줄 진주를, 남편이 첩에게 주려고 빼앗아갈 때 말없이 눈물을 흘린다. 눈물 속에는 피맺힌 서러움이 서려있는 것이다. 임종 시에 다 용서해도 뚜첸만은 용서할 수 없다. 황 영감의 종으로 부엌에서 일할 때 뚜첸에게 받은 학대와 멸시는 죽을 때도 잊지 못한다. 자기가 죽은 후 뚜첸이 방으로 절대로 들어오지 못하게 하라고 남편에게 엄숙하게 명한다. 오란은 마지막으로 "난 아들을 낳았고…훌륭한 자식들이야.…"라고 말하고 숨을 거둔다. 예쁜 첩에게 남편을 빼앗겼어도 아들을 낳아 훌륭하게 길렀다는 자부심과 우월감이 최후의 순간에도 드러난다. 오란의 절절(切切)한 심정을 작가는 빠짐없이 전해주고 있다.

주인공은 대체로 정직하고 성실하지만 비굴하고 불의한 짓도 여러 번 저지른다. 오란이 늙어가고 매력이 없어지자 첩에 대한 애정이 점차 증가한다. 첩과 뚜첸의 비위를 맞추려고 오란을 배신한 일이 한 두 번이 아니다. 숙부의 아들이 큰 아들 왕대를 꾀어 창녀집으로 간 사실을 알고 왕룽은 숙부에게 달려가 당장 나가라고 호통을 친다. 숙부는 말없이 자기가 비적의 부두목임을 나타내는 붉은 표지를 보여준다. 왕룽은 이내 고개를 숙이고 말없이 물러간다. 관가에 고발하고 싶지만 비적들의 보복이 두렵기 때문이다. 숙부의 아들이 군대에 가겠으니 돈을 달라고 요청한다. 마음속으로 잘 되었다고 생각하지만 입대하면 위험하다고 겉으로 말리는 척 한다. 70세가 넘은 노인으로서 18세의 이화를 첩으로 들일 때에도 속으로는 기쁘지만 자기는 늙었다는 말을 체면상 이화에게 몇 번 되풀이한다. 작가는 그의 음흉한 마음을 예리하게 묘사하고 있다.

이 작품으로 펄 벅은 미국 여성으로서 최초로 노벨상을 받았으며 국제적으로 광범위한 독자층을 얻게 되었다. 쉬운 문체로 중국 농민사회를 사실적으로 묘사한 이 장편을 읽으면 긴 역사를 가진 중국의 한 단면을 정확히 파악할 수 있을 것이다.

노먼 메일러(Norman Mailor, 1923~)

(27) 『나자와 사자』 (*The Naked and the Dead*, 1948)

⁘ 작가의 경력 ⁘

노먼 메일러는 1923년 1월 뉴저지(New Jersey) 주 롱 브랜치에서 태어났으며, 유대계 이민의 아들이다. 1939년 하바드 대학 공과에 입학했으나 1학년 때부터 문학에 흥미를 갖게 되었다. 최초의 중편소설 『천국을 목적으로 한 계산』(*Calculus at Heaven*, 1944)은 태평양을 무대로 한 것으로 호평을 받았다. 1944년 3월에 결혼하고 곧 입대하여 태평양 전쟁에 종군했으며, 종전 후 일본에서 제대할 때까지 9개월 간 머물러 있었다. 메일러는 1948년에 발표한 『나자와 사자』로 대표적인 전후 작가의 하나로 인정받게 되었다. 이 작품은 미국에서만 2백만 부가 매진되었는데 그는 당시 25세의 전도유망한 청년이었다. 1952년에 출판된 『바바리의 해안』(*Barbary Shore*, 1952)은 비유적인 정치 소설인데 심한 혹평을 받았다. 『록원』(*The Deer Park*, 1955)은 할리우드 세계를 배경으로 미국 사회의 부패, 퇴폐, 성적 타락 등을 묘사한 것이다. 미국의 악몽을 그린 『미국의 꿈』(*An American Dream*, 1965)은 1965년에 발표되었고, 『왜 우리는 베트남에 가야 하나?』(*Why Are We in Vietnam?*, 1967)는 한 소년의 회상을 통하여 자연과 신 등을 풍자한 작품이다. 1968년 『밤의 군대』(*The Armies of the Night*, 1967)는 1967년 10월 미국 수도에 개최된 반전 집회(反戰 集會)에 참가하고 그 경험을 토대로 한 것이다. 그 밖에 아폴로(Appolo) 11호의 발사에 관한 『달 위의 불』(*A Fire on the Moon*, 1970), 성에 관한 평론 『성의 포로』(*The Prisoner of Sex*, 1971), 마릴린 몬로(Marilyn Monroe)의 전기 『마리린』(*Marilyn*, 1973), 포먼 대 알리의 해비급 권투 시합에 관한 『싸움』(*The Fight*, 1975)등 다양한 작품을 발표했다.

⁝ 작품 내용 ⁝

제 2차 세계 대전 중, 남태평양의 미일간(美日間) 전쟁은 처음에는 일본군이 승리를 거두었으나 중반이 지나자 미군이 우세하게 되고 빼앗긴 섬들도 차례로 탈환(奪還)하기 시작한다. 길이 150마일, 폭 50마일의 가공(架空)의 고도 아나포페이(Anapopei)에서는 일본군과 6천 명의 미군이 공방(攻防)을 계속하고 있다. 미군 사단장 커밍즈(Cummings) 소장은 냉혹한 파시스트(fascist) 기질의 지휘관이다. 웨스트 포인트를 졸업했고 군대 내의 정치에 능하고 또 몇몇 외교적 임무도 잘 수행하였다. 장군은 전체주의자이고 부하를 장기(將棋)의 말처럼 비정하게 다룬다. 부관 하안(Hearn) 중위는 하바드 대학 출신이고 마음이 착한 인도주의자이다. 대학 시절 문학을 전공하였으며, 맑스주의에 관심이 많았고 노동조합에서 근무했다. 두 사람은 군대 조직과 사람을 다루는 문제로 자주 의견이 충돌한다. 부관은 자기의 신조(信條)와 군대의 규율(規律) 사이에 고민하고 있다.

하안은 장군에게 전임(轉任)시켜 주기를 간청한다. 드디어 장군은 중위를 크로프트(Croft) 중사가 이끄는 13명의 정찰소대 지휘관으로 임명한다. 소대는 공격주정(攻擊舟艇)으로 섬 끝에 가서 정글을 지나 일본군에 대한 공격이 가능한지 탐지하는 임무를 맡는다. 장군이 이렇게 전임시킨 것은 말썽 많은 부관을 떠나게 하고, 동시에 군사행동계획을 크게 촉진시키려는 두 가지 목표 때문이다.

정글 속을 통과하다가 남부 출신 병사 윌슨(Wilson)은 복부에 총상을 입어 고생하다가 죽는다. 도중에 뉴욕 시립대 출신인 유대인 병사 로스(Roth)는 발을 다친 새를 주워 감싸준다. 크로프트 중사는 그 새를 빼앗아 눌러 죽였고 대원들은 그를 매도(罵倒)한다. 하안이 나타나 로스에게 사과하라고 중사에게 명한다. 그는 원래 수렵(狩獵)을 직업으로 하는 사람이었고 잔인무도한 성격이다. 마지못해 사과한 중사는 중위에게 앙심을 품었고 그를 제거시키려고 음모를 꾸민다. 정찰대는 앞에 놓인 애로(隘路, pass)를 통과해야 전진할 수 있다. 텍사스 주 출신의 멕시코인 병사 마티네즈(Martinez)는 애로를 살피러 갔으며 적의 보초를 살해하고 돌아온다. 크로프트 중사의 명령으로 적을 만났다는 보고를 중위에게 하지 않는다. 적이 없는 것으로 믿고 중위는 이튿날 아침 애로를 향해 앞장서 가다 적의 잠복병(潛伏兵)에게 사살된다. 이제 지휘자가 된 중사는 아나카(Anaka) 산을 올라가라고 대원들에게 명하였고, 등반(登攀) 도중 로스는 암벽에서 떨어져 죽는다. 산에 오르는 것이 중사에게는 일종의 강박관념(强迫觀念)이 되어 있다. 병사 레드(Red)는 산에 오르지 못하겠다고 반항하자 중사는 배에 총을 겨누고 호통을 친다. 거의 정상에 이르렀을 때 중사는 잘못하여 말벌(hornet) 집을 밟았고 벌들이 무섭게 달려들자 그들은 애써 올라간 산에서 해안교두보를 향해 달아난다.

정찰대원들이 돌아왔을 때 원정이 무의미한 도로(徒勞)였음이 판명된다. 일본군은 몇 주 동안 식량과 탄약이 떨어져 전투력이 거의 상실된 상태였다. 커밍즈 장군의 부재중 달에슨(Dalleson) 소령의 총공격 명령으로 적은 전멸하고 말았다. 정찰대원 하안 중위, 윌슨, 로스 등만 아깝게 목숨을 잃은 것이다.

다음의 인용은 하안 중위가 지도력, 즉 권력에 대한 욕망에 대해 혼자 생각하는 내용이다.

> Leadership!
>
> It was as filthy as everything else. And he enjoyed it now. After the ambush, after the unique excitement, call it the unique ecstasy, of leading the men out of the field, he had been replaying those few minutes over and over again in his head, wishing it could happen again. Beyond Cummings, deeper now, was his own desire to lead the platoon. It had grown, ignited suddenly, become one of the most satisfying things he had ever done. He could understand Croft's staring at the mountain through the field glasses, or killing the bird. When he searched himself

he was just another Croft.

That was it. All his life he had flirted with situations, jobs, where he could move men, and always, as if he had sensed the extent of the impulse within himself, he had moved away, dropped things when they were about to develop, cast off women because deep within him he needed control and not mating.

(지도력!

그것은 다른 모든 것처럼 불결한 것이었다. 그런데 그도 지금 지도력을 즐기고 있는 것이다. 잠복공격 후 병사들을 싸움터에서 철퇴시킬 때, 굉장한 흥분—아니면 굉장한 황홀감이라고 해도 되지만—을 느꼈고, 머리속에서 그 때의 몇 분간을 반복하여 재연시키고 있었다. 그 때의 일이 다시 일어났으면 하고 원하고 있었다. 커밍즈 이상으로 소대를 지휘하고 싶은 욕망이 솟아났던 것이다. 욕망은 갑자기 점화되어 타 올랐고 이제껏 경험한 일이 없을 정도로 큰 만족감을 느끼게 했다. 크로프트가 쌍안경으로 산을 응시하고 또는 새를 죽인 것을 이해할 수 있었다. 나 역시 또 하나의 크로프트에 지나지 않았다.

바로 그거다. 이제껏 타인을 움직일 수 있는 상황, 또는 직업에 장난삼아 관여했지만, 자기 내부의 충동의 크기를 알아챈 것처럼 항상 자리에서 물러났던 것이다. 또 사태가 발전되어 가면 포기해 버리고, 마음속에서는 결혼이 아니라 여자를 지배할 필요를 느꼈기 때문에 여자들을 버렸던 것이다.)

해설(전쟁의 잔학성과 부조리)

제 2차 세계대전 후 여러 전쟁문학작품이 발표되었다. 그 중에도 1948년에 발표된 『나자와 사자』, 같은 해의 어윈 쇼(Irwin Shaw)의 『젊은 사자들』(*The*

Young Lions, 1948), 그리고 1951년의 제임스 존스(James Jones)의 『지상에서 영원으로』(*From Here to Eternity*, 1951) 등이 유명하다. 이 중에서 『나자와 사자』는 전쟁의 잔학성(殘虐性)과 인간의 포악성 등을 가장 실감나게 묘사한 작품으로 평가되고 있다.

이 냉혹한 전쟁에 대하여 세 작중인물은 서로 다른 견해를 보여주고 있다. 군대조직의 권위를 대표하는 사단장 커밍즈는, 역사적으로 말하면 미국의 잠재적 에너지를 운동 에너지로 전화(轉化)시킨 것이 미일전쟁(美日戰爭)이라고 한다. 인도주의자인 하안 중위는 미일전쟁은 어상반한 제국주의와 제국주의의 전쟁이라고 평한다. 한 일계장교(日系將校)는 일본의 과잉인구가 맑스의 법칙에 따라 백만, 이백만의 살상을 야기한 것이라고 설명한다. 그러나 어떤 견해를 따라도 생명을 거는 전투를 정당화시킬 대의명분을 찾아볼 수 없다. 수많은 군인들은 싸움터에서 거대한 비인간적인 힘에 농락되고 있을 뿐이다. 아나포페이의 공방전(攻防戰)에도 전쟁의 우열(愚劣)함, 부조리(不條理), 그리고 잔학성이 처음부터 끝까지 나타난다.

사단장 커밍즈는 섬을 점령하지 못하고 시간만 끄는 자신의 무능함에 실망하여 점차 좌절감에 빠져든다. 딴 곳으로 좌천되지 않을까하고 속으로 두려워한다. 한편 의견이 맞지 않고 반항적인 하안 부관을 장교들의 웃음거리가 되는 굴욕적인 일을 시킨다. 또 하안을 정찰대의 지휘관—거의 목숨을 잃게 될—으로 임명하는 것은 임명권(任命權)이라는 권력을 남용하여 보복하려는 비열한 행위다. 정글에서 제일 먼저 윌슨이 중상을 입어 사망했고, 증위는 크로프트의 음모로 잠복병의 총에 맞아 죽는다. 유대인 병사 로스는 반유대주의자인 갤아거(Gallagher)의 위협을 받아 몹시 불쾌하고 또 피곤을 느낀다. 결국 피로와 실수로 인하여 암벽에서 떨어져 죽고 만다. 이런 참사가 일어나는 중에도 커밍즈는 안전한 후방의 캠프에서 망상(妄想)에 사로잡혀 일기를 쓰고 있다. "무기는 인간과 유사하다. 즉 인간의 생식작용과 비슷하다. 유탄포는 웅봉(雄蜂)이 길러주는 여왕봉(女王蜂)이다.…" 등등. 마티네즈에게 허위보고를 하게 하여 하안 중위를 모살(謀殺)하는 크로프트 중사의 행위는 비겁하기 그지없다. 권위주의적이고 비정(非情)한 커밍즈, 인텔리를 증오하는 크로프트, 그 앞잡이 갤아거는 건전하게 살아남고, 자유주의 사상을 가진 인도주의자 하안, 마음씨 착한 로스는 죽고 만다. 악한 자는 살고 선한 자는 죽는다. 이것은 냉혹한 전쟁의 부조리라고 할 수 밖에 없다.

중사의 명령으로 험준한 아나카 산정에 거의 도달했을 때, 곤충 말벌의 공격 때문에 모두 잽싸게 도망치는 것은 수치스러운 일이며, 동시에 일종의 아이러니이다. 정찰 행위의 도로(徒勞), 병사들의 허탈감이 분명히 드러난다. 또 아나포페이 섬에서의 승리는 커밍즈 장군의 작전 계획 때문이 아니라 무능한 달에슨 소령의 공격 명령으로 얻은 것이다. 그 동안의 장군의 모든 계획과 노력은 아무 가치도 의미도 없다. 이처럼 전쟁의 우매함과 부조리가 줄곧 나타나지만, 동시에 인간의 능력에는 한계가 있음을 분명히 드러낸다. 인간이 아무리 애쓰고 최선을 다해도 인간의 힘만으로 승패가 결정되는 것이 아니며, 신의 섭리에 맡겨야 한다는 메시지가 들어 있다.

작품에는 플래쉬백(flashback) 기법에 의해 병사들의 생활을 과거의 시민생활에까지 소급하여 묘사하고 있다. 전전(戰前)의 생활은 대체로 폭력과 불의가 가득한 생활이었고, 그 결과 싸움터에서도 잔학성(殘虐性)과 간교(奸巧)함이 종종 나타난다. 예컨대 크로프트 중사는 텍사스 주의 수렵가였고, 동물에 대한 사디스틱(sadistic)한 잔인성은 전쟁터에서도 생생하게 노출된다. 발 다친 새를 눌러 죽이고, 하안 중위를 모살하고 부하의 복부에 총구를 들이댄다.

작품은 전쟁이라는 잔인무도한 소재를 다루었기 때문에 말할 수 없는 죄악상(罪惡相)이 리얼하게 나타나고 무거운 절망적인 분위기가 감돌고 있다. 제목의 "나자"는 권력을 장악한 커밍즈와 크로프트 등 타고난 잔인성-악한 인간본성(人間本性)-을 그대로 드러낸 자들을 나타내고, "사자"는 애석하게 목숨을 잃은 자유주의자 하안, 로스, 그리고 무의미하게 죽어간 많은 무명의 애국적인 병사들을 의미한다.

마가레트 미첼(Margaret Mitchell, 1900~1949)

(28) 『바람과 함께 사라지다』 (*Gone with the Wind*, 1936)

작가의 경력

마가레트 미첼은 1900년 조지아(Georgia) 주 애틀랜타(Atlanta)에서 태어났다. 아버지는 변호사이자 역사학자였고 집안 식구들은 모두 남부의 역사, 특히 조지아 주의 역사에 관심이 깊었다. 미첼은 북부 매사추세츠(Massachusetts) 주 스미스(Smith) 대학의 의과에 입학했는데 1년 후 어머니가 사망하여 중퇴하고 돌아와 집안을 돌보아야 했다. 그 후 1922년 『애틀랜타 저널』(*Atlanta Journal*) 사에 취직하였고 3년 후 동료직원과 결혼했다. 1년 뒤 낙마로 왼쪽 발목을 심하게 다쳐 회사에서 사직하였고 집에서 『바람과 함께 사라지다』를 집필하기 시작했다. 5, 60년 전의 남북전쟁에 관하여 미첼이 어려서 가족에게 들은 이야기나 수집한 자료로 10년 이상 집필하였으며, 마침내 1936년 1037 페이지의 장편소설을 완성하였다. 이듬 해 퓰리처상을 받았고 1939년 영화화 되어 다른 모든 흥행기록을 깨뜨렸으며, 18개 국어로 번역되었다. 미첼은 다른 작품은 일체 쓰지 않았으며, 불행히도 1949년에 교통사고로 인하여 사망하였다.

작품 내용

주인공 스칼렛(Scareet)은 매력 있는 16세의 소녀이며, 아버지는 조지아(Georgia) 주 태라(Tara)의 부유한 농원주이다. 그녀는 이웃 농장의 윌키스(Wilkes) 가(家) 청년 애쉴리(Ashely)를 마음속으로 사랑하고 있다. 그러나 애쉴리가 사촌 멜아니(Melanie)와 약혼하자 애쉴리와 단둘이 조용한 방에서 만나 사랑을 고백한다. 이를 정중히 거절하자 스칼렛은 홧김에 꽃병을 던져 버렸고 찰레스톤(Charleston) 가(家)의 아들 버틀러(Butler)는 우연히 같은 방에 누워 있다가 엿듣는다. 스칼렛은 보라는 듯이 사랑하지도 않는 멜아니의 오빠 찰즈(Charles)와 서둘러 결혼해 버린다. 남북전쟁이 발발했고, 농장주의 아들들은 속속 남군에 입대하여 전선에 나간다. 불행히도 찰즈는 두 달 후 전사했고 얼마 뒤 스칼렛은 아들 웨이드(Wade)를 낳는다. 그녀는 애쉴리의 아내 멜아니와 함께 애틀랜타(Atlanta)에서 부상병들을 간호한다. 자선파티가 열렸을 때 봉쇄파괴선(封鎖破壞船)의 선장 버틀러가 나타나 미망인인 스칼렛에게 춤을 추자고 청한다. 스칼렛은 관중의 비난을 받으면서도 즐겁게 계속 춤을 춘다.

전쟁은 점차 남군에게 불리하게 되었고 애틀랜타가 북군에 의해 함락되자 스칼렛은 버틀러의 도움을 받아, 출산 직후 멜아니와 아기를 마차에 싣고 태라로 간다. 태라에 이르자 버틀러는 남군에 입대한다고 떠나갔고, 스칼렛은 울면서 버틀러를 원망스럽게 바라본다. 집으로 돌아와 보니 어머니는 사망했고 아버지는 백치가 되었으며 노예들은 거의 다 달아났다. 스칼렛은 밭에 나가 노예처럼 매일 일을 해야 한다.

전쟁은 끝났고 애쉴리는 패잔병이 되어 돌아온다. 전후의 "재건시대"(再建時代)가 닥쳐오자 전쟁시보다 더 심한 어려움에 봉착한다. 벼락부자가 된 백인들 때문에 태라에는 과중한 세금이 부과되었다. 스칼렛은 300불의 초과세(extra taxes)를 지불하지 않으면 농장을 빼앗길 위험에 직면한다. 그녀는 부자라고 소문난 구류(拘留) 중인 버틀러에게 찾아가 결혼하자고 청한다. 버틀러는 사랑이 아니라 돈 때문에 구혼하는 것을 알아채고 거절해 버린다. 할 수 없이 스칼렛은 동생 수엘엔(Suellen)의 약혼자 프랭크(Frank)에게 돈이 있음을 알아내고 유혹하여 2주 만에 결혼한다. 그녀는 프랭크의 돈으로 초과세를 지불했고, 얼마 후 석방된 버틀러에게 돈을 꾸어 제재소를 산다. 스칼렛은 죄수들을 불러들여 싼 임금으로 제재소 두 개와 식당도 경영하기 시작한다. 프랭크는 남편을 업신여기는 스칼렛의 행동에 몹시 화가 났고, 그 후 K. K. K. 단에 가입했으며 결국 그 비밀단체로 인하여 목숨을 잃는다. 남편의 죽음으로 스칼렛은 심한 양심의 가책을 받고 있는데 버틀러가 나타나 그녀에게 구혼한다. 스칼렛은 아직도 마음속으로 애쉴리를 사랑하고 있지만 버틀러의 재산과 정치적 배경에 마음이 끌려 결혼을 승낙한다.

호화로운 가정생활을 누리는 사이 딸 보니(Bonnie)가 태어난다. 버틀러는 딸을 몹시 사랑하여 보니가 술 냄새를 싫어하자 즐기는 술까지 끊는다. 딸의 앞날을 위해 애트랜타 시민들의 환심을 사려고 북부인들과 교제를 끊고 민주당에 가입한다. 그러나 불행히도 보니는 네 살 때 버틀러가 사준 말을 타다가 낙마하여 죽는다. 얼마 후 버틀러 부부를 줄곧 옹호하고 감싸주던 애쉴리의 아내 멜아니가 유산으로 사망한다. 멜아니가 죽던 날 스칼렛은 애쉴리의 낙심하는 모습을 보고, 그가 사랑한 여자는 멜아니 하나 뿐이었고, 자신은 전혀 사랑의 대상이 아니었음을 뼈저리게 깨닫는다. 그녀가 줄곧 사랑해 온 애쉴리라는 인간상(人間像)은 환상에 불과했음을 알아차린 것이다. 남편 버틀러는 아무리 사랑해도 반응이 없는 스칼렛에게 이미 마음이 멀어진 것도 사실이다. 그러나 스칼렛은 낙심하지 않고 남편의 사랑을 다시 찾아보려고 결심한다.

다음의 인용은 주인공의 고향과 유모에 대한 회상, 그리고 남편의 사랑을 되찾아보려는 마지막 결심 등을 나타내고 있다.

> She felt vaguely comforted, strengthened by the picture, and some of her heart and frantic regret was pushed from the top of her mind. She stood for a moment remembering small things, the avenue of dark cedars leading to Tara, the banks of cape jessa mine bushes, vivid green against the white walls, the fluttering white curtains. And Mammy would be there. Suddenly she wanted Mammy desperately, as she had wanted her when she was a little girl, wanted the broad bosom on which to lay her head, the gnarled

black hand on her hair. Mammy, the last link with the old days.

With the spirit of her people who would not know defeat, even when it stared them in the face, she raised her chin. She could get Rhett back. She knew she could. There had never been a man she couldn't get, once she set her mind upon him.

"I'll think of it all tomorrow, at Tara. I can stand it then. Tomorrow, I will think of some way to get him back. After all, tomorrow is another day."

(그런 풍경을 회상하면 약간 위안이 되는 듯 했다. 그리고 마음속 아픔도 미칠 것 같은 회환도 다소 마음 표면에서 사라져 가는 것 같았다. 잠시 서서 회상하고 있었다—사소한 지난 일들, 태라로 이끄는 어두운 삼나무 가로수길, 흰 벽을 배경으로 선명한 초록색 재스민 덤불로 덮인 제방들, 펄럭이는 흰 커튼 등등. 그리고 거기에는 마미(유모)가 있었다. 어렸을 때 마미를 원했던 것처럼, 갑자기 못 견딜 정도로 마미가 보고 싶었다. 머리를 기대었던 마미의 넓은 가슴, 머리에 얹고 있던 굵은 마디의 검은 유모 손이 그리워졌다. 마미야말로 자기와 지난 옛 시절을 이어주는 마지막 고리였다.

패배에 직면해도 패배를 인정치 않는 조상들의 정신으로 힘차게 고개를 쳐들었다. 레트를 찾을 수 있다. 할 수 있음을 확신하고 있었다. 일단 결심만 하면 차지할 수 없었던 남자는 이제껏 하나도 없었다.

"내일 태라에서 모든 걸 생각해 보자. 그렇게 하면 참을 수 있을 거야. 내일 그를 되찾을 다른 방법을 생각해 보자. 어쨌든 내일은 또 새 날이 될 것이니까.")

해설(남북전쟁 전후의 역사적 로맨스)

작가는 남북 전쟁에서 남부의 패망, 그리고 재건시대의 조지아 주를 배경으로 여주인공이 자신의 운명을 개척해가는 모습을 묘사하고 있다. 남북전쟁이 일어나자 남부의 전통, 사회질서, 제도 등이 모두 바람처럼 사라져버리고 만다. 부유한 농장주의 딸 스칼렛도 모든 남부 사람들처럼 패전의 시련 속에 살아가야 한다. 어머니와 유모 마미에서 받은 가정교육, 학교 교육 등은 안정된 사회에서나 필요한 것이지, 패전 후의 가혹한 세상에서는 아무 쓸모도 없다.

남편 찰즈는 출정 후 두 달 만에 전사했고 스칼렛은 17세의 어린 나이에 전쟁 미망인이 된다. 전황(戰況)이 남군에 불리해져 고향 태라로 돌아갔는데 어머니는 사망하였고 아버지는 폐인이 되어 있다. 패전에 이어 "재건법"(Reconstruction laws)이 공포된 후, 스칼렛은 초과세를 지불하지 못하여 농장을 빼앗길 곤경에 빠진다. 동생 스엘엔의 약혼자 프랭크를 유혹하여 결혼하고 세금을 지불하여 농장을 지킨다. 작가는 농장 때문에 여동생의 약혼자까지 빼앗는 부도덕한 스칼렛의 잘못을 비판적인 시선으로 묘사하지만, 극한상황(極限狀況)에서 불가피한 필요악(必要惡)으로 보는 듯하다. 그녀는 세 번 결혼하는데 한번도 진정한 사랑 때문에 결혼한 적은 없다. 첫 번째 찰즈와의 결혼은 애쉴리의 거절 때문에 홧김에 한 결혼이고, 세 번째 버틀러와의 결혼도 두 번째 남편 프랭크의 죽음으로 양심의 가책을 받아 고민하던 중 갑자기 이루어진 결혼이다. 버틀러의 구혼을 받게 되자 고민을 떨어버리고 또 그의 돈과 정치적 배경도 이용해 보려는 생각으로 승낙한다. 스칼렛이 해방된 흑인 노예 대신, 죄수를 일꾼으로 제재소에 끌어들이는 것도 잘못이다. 죄수고용제도-가능한 한 값싼 밥을 먹이고 최대한 일을 시켜 돈을 버는-의 비인도적 죄악성을 그녀는 잘 알고 있다. 폐지된 노예제도보다 더 악랄(惡辣)한 노동의 착취이다. 긍정적(肯定的)으로 본다면 사업을 위한 최선의 수단이고 뛰어난 경영방법이라고 평할 수도 있다. 그러나 인도적인 견지에서 본다면 마땅히 지탄받아야 할 부도덕한 행위이다.

스칼렛과 결혼한 버틀러도 스칼렛과 유사한 성행(性行)의 인물이다. 전쟁 중에는 봉쇄파괴선 선장으로 막대한 돈을 벌고, 전후에는 공화당원이 되어 북부 양키정객, 정상배들과 손을 잡고 돈을 번다. 애틀랜타의 몰락한 소위 남부귀족들의 비난과 증오를 받으면서도 잘못을 고치지 않는다. 그러나 스칼렛과 결혼하여 딸 보니가 태어나자 딸의 장래를 위해 애틀랜타 시민의 환심을 사려고 북부 양키들과 관계를 끊고 민주당원이 된다. 그리고 애틀랜타 시민들의 사업과 "평판 좋은 운동"(respected causes)을 위해 많은 기부금을 내고, 과거에 남군에 봉사한 전쟁 공적(war record)을 선전한다. 스칼렛처럼 그때 그때의 형편을 살펴 명리(名利)에 따라 처신하는 표리부동(表裏不同)한 불의한 인간이다.

작품은 이 두 사람의 애욕(愛慾)과 이해관계를 주축으로 일직선으로 흥미롭게 진행된다. 이따금 플래시백의 수법으로 과거를 알려주어 현재와의 관련을 이해하게 한다. 문체는 평이하며 전쟁의 참화, 북군의 약탈, 남군 패잔병들의 비참한 모습, 남부 농장의 황폐화 등이 생생하게 눈앞에 전개된다. 작가는 남북전쟁을 남부인의 시점에서 편견없이 평하려고 시종일관 힘쓰고 있으며, 전시 전후의 남부 생활상, 등장인물의 성격묘사와 심리묘사에 탁월한 솜씨를 보여주고 있다. 작품은 출판된 해에 150만부가 판매되었고, 국내외에 걸쳐 기록적인 많은 독자들을 확보하였다.

리처드 라이트(Richard Wright, 1908~1960)

(29) 『검둥이의 아들』(*Native Son*, 1940)

작가의 경력

라이트는 1908년 미시시피 주 나체쯔(Natchez) 근처에서 가난한 소작인의 아들로 태어났다. 다섯 살 때 아버지는 가족들을 버리고 집을 나갔으며 학교 교육은 9학년(중학교 3학년에 해당)까지 밖에 받지 못했다. 여러 힘든 일을 전전하며 나체쯔에서 멤피스(Memphis)까지 이사하게 되었고, 그 곳 백인 도서관에서 책을 훔쳐 읽었으며, 멘켄(Mencken), 루이스(Lewis), 셔우드 앤더슨(Sherwood Anderson) 등의 작품을 탐독하였다.

19세 때 남부를 떠나 시카고로 갔으며 공산당에 입당하였다. 좌익잡지에 발표한 네 단편을 모은 『엉클 톰의 아이들』(*Uncle Tom's Children*, 1938)을 발간하여 호평을 받았다. 내용은 모두 백인의 흑인에 대한 린치사건과 흑인의 반항을 다룬 것이다. 1940년에 장편소설 『검둥이의 아들』을 발표하여 일약 인기작가가 되었다. 작품은 소설로서 뿐 아니라 희곡과 영화로서도 성공을 거두었다. 공산당의 교조주의(敎條主義)에 반발을 느껴 1944년에 탈당했으며, 이듬해 자전적 소설 『블랙 보이』(*Black Boy*, 1945)를 출판하여 베스트셀러가 되었다. 1947년 백인 부인과 함께 미국을 떠나 프랑스에서 영주하게 되었고, 1953년에는 실존주의 소설 『아웃사이더』(*The Outsider*, 1953)를 발표하였다. 강연집 『들어라, 백인이여!』(*White Man, Listen!*, 1957)는 1957년에, 장편소설 『긴 꿈』(*The Long Dream*, 1958)은 이듬 해 출판되었다. 이 밖에도 기행문, 평론집 등 많은 작품을 발표하였다.

작품 내용

주인공 비거(Bigger)는 20세의 흑인 청년이며, 시카고 흑인 빈민가 아파트에서 어머니, 동생, 여동생과 함께 살고 있다. 어머니는 기독교 신자이며 훌륭한 여자이지만 비거는 백인에 대한 원한과 열등의식을 품고 있으며 불량배들과 어울려 다닌다. 실업자구제협회는 부유한 백인 달톤(Dalton) 씨의 입주 운전기사로 주급 25불의 일자리를 마련해 준다. 달톤 씨는 흑인에 대한 이해심이 깊고, 빈민가에 많은 집을 소유하며 흑인들에게 임대하고 있다.

입주한 첫 날밤 그는 달톤 씨의 외동딸 메리(Mary)를 밤에 대학에 데려다 주는 일을 하게 된다. 공산당원인 메리는 비거에게 다정하게 말하고 친절하게 대하지만 백인에 대한 원한과 증오심이 깊은 비거는 오히려 불안감과 굴욕감을 느낀다. 그날 밤 메리는 대학이 아니라 남자친구 쟌(Jan)의 집으로 가자고 주소를 가르쳐준다. 쟌이 나타나서 그가 운전을 하고 비거는 쟌과 메리 사이에 앉는다. 백인 남녀 사이에 앉은 비거는 왜 자기에게 친절하게 대하는지 의혹을 품기 시작한다. 그들은 흑인 요리집에 들어갔으며 비거를 억지로 같은 식탁에 앉게 하고 요리와 술을 마음껏 대접한다. 식사 후 돌아오는 길에 쟌이 먼저 내렸고 비거는 메리와 함께 귀가한다. 그는 만취한 메리를 안아서 2층 방에 운반하여 누인다. 누워있는 그녀의 모습을 보자 성적 충동이 일어난다. 바로 그 때 장님인 메리의 어머니가 나타나 그녀를 부른다. 백인 처녀방에 흑인이 들어온 것이 발각되면 봉변(逢變)을 당할 거라는 공포심이 일어난다. 그는 메리가 대답을 못하도록 순간적으로 베개를 집어 입을 막는다. 어머니는 방에서 술 냄새를 맡고 만취한 딸을 나무라면서 방을 나간다. 비거는 바닥에 엎드려 있다가 일어나 보니 메리는 질식해서 죽어 있다. 깜짝 놀랐고 서둘러 시체를 치워버리려고 한다. 시체를 트렁크에 넣어 지하실로 운반하고 불타는 보일러 아궁이에 넣고 집으로 돌아간다.

이튿날 비거는 태연히 달톤씨 집으로 갔으며, 메리가 실종(失踪)한 것은 쟌의 탓이라고 책임을 전가한다. 비거는 또 메리의 실종을 유괴사건처럼 보이게 하려고, 1만불의 몸값을 요구하는 편지를 현관 입구에 슬며시 놓는다. 그러나 아궁이에서 뼈의 파편과 귀걸이가 발견되자 드디어 비거의 죄가 드러난다. 그는 흑인 애인 베시(Bessie)의 집으로 도피한다. 그녀가 비거에게 살인행위를 고백하라고 다그치자 비어 있는 다른 건물로 데리고 가서 머리를 때려 살해한다. 4일 만에 비거는 체포된다. 쟌은 비거를 동정하여 공산주의자인 변호사 맥스(Max)에게 변호하도록 부탁한다. 그러나 비거는 검사의 악의에 찬 조서(調書)에 서명하는 잘못을 저지른다. 수일 후 재판이 시작되자 검사는 증인 60명을 동원하여 비거에게 불리한 증언을 하게 만든다. 맥스는 흑인의 열악한 사회적 지위를 논하고 동기를 설명한 후, 정상참작을 호소하지만 아무런 효과도 없다. 사형이 선고되었고 지사(知事)에 대한 감형운동도 실패하고 만다. 마지막 날 맥스는 감방에 비거를 찾아가 위로한다. 비거는 놀라울 정도로 침착한 태도로 죽음을 기다리고 있다.

해설(흑인청년의 공포와 원한)

주인공 비거는 순진하고 착한 청년이 아니며 오랜 세월의 탄압을 받아온 흑인의 후손이다. 백인에 대한 공포와 열등감에 차 있고, 원한이 가슴에 사무쳐 있다. 교육도 제대로 받지 못했고 직업도 재산도 없는 따분한 신세의 흑인에 불과하다.

범의(犯意)도 없이 순간적으로 저지른 살인행위도 따지고 보면 백인에 대한 공포심 때문이다. 메리의 방에 들어간 경위(經緯)를 달톤 씨 부인에게 사실대로 설명했다면 아무런 사고도 일어나지 않았을 것이다. 흑인이 밤에 백인 처녀의 방에 들어갔다는 사실이, 무서운 오해를 받을 거라는 공포 때문에 비극이 일어난 것이다. 엉겁결에 베개로 메리의 입을 막은 것은 말을 못하게 하려는 것이지 질식시키려는 것은 절대로 아니었다. 백인에 대한 본능적인 공포심이 무의식중에 사람을 살해한 것이다. 당초 비거가 메리를 처음 만났을 때, 그리고 쟌을 만나 악수를 청했을 때에도 이유 없이 이런 공포심이 일어났었다. 그들이 친절하게 대할수록 오히려 의혹을 더 품고 두려워하고 증오까지 한다. 타인의 호의와 친절을 그대로 받아들이고 감사할 줄 모르는 사람처럼 불행한 사람은 없는 것이다.

비거는 이제껏 몇몇 흑인 불량배들과 사귀어 왔으며 교양 있는 백인들과 교제한 적은 전혀 없다. 인종과 사회적 지위가 다른 사람과 교제하는 것 자체가 공포심과 열등감을 일으킨다. 항상 협소한 흑인들만의 세계에서 살아왔으며 소외되고 고립된 존재가 될 수밖에 없다. 어머니가 다니는 교회의 목사 하몬드(Harmond) 씨는 물론, 어머니와도 진정한 모자간의 애정을 주고받는 사이가 아니다. 모자간의 정도 친구간의 우정도, 애인과의 순수한 사랑도 없으며, 어떤 사람도 신뢰할 수 없다고 생각한다. 사회의 아웃사이더(outsider), 즉 국외자(局外者)가 되어버린 것이다. 목사와 어머니는 신을, 잔과 맥스는 공산주의를 신봉하고, 검사 버클리(Buckley)는 흑인과 공산주의자를 증오하고 그들을 무력화(無力化)시켜야 사회가 발전한다고 확신하고 있다. 달톤 부부는 박애주의를 주장하지만 사실은 돈을 섬기는 배금주의자(拜金主義者)이다. 그러나 비거는 종교, 주의, 신념 등과 아무런 관계도 없는 소외된 사람이다. 그리고 오랫동안 아웃사이더로 사는 동안에 자기를 지키기 위해서는 죄악을 범하고 살인해도 된다는 무서운 이기적인 “윤리”(倫理)를 지니게 되었다. 흑인 애인 베시가 메리를 살해한 사실을 고백하라고 다그치자 베시를 살려두면 체포될 위험이 있다고 판단하고 살해한다. 죄의식도 양심의 가책도 느끼지 않는다. 변호사 맥스는 비거를 아웃사이더가 되고 무법자가 되게 만든 것은 몇 세기에 걸쳐 흑인들을 혹사하고 압제해 온 미국사회 자체라고 주장한다. 비거의 잘못이 아니라, 흑인들의 인권을 탄압하고 착취하여 돈 버는데 혈안이 되었던 백인들의 잘못이라고 강조한다. 『미국의 한 비극』에 서 주인공 클라이드를 타락시킨 것은 배금주의에 빠진 미국사회 자체라고 시사한 드라이저의 생각과 같다. 작가는 흑인들을 억압해 온 백인 미국사회를 신랄하게 비판하고 있는 것이다. 작품에는 인간의 본성은 근본적으로 선하지만 불의하고 악한 사회 때문에 인간이 타락하게 된다는 사상이 드러난다.

작품은 처음부터 끝까지 주인공 비거의 행동과 그 결과를 중심으로 이야기가 진행되며, 포크너 등에서 배운 꿈과 내적독백(內的獨白) 등의 기법이 나타난다. 비거의 비정하고 잔인한 성격과 행동이 적나라하게 묘사되어 있다. 그리고 자연주의 작가인 프랭크 노리스(Frank Norris)의 언어와 유사한 언어를 빈번히 사용하고 있다. 이 소설은 흑인의 항의 문학 중 최고 걸작이라고 평가되고 있으며, 영화화되어 큰 센세이션을 일으켰다.

다음의 인용은 이 작품에 대한 비평의 일부이다.

> Wright's first novel, the work that in its original form and its play and movie versions brought him fame and economic security. Probably indebted directly to Dreiser's *An American Tragedy* for both its basic plot and its naturalistic viewpoint, it has come to be a landmark in black American fiction. With the passion that marks all of Wrigt's early work, it tells the story of Bigger Thomas, a product of Chicago's ghetto. Through a series of circumstances over which he has little control, Bigger becomes involved with whites and with the Communist party, kills a white woman, becomes a fugitive, kills his own black sweetheart, and is finally caught and condemned to death. His lawyer, in a long courtroom speech reminiscent of Dreiser's argument in *An American Tragedy*, condemns all American society for Bigger's fate. Bigger himself, however, is paradoxically unconvinced of his victimization ; he feels free and even “creative” after his murders. Critics have often noted the contradictory influences of Dreiser and Dostoevski in the novel.

(작품은 라이트의 첫 번째 작품이며 소설, 희곡 및 영화로 발표되면서 큰 명성과 경제적 안정을 안겨 주었다. 작품의 기본적 플롯과 자연주의적 관점은 드라이저의 『미국의 한 비극』에서 직접 영향을 받은 것으로 보이며, 미국 흑인소설의 이정표가 되었다. 라이트의 모든 초기 작품의 특색이 된 강한 열정으로 시카고 빈민가의 소산(所産)인 비거 토마스의 이야기를 묘사하고 있다. 비거는 자기의 힘으로 어찌할 수 없는 일련의 상황 때문에 백인들과 공산당에 말려들게 되었고, 백인 여자를 죽이고 도망친다. 또 자기의 흑인 애인을 죽였으며 마침내 잡혀서 사형선고를 받는다. 변호사는 『미국의 한 비극』에서 드라이저의 주장을 연상시키는 긴 법정 발언에서 비거의 운명에 대해 모든 미국 사회가 책임을 져야 한다고 강조한다. 그러나 비거 자신은 역설적이지만 자기가 희생되었다는 사실을 깨닫지 못하고 있다. 오히려 살인하고 나서 해방감을 느끼며 살인행위가 "창조행위"라고까지 느끼는 것이다. 비평가들은 소설에서 드라이저와 도스토옙스키의 서로 모순된 영향마저 발견하고 있다.)

제롬 데이비드 샐린저(Jerome David Salinger, 1919~)

(30) 『호밀밭의 파수꾼』(*The Catcher in the Rye*, 1951)

작가의 경력

샐린저는 1919년 7월 뉴욕에서 출생하였다. 아버지는 유대인이었고 치즈, 햄 등을 판매하는 식료품상이었다. 1937년 뉴욕 대학에 입학했으나 몇 달 만에 그만두고 비엔나로 도피여행을 하고 돌아왔다.

그 후 콜럼비아 대학에서 단편소설 강의를 한 학기 수강했는데 그가 받은 학교 교육은 이것으로 끝이 났다. 제 2차 대전에 출정하여 노르망디 상륙작전에도 참가한 적이 있다. 틈틈이 창작에 힘을 써 『콜리어즈』(*Collier's*) 지, 『새터디 이브닝 포스트』(*Saturday Evening Post*) 지, 『에스콰이어』(*Esquire*) 지, 『뉴요커』(*New Yorker*) 지 등에 단편을 발표하였다. 1951년에 장편 『호밀밭의 파수꾼』을 발표한 후 작가로서의 명성이 온 나라에 퍼지게 되었다. 작품은 미국사회의 허위와 위선을 소년의 눈으로 관찰하고 비판한 "이니시에이션"(initiation) 이야기이다. 1953년에 그 동안 발표한 단편 중에서 아홉 작품을 모은 단편집 『아홉 편의 이야기』(*Nine Stories*, 1953)를 출판하였다. 『프라니와 주우이』(*Franny and Zooey*, 1961)를 1961년에, 『목수여 지붕도리를 올려라-시이모아 서장』(*Raise High the Roofbeam, Carpenters, and Seymour* : An Introduction, 1963)을 1963년에 발표했다.

1965년에 『1924년, 하프워드 16일』(*Hapworth 16, 1924*, 1965)을 발표했다. 작품은 유대계 미국인 글래스(Glass) 가(家)라는 가공의 한 집안의 연대기(年代記)이다. 작가는 동양사상, 인도의 요가, 중국의 노장철학, 일본의 선(禪)에도 깊은 관심을 보였는데, 1965년 이후에는 작품을 발표하지 않았다.

작품 내용

주인공 홀든(Holden)은 16세이며, 펜실베니아 주 어거스타운(Agerstown)에 있는 펜시(Pencey) 고등학교 3학년 학생이다. 크리스마스 휴가가 시작되기 3일전 토요일, 성적 불량으로 퇴학처분을 받는다. 딴 고등학교에서도 벌써 두 번 퇴학을 당했고 이번이 세 번째이다. 머리가 나빠서가 아니라 허위에 가득 찬 주변의 세계에 염증을 느껴 공부에 대한 의욕을 상실했기 때문이다.

어느 날 펜시고교 졸업생인 오센버거(Ossenburger)라는 사람이 학교 강당에 나타나 설교를 한다. 그는 장의사를 경영하여 부정하게 막대한 돈을 벌었으며 학교에도 거액을 기부했다. 오랜 시간 설교를 하는데 대부분이 자기 자랑이고 거짓말이다. 도중에 한 학생이 방귀를 크게 뀐다. 이튿날 예배시간에 서머(Thurmer) 교장은 그 전 날 방귀를 뀐 학생을 책망한다. 교장은 토요일 저녁 식사에는 반드시 비프스테이크를 기숙사 학생들에게 제공하도록 지시한다. 이튿날 일요일, 학부형들이 기숙사를 방문하면 비프스테이크를 먹었다는 말을 학생들이 하도록 하기 위해서이다.

홀든은 기숙사에서 같이 지내는 학생들과 원만하게 지낼 수 없다. 동숙인(roomate)인 스트라드레이터(Stradlater)는 색골이고 멋 차리기 좋아하는 속물이다. 홀든과 오래 사귄 여학생 갤러허(Gallagher)와 스트라드레이터가 데이트를 하고 돌아오자 질투심이 난 홀든과 싸움이 벌어진다. 울적해진 홀든은 천주교 신자인 옆방 학생 애클리(Ackley)에게 수도원에 관해 물어본다. 수도원에 들어갈 생각을 종종 해 본 것이다. 홀든이 수도원에도 나쁜 수도승이 많을 거라고 하자 애클리는 천주교 자체에 대해 비방하지 말라고 화를 낸다.

학교에서 홀든이 퇴학당했다는 통지가 가면 어머님이 언짢아 할 것을 알고 있지만, 곧 잊을 것도 알기 때문에 수요일 이후에 집에 가기로 결심한다. 토요일 밤 기숙사를 나와 기차로 뉴욕으로 돌아와서 웨스트사이드의 이류 호텔로 간다. 중년의 승강기 운전사가 아가씨를 소개하겠다고 유혹한다. 홀든의 방으로 창녀가 들어왔지만 겁이 나고 기분이 위축되어 화대만 5불 지불한다. 처음에 승강기 운전사는 5불이라고 말하고, 이젠 창녀와 공모하여 10불이라고 값을 올렸으며, 그를 때려눕히고 5불을 더 빼앗아 간다. 사기치는 두 남녀의 교활함을 뼈저리게 느끼는 것이다.

그 이튿날 홀든은 뉴욕의 거리를 여기저기 돌아다닌다. 택시기사들, 배우를 쫓아 다니는 회사 여직원들, 이전에 D.B.형과 함께 찾아갔던 흑인 피아니스트, D.B.형의 여자 친구였던 릴리안(Lillian) 등을 만나 대화를 나누지만 별로 재미도 없고 흥미도 느낄 수 없다. 여자친구 샐리(Sally)와의 데이트도 마지막에 말싸움으로 끝나버린다. 추운 거리를 돌아다니다가 갑자기 폐렴에 걸려 죽는다면 하고 두려워하기 시작한다. 홀든은 죽기 전에 여동생 피이비(Phoebe)를 꼭 만나 작별인사를 해야겠다고 생각한다. 몰래 집에 돌아와 여동생 피이비를 만나자 직감으로 홀든이 퇴학당한 것을 알아채고 아버지는 오빠를 죽일지도 모른다고 알려준다. 그리고 나서 오빠는 앞으로 무슨 일을 하고 싶으냐고 물어본다. 그는 호밀밭 가장자리에 서서 아이들이 절벽에 떨어지지 않도록 붙잡아주고 싶다고 대답한다. 호밀밭의 파수꾼이 되고 싶다는 것이다. 부모가 돌아오는 소리가 나자 피이비에게 용돈을 꾸어 몰래 밖으로 나간다. 그날 밤 고등학교에서 영어를 가르쳐준 앤톨리니(Antolini) 선생의 집으로 찾아가 이야기를 나누며 하룻밤 잠을 잔다. 밤중에 선생이 홀든의 머리를 쓰다듬어 주자 변태성욕자의 행위로 오해하고 집을 뛰쳐나간다. 5번가의 거리를 걸어가면서 절망 중에 드디어 서부로 떠나기로 결심한다. 피이비의 학교에 가서 편지를 보내어 12시 15분 박물관 입구에서 만나기로 한다. 편지에 서부로 갈 결심까지 적어놓았다. 피이비는 여행 가방을 들고 나왔으며 오빠와 함께 서부로 가겠다고 말한다. 아무리 달래도 꼭 따라가겠다는 것이다. 피이비를 타이르는 중에 홀든은 마음이 변한다—피이비와 함께 집으로 돌아가야겠다고. 피이비의 오빠에 대한 깊은 사랑에 감동한 것이다. 돌아가는 도중, 피이비가 회전목마를 타고 즐기는 광경을 보고 무슨 이유인지 모르지만 갑자기 행복한 느낌이 힘차게 솟아오른다.

다음의 인용은 주인공이 호밀밭의 파수꾼이 되는 것이 소원이라고 피이비에게 말하는 내용이다.

I wasn't listening, though. I was thinking about something else—something crazy. "You know what I'd like to be?" I said. "You know what I'd like to be? I mean if I had my goddam choice?"

"What? Stop swearing."

"Anyway, I keep picturing all these little kids playing some game in this big field of rye and all. Thousands of little kids, and nobody's around—nobody big, I mean—except me. And I'm standing on the edge of some crazy cliff. What I have to do, I have to catch everybody if they start to go over the cliff—I mean if they're running and they don't look where they're going I have to come out from somewhere and catch them. That's all I'd do all day. I'd just be the catcher in the rye and all. I know it's crazy, but that's the only thing I'd really like to be. I know it's crazy."

Old Phoebe didn't say anything for a long time. Then, when she said something, all she said was, "Daddy's going to kill you."

(그러나 나는 듣지 않고 있었다. 그 때 다른 것을 생각하고 있었다. 미친 짓 같은 것을. "무엇이 되고 싶은지 말해 줄까?"하고 말했다. "내가 무엇이 되고 싶은지 말해 줄까? 그 쓸모없는 선택권이

있다면 말이야"

"뭔데? 욕은 하지 마."

"어쨌든 넓은 호밀밭 같은 데서 조그만 아이들이 어떤 놀이를 하는 것을 항상 상상하고 있지. 몇 천 명의 아이들이 있을 뿐 주위에는 어른이 없는 거야. 나 외에 아무도 없지. 난 무너질 듯한 절벽 가에서 있는 거야. 내가 하는 일은 누구든 절벽에서 떨어지면 가서 붙잡아 주는 거지. 아이들은 달릴 때 어디로 가고 있는지 볼 수 없는 거야. 그런 때 어딘가에서 나타나 아이를 붙잡아 주는 거지. 그 일만 하면 돼, 하루 종일. 호밀밭의 파수꾼이 되는 거야. 바보 같은 짓일 거야, 나도 알아. 그러나 내가 정말 되고 싶은 것은 바로 그거야. 바보 같은 짓인 줄은 나도 알아."

귀여운 피이비는 오랫동안 아무 말도 하지 않았다. 그러다가 한 마디 했다. "아빠는 오빠를 죽일 거야," 그 말이 전부였다.)

해설(퇴학생의 방황과 귀환)

주인공은 물질문명의 번영 속에 나타나는 미국사회의 허위(phoniness)와 위선(hypocrisy)을 날카롭게 지켜본다. 때묻지 않은, 순진한 눈으로 돈과 섹스와 인기 등이 지배하는 사회를 관찰하고 분석하고 비판하고 있다.

불의한 거부(巨富) 오센버거의 지루한 설교에는 자기 자랑과 거짓말이 가득 섞여 있다. 거액의 기부금을 오센버거에게 받고 훌륭한 인물로 선전하는 서머 교장도 같은 속물이다. 교장은 토요일 기숙사의 저녁식사에는 반드시 비프스테이크를 제공하라고 지시한다. 일요일 학교를 방문하는 학부형들로부터 기숙사 급식(給食)이 좋다고 인기를 얻어보자는 술책이다. 엘크톤 힐즈(Elkton Hills) 고교의 하즈(Haas) 교장은 학부형들의 외모와 옷차림으로 부와 지위를 판단하고, 인사하는 태도와 미소 짓는 정도가 뚜렷이 달라진다. 학교에서 제일

스(James)라는 학생이 잘못도 없이 여섯 명의 아이들에게 물매를 맞았고, 피하려고 창문에서 뛰어내리다가 불행히 목숨을 잃었다. 학교 당국은 살인한 거나 다름없는 포악한 가해자들을 퇴학시키는 정도로 가볍게 처리했다. 모든 학생들을 위해 이런 사고가 다시 일어나지 않도록 일벌백계(一罰百戒)로 엄하게 다스려야 하는데 간과한 것이다.

기숙사와 교실에서 함께 생활하는 학생들도 홀든의 마음에 드는 사람은 하나도 없다. 룸메이트인 스트라드레이터는 차의 앞좌석에 사람이 있는데도 뒷자석에 앉아 여학생을 유혹하여 정욕을 채우려는 색한이다. 옆 방 학생 애클리는 남의 방에 들어와 발톱을 깎아 바닥에 버리는 예의를 모르는 우둔한 자이다. 후튼 고교의 상급생 루스(Luce)는 언제나 섹스와 변태성욕에 관심을 집중하는 쓸모없는 인간이다. 뉴욕의 고등학교 학생들은 대부분 여자, 술, 섹스 이야기만 하고 여러 파벌을 만들어 끼리끼리 돌아다닌다. 여동생 피이비가 다니는 초등학교의 벽, 그리고 박물관의 벽에는 성적인 욕 "퍽크 유"(Fuck you!) 라고 낙서되었거나 칼로 새겨져 있다.

이렇게 돈과 섹스와 불의가 지배하는 위선적인 학교와 사회에서 홀든은 깨끗이 떠나고 싶다. 타락되지 않은 정결한 곳으로 가서 일하고 고요한 인생을 즐기고 싶은 것이다. 전에 수도원에 들어가고 싶은 생각이 들어 애클리에게 물어본 적도 있었다. 샐리와 데이트를 했을 때에도 경치 좋은 곳에 오두막을 짓고 한가로이 살고 싶다고 했다. 거기서 일자리를 찾아 돈을 벌고 결혼해서 함께 살자고 넌지시 구혼도 했다. 그러나 샐리는 안일한 도피사상은 환상이라고 딱 잘라 거절해 버린다. 앤톨리니 선생이 밤에 그의 머리를 쓰다듬자 변태성욕자로 오해하고 뛰쳐나가 5번가를 걸으며 서부로 가겠다고 결심한다. 『허클베리 핀의 모험』의 주인공 허크가 문명사회를 피해 미시시피 강의 뗏목으로 도피하는 것과 같은 심정이다. 그러나 피이비가 자기도 서부로 가겠다고 고집을 부리자, 설득하는 중에 떠나고 싶은 마음이 사라지고 가족에게 돌아가고 싶은 마음이 든다. 피이비의 오빠에 대한 사랑이 마음을 움직여 놓은 것이다.

전에 피이비는 “오빠는 무엇을 하고 싶어?”라고 물어본 일이 있다. “난 호밀밭 가에 서서 아이들이 떨어지지 않게 붙잡는 일을 하고 싶어.…호밀밭의 파수꾼이 되겠어.”라고 대답했다. 홀든은 자기도 모르는 사이에 이웃 사랑하는 정신을 터득한 것이다. 신앙은 없어도 이웃을 사랑하라는 예수 그리스도의 가르침을 받아들인 박애주의자가 된 것이다. 두 수녀에게 그로서는 큰돈인 10불을 헌금한 것도 이 가르침 때문이다. 호밀밭은 이 세상을 상징한다. 길 잃은 젊은이를 자기가 붙들어 구원하겠다는 것이다. 그러나 아이러니컬하게도 정처없이 서부로 가겠다는 것은 위험한 절벽에 서 있음을 나타낸다. 그를 붙잡는 사람은 자신이 아닌 여동생 피이비이다. 그녀의 순수한 애정에 의해 구원을 받은 것이다. 함께 집으로 돌아가는 길에 피이비는 회전목마를 탄다. 홀든이 이 평범한 광경을 바라보는 중에 갑자기 행복한 느낌이 용솟음친다. 가족이 기다리는 집으로 피이비와 함께 돌아가는 것이 참된 행복임을 순간적으로 깨달은 것이다. 갑작스런 계시(啓示)의 느낌은 일종의 현현(epiphany)이라고 볼 수 있다.

작가는 당시 10대(teenager)들이 사용하는 경쾌한 일상적인 말을 사용하여, 순진한 소년의 눈에 비친 기만적인 미국사회를 여실하게 그려내고 있다. 그리고 청춘기의 당혹감, 소외감, 특히 성에 관한 호기심 등이 생생하게 드러난다. 작품이 발표되자 외설스럽다는 이유로 많은 비난을 받았지만 젊은 세대의 열광적인 지지를 받은 것도 사실이다.

윌리엄 사로얀(William Saroyan, 1908~1981)

(31) 『인간 희극』(*The Human Comedy*, 1943)

작가의 경력

사로얀은 1908년 캘리포니아 주 프레즈노(Fresno) 시에서 아르메니아(Armenia)계 이민 가정에서 태어났다. 아버지는 장로파 교회 목사였는데 사로얀이 두 살 때 사망하였다. 그 후 고아원에서 성장하였고, 8세 때 초등학교에 다니면서 신문배달을 하며 여러 일을 전전하였다. 1926년 고등학교 중퇴 후에는 전신회사의 무선기사가 되었다.

어려서부터 작가를 지망하여 일을 하면서도 틈틈이 문학 서적을 탐독하였다. 1934년에 단편집 『그네를 탄 용감한 청년』(*The Daring Young Man on the Flying Trapeze*, 1934)을 발표하여 문단에 데뷔했고 그 후 6년간 약 500 여 편의 단편을 썼다. 1939년부터 연극에도 관심을 보이며 두 희곡을 발표하였다. 하나는 프레즈노에 사는 시인과 아들의 생활을 다룬 『내 마음은 고원에』(*My Heart's in the Highland*, 1939)이다. 또 하나는 샌프란시스코 부두 근처 주점(酒店)의 술꾼들을 그린 『네 인생의 때』(*The Time of Your Life*, 1939)이다. 후자는 퓰리처상과 뉴욕극평가상을 받았는데 퓰리처상은 사퇴하였다. 1940년에 단편집 『내 이름은 아람』(*My Name Is Aram*, 1940)을 출판했고, 1943년에 최초의 장편소설 『인간희극』(*The Human Comedy*, 1943)을 발표했다. 1957년에 나온 『락 와그람』(*Rock Wagram*, 1951)은 미국 인기스타의 고독과 고뇌를 그린 장편이다. 그 밖에도 회상록(回想錄)과 자서전 등이 있다.

작품 내용

주인공 호머(Homer)는 캘리포니아 주 이사카(Ithaca)에서 가족들과 함께 살고 있다. 아버지는 사망했고 형 마커스(Marcus)는 징집되어 전쟁터에 나갔으며, 누이 베스(Bess)는 주립대학에 다니는 학생이다. 동생 율리시즈(Ulysses)는 네 살이며 학교에 입학하려면 2년을 더 기다려야 한다. 아버지는 잡역부(雜役夫)였지만 마음이 착해서 어려운 생활 중에도 조금씩 돈을 모아 아내에게는 고가의 하프를, 딸에게는 피아노를 사 주었다. 저녁때에는 종종 하프와 피아노 소리가 들려온다. 14세인 호머는 집안 살림을 돕기 위해 방과 후에 전신국에 나가서 전보를 배달한다. 어머니에게 주급 25불을 모두 드리는 착한 아들이다. 전신국 국장 스팽글러(Spangler)씨는 기독교 신자이고 고등학교 시절에는 저장애물경주(low hurdles)의 선수였다. 소년이 16세가 되어야 전보배달부로 고용할 수 있는데, 국장은 14세인 호머를 특별히 생각해서 고용하였다. 그로건(Grogan)씨는 67세인 늙은 전신기사이며 전신국의 야간 책임자이기도 하다. 새로 발명되는 전신기계 때문에 해고되지 않을까 염려하고 있으며, 죽을 때까지 전신기사로 일하는 것이 소원이다.

어느 날 밤 호머는 멕시코인 샌드발(Sandval) 부인에게 아들이 사망했다는 국방성의 전사자통지전보를 전달한다. 그녀의 슬퍼하는 모습을 바라보고, 인생의 슬픔을 처음으로 뼈저리게 느낀다. 절망감에 빠져들어 이 일을 그만두겠다는 생각이 들어 그로건 씨에게 자기의 의도를 들려준다. 특히 어머니의 생일축하 파티가 열려 모두들 흥겹게 음악에 맞추어 춤을 추는데 전사자통지전보를 배달해야 하는 입장이다. '생일축하전보이겠지'하고 기대하는 어머니에게 아들이 죽었다는 전보를 전하는 순간, 가슴이 찢어지는 고통을 맛본다.

호머는 운동을 좋아하며 달리기를 잘 한다. 저장애물경주 아침 연습에서 거의 1등으로 호머가 들어오는데, 부잣집 아들 휴버트(Hubert)가 1등을 하도록 코치 바이필드(Byfield)는 일부러 달려 나와 호머와 부딪혀 쓰러뜨린다. 코치의 야비한 인간성이 드러나는 장면이다. 호머는 학교 수업 중에 종종 농담을 하여 친구들을 웃기고 수업진행을 방해하기도 한다. 늙은 힉스(Hicks) 선생의 고대사 시간에 코에 관한 연설을 하는 것도 그런 예라고 할 수 있다. 그러나 호머는 악의 없는 착한 소년이어서 힉스 선생도 그를 진심으로 아끼며 격려한다.

어린 율리시즈에게 세상은 모두 신기하게만 보인다. 뒷마당의 들쥐(gopher) 구멍을 열심히 바라보고, 새소리를 즐긴다. 달리는 화물열차에 탄 흑인에게 즐겁게 손을 흔든다. 동네 아이들과 함께 핸더슨(Hender- son) 영감 뒤뜰의 살구를 훔치러 잠입(潛入)한다. 영감이 나타나자 다 도망치는데 율리시즈는 왜 아이들이 달아나는지 영문을 모르고 그대로 서 있다. 훔치는 것이 죄인지 모르는 것이다. 그 후 약방 쇼 윈도우 안에 있는 마네킹을 보고 처음으로 공포를 느끼고 울며 도망친다.

어느 날 밤 스팽글러 씨가 혼자 전신국에 있는데, 한 젊은이가 나타나 권총을 들이대고 돈을 내놓으라고 협박한다. 스팽글러 씨는 75불을 카운터 위에 올려놓으며 부디 선하게 살아가라고 넌지시 충고한다. 강도는 감동을 받아 새 사람이 되겠다고 눈물을 흘리며 말하고 돈을 그대로 둔 채 밖으로 나간다.

호머가 전신국에서 일한지 약 5개월이 지난 어느 일요일 밤, 그로건 씨는 송신되어 오는 전문(電文)을 받아치다가 뇌졸중으로 쓰러져 죽는다. 전문의 내용은 호머의 형 마커스가 전사했다는 것이다. 호머는 절망에 빠져 어찌할 바를 모른다. 스팽글러 씨는 기독교 사상을 근거로 마커스의 영생(永生)을 들려주어 용기와 희망을 안겨 준다. 그날 밤 마커스의 전우 토우비(Tobey)가 호머의 집을 찾아온다. 아들을 잃은 극심한 슬픔 중에도 마콜리(Macauley) 부인은 미소를 지으며 토우비를 아들로 받아들인다.

다음의 인용은 죽은 마커스의 전우 토우비와 마콜리 부인의 가족들이 만나는 장면이다.

> Homer Macauley came walking down the street. Bess ran out to meet him. When they reached the soldier she said, “He's come from Marcus. They were friends.” and then she ran into the house.

Homer leaned down, and the soldier took his hands and slowly got to his feet.

Inside the house, incredibly, the music began again—piano, harp, and the voices of three women.

"Let me stand here a moment and listen," the soldier said.

Ulysses came out of the house and took the soldier by the hand. When the song ended, Mrs. Macauley and Bess and Mary Arena came to the open door. The mother stood and looked at her two sons, one on each side of the stranger, the soldier who had known her son who was now dead. Sick to death, she nevertheless smiled at the soldier, and said, "Won't you please come in and let us show you around the house?"

(호머 마콜리가 길을 따라 걸어왔다. 베스가 뛰어나가 맞이한다. 그들이 병사에게 이르자 베스가 입을 연다. "이 분은 마커스 오빠가 있는 곳에서 오신 분이야. 오빠와 친구 사이라고 하셨어." 그리고는 베스는 집안으로 뛰어 들어간다.

호머가 몸을 굽히자 병사는 호머의 손을 잡고 서서히 일어섰다.

집안에서는 믿기지 않게도 음악이 다시 시작되었다—피아노와 하프의 연주, 세 여자의 노래 소리.

"여기 서서 잠깐 듣도록 합시다." 병사는 말했다.

율리시즈가 집안에서 나와 병사의 손을 잡는다. 노래가 끝나자 마콜리 부인, 베스, 메리 어리나가 열린 문간으로 나온다. 어머니는 서서 두 아들을 쳐다본다. 이제 죽고 없는 아들의 친구인 낯선 병사의 양 옆에 서 있다. 죽고 싶도록 괴로웠지만 그래도 어머니는 병사에게 미소를 지으며 입을 연다. "어서 들어오세요. 우리 집을 구경시켜 드리죠.")

해설(낙관주의적 인생관)

작품에는 엄밀한 의미에서 플롯은 없고, 39편의 단편이 모여서 하나의 장편을 이루는 삽화풍(揷話風) 형식을 취하고 있다. 제2차 세계 대전 중 캘리포니아 이사카에 사는 소년 전보배달부 호머를 중심으로 한 가족의 이야기이다. 주인공 호머와 동생 율리시즈의 눈을 통해 중류층, 하류층의 이사카 주민들의 일상생활을 담담(淡淡)하게 그리고 있다. 주인공들이 성장하면서 겪게 되는 즐거움과 슬픔, 애상(哀傷), 성인 세계에 대한 동경 등을 다룬 이니시에이션(initiation) 이야기라고 할 수 있다.

마콜리 부인은 아들 호머에게 어린 아이는 혼자 밖으로 나가게 할 수 없지만, 어느 정도 나이가 되면 혼자 거리를 다니도록 해야 한다고 강조한다. 누구나 성장하면, 힘이 들고 위험해도 책임과 임무를 다해야 한다는 자명(自明)의 이치(理致)를 설명하고 있다. 학교를 졸업하면 생활전선에 뛰어들고, 전쟁이 일어나면 목숨을 걸고 나라를 지켜야 한다. 호머를 만난 한 노인은 고등학교에 다니지 못했지만 미서 전쟁(美西 戰爭, 1898)에 참전했다고 자랑한다. 70세에 가까운 노 전신기사 그로건 씨는 은퇴하여 놀고 있으면 1주일도 못가서 죽을 거라고 하며 일하다 죽는 것이 소원이라고 들려준다. 호머가 전사자를 통보하는 전보를 더 이상 배달할 수 없어 사직할 뜻을 비추자 그로건 씨는 위로하며 참아야 한다고 가르친다. 35년간이나 이사카 고교에서 고대사를 가르친 힉스 선생은 호머에게 언제나 정직하게 행동하도록 노력해야 한다고 충고한다. 호머가 졸업하고 사회에 나간 후에도 줄곧 지켜보겠다고 하며 사회의 훌륭한 구성원이 되라고 격려한다. 힘든 현실을 참고, 정직하게 선한 일을 하라는 충고는, 타락한 현대인들에 대한 작가 자신의 충언이라고 할 수 있다. 작가는 오늘날의 부패한 사회에 대하여 아직도 희망을 잃지 않고 있는 것이다.

작품에는 전사자의 전보 배달, 코치 바이필드의 비열한 인간성, 베델관의 창녀들, 그로건 씨와 형 마커스의 죽음 등 우울하고 슬픈 내용도 나타나지만 전체적으로 볼 때 비관론적 염세주의 작품은 절대로 아니다. 처음부터 끝까지 찬송, 기도, 예배 등 기독교 의식이 나타나고, 용서·원수 사랑·거듭남(rebirth)·감사 등 근본적인 기독교 사상이 두드러지게 드러난다.

호머는 부잣집 아들 휴버트가 우승하게끔 자기를 고의로 쓰러뜨린 코치의 불의한 행동을 마음속으로 용서한다. 형 마커스가 전사했다는 전보를 받고 절망하여, 누구를 증오하고 분풀이를 해야 할지 모르겠다고 외친다. 스팽글러 씨는 적이라도 사람을 미워하면 안 된다고 하며 선한 사람은 육체는 죽어도 영혼은 영원히 산다고 위로한다. 권총으로 스팽글러 씨를 위협하고 돈을 강요한 젊은 강도는 목사의 아들이었다. 스팽글러 씨의 침착한 태도와 진지한 충고에 감복하여 새 사람이 될 것을 결심한다. 세리장 삭개오,[37] 세리 마태[38]처럼 참된 신자를 만나 새사람이 된 것이다. 식료품 주인 아라(Ara)는 세 살 된 어린 아들에게 모든 것을 주신 신에게 감사하라고 가르친다. 마콜리 부인은 아들이 전사한 단장(斷腸)의 슬픔을 겪으면서도 토우비라는 새 아들을 주신 것을 신에게 감사하며 미소를 짓는다.

작가는 성공과 돈을 추구하는 종래의 미국의 꿈을, 다른 종류의 미국의 꿈—무구(無垢)에 흡수되고 변질된 것 외에는 '악'(evil)이 없는 (evil dose not exist except to be absorbed and transmuted back into innocence)으로 바꾸려 한다고 라스(Lass)[39]는 평하고 있다. 작품은 제2차 세계대전 말기에 발표되었으며, 전쟁으로 인한 비참하고 암울한 시대를 배경으로 하고 있다. 당시의 많은 작가는 인간의 타락과 죄악성을 예리하게 파헤치고 약육강식(弱肉

---

37) *Luck* 19:1~10

38) *Matthew* 9:9~13

39) *Lass*, p.295.

强食)의 처참한 운명을 강조하고 있었다. 그러나 사로얀은 기독교 사상을 기반으로 인생의 즐거움, 신에 대한 절대적 신뢰, 고난 뒤의 축복 등 낙관주의적 인생관을 피력(披瀝)하고, 유머, 정서(情緖), 환상 등이 풍부한 소박하고 신선한 작품을 줄곧 발표하였다. 문체는 평이하고 등장인물은 거의 다 인간다운 정겨운 맛을 풍기고 있으며, 비애(悲哀) 중에도 아늑하고 평온한 분위기가 감돌고 있다.

버나드 맬러머드(Bernard Malamud, 1914~1986)

(32) 『점원』(*The Assistant*, 1957)

작가의 경력

버나드 맬러머드의 양친은 1905년 제정(帝政) 러시아의 유대인 박해에서 약속의 땅을 찾아 미국으로 건너온 유대인이다. 맬러머드는 1914년 뉴욕의 브루클린(Brooklyn)에서 태어나 고등학교를 졸업하고, 뉴욕 시립대학을 거쳐 콜롬비아 대학에서 석사학위를 받았다. 1940년대에 에라스머스 홀과 할렘 야간고등학교에서 교편을 잡았고, 여가에 단편을 써서 발표하였다. 그 후 오레곤(Oregon) 주립대학을 거쳐 버몬트(Vermont) 주 베닝톤(Bennington) 대학에서 교수로 일하면서 창작을 계속하였다.

첫 장편 『천재』(*The Natural*, 1952)는 천재적 야구 선수의 성공과 좌절을 다루었다. 제 2작 『점원』(*The Assistant*, 1957)은 뉴욕 변두리의 식료품점을 배경으로, 강도질을 한 이탈리아 청년이 점원으로 일하면서 유대교 신자로 변화되는 이야기이다. 제 3작 『새 생활』(*A New Life*, 1961)에서는 서부 연안의 대학에 근무하는 불운한 교수의 생활을 묘사하였다. 1966년에 발표한 『수리공』(*The Fixer*, 1966)은 유대교 의식을 위해 기독교 소년을 살해했다는 혐의로 투옥된, 유대인 수리공의 수난을 다루었으며, 전미도서상, 퓰리처상을 수상했다. 『차가인』(*The Tenants*, 1971)은 낡은 빌딩 안에서 혼자 창작에 열중하는 유대인과 흑인 사이의 대립과 갈등을 묘사했고, 『더빈의 생활』(*Dubin's Lives*, 1979)은 전기 작가와 매력적인 젊은 여성과의 관계를 다루고 있다. 1982년에 발표한 『신의 은총』(*God's Grace*, 1982)은 인간의 미래를 암시하는 예언적인 작품이다. 단편집으로는 전미도서상을 받은 『요술통』(*The Magic Barrel*, 1958), 『백치부터』(*Idiots First*, 1963), 『피들먼의 초상』(*Pictures of Fidelman*, 1969), 『램브란트의 모자』(*Rembrandt's Hat*, 1973) 등이 있다.

작품 내용

주인공 프랭크(Frank)의 삶은 어려서부터 시련의 연속이다. 태어난지 1주일 후에 어머니는 사망하였고 다섯 살 때 아버지는 자취를 감춰버려 고아원에서 자라났다. 그 후 다른 집에서 살게 되었지만 뛰쳐나와 여러 해 방랑생활을 해왔다. 어느 날 깡패 워드(Ward)와 함께 뉴욕 변두리의 식료품점을 털려고 들어간다. 가게 주인 유대인 모리스(Morris)가 워드에게 머리를 맞아 쓰러지자 자기가 가장 무서운 씻지 못할 죄를 범했음을 통감한다. 얼마 후 달리 일자리도 없고, 또 주인에게 사죄할 마음에서 점원으로 가게에서 일하게 된다.

가게 주인 모리스는 경건한 유대인이며 젊었을 때 제정 러시아에서 "미국의 꿈"을 품고 미국으로 이민 온 사람이다. 22년간 미국에서 열심히 일했지만 도저히 가난에서 벗어날 수 없다. 아들 이프레임(Ephraim)은 일찍 죽었고, 아내 아이다(Ida)와 딸 헬렌(Helen) 셋이 근근히 살아가고 있다. 점원이 된 프랭크는 열심히 일하여 가게의 수입도 점점 증가하게 된다. 그러나 여전히 못된 습성대로 주인이 없는 틈을 타서 판매한 돈에서 조금씩 슬쩍 주머니에 넣는다. 얼마 후 프랭크는 자기의 잘못을 반성하고 그 동안 훔친 돈을 다 반환하려고 결심한다. 우선 주머니에 있는 훔친 돈 6불부터 금전등록기에 반환해 버린다. 공교롭게도 바로 그 날 헬렌으로부터 밤에 공원에서 데이트를 하자고 전화가 온다. 돈을 다 반환해서 데이트 비용이 없다. 할 수 없이 1불을 다시 훔치다가 모리스에게 발각되었고 나가라고 책망을 듣는다. 데이트 장소인 공원에 가보니 워드가 헬렌을 강간하려는 위험한 찰나였다. 워드를 때려 쫓아버리고 그녀를 가슴에 안자 다시는 만날 수 없을 거라는 절망감이 엄습해 온다. 헬렌을 잃기 전에 육체관계를 맺어야겠다고 결심한다. 이런 악한 행동은, 헬렌의 사랑을 증오와 저주로 바꾸어 버린다.

얼마 후 모리스의 가게 근처에 노르웨이인의 호화로운 식료품점이 나타나 가게가 도산 위기에 처한다. 모리스는 가게 문을 닫고 취직자리를 찾으려고 한다. 슈퍼마켓을 경영하는 찰리(Charlie)는 한 때 모리스와 동업한 사람이다.

그는 모리스의 재산을 드러먹고 그 돈으로 슈퍼마켓을 개설하여 거부가 되었다. 지금 알거지가 된 모리스는 찰리에게 점원으로 고용해달라고 찾아간 것이다. 그러나 차마 부탁은 못하고 돌아온다. 시간이 흘러 3월에 때 아닌 많은 눈이 내려 모리스는 눈을 치우다가 감기에 걸렸고 폐렴으로 사망한다. 모리스가 죽은 후 프랭크는 다시 가게에 나타나 일하기 시작한다. 낮에는 가게에서 일하고 밤에는 커피숍에서 일하며, 모녀를 살리고 헬렌의 야간대학 학비를 대려고 전력을 기울인다. 4월의 어느 날, 프랭크는 모리스 같은 유대교 신자가 되려고 병원에 가서 할례(割禮)를 받는다. "할례받지 않은 짐승"(uncircumcised beast)으로부터 할례받은 진짜 유대인으로 변한 것이다.

다음의 인용은 유대인 모리스 보버가 정직하고 근면하지만 운이 없어 빈곤에서 헤어나지 못하는 내용이다.

> The grocer, on the other hand, had never altered his fortune, unless degrees of poverty meant alteration, for luck and he were, if not natural enemies, not good friends. He labored long hours, was the sole of honesty—he could not escape his honesty, it was bedrock ; to cheat would cause an explosion in him, yet he trusted cheaters—coveted nobody's nothing and always got poorer. The harder he worked—his toil was a form of time devouring time—the less he seemed to have. He was Morris Bober and could be nobody more fortunate. With that name you had no sure sense of property, as if it were in your blood and history not to possess, or if by some miracle to own something, to do so on the verge of loss. At the end you were sixty and had less than at thirty. It was, she thought, surely a talent.

(반면 식료품상은 빈곤의 정도를 변동이라고 부르지 않는 한 팔자의 변동을 경험하지 못했다. 왜냐하면 행운과 그의 사이는 타고난 원수라고까지 할 수 없다 해도 절대로 친한 사이가 아니었기 때문이다. 모리스는 매일 오랜 시간 일했고 정직의 표본 같은 사람이었다—정직성을 피할 수 없었고 정직성이 천성이었다. 남을 속이면 속에서 무언가가 폭발할 것 같았다. 하지만 사기꾼을 믿었다—남의 것을 절대로 탐하지 않았지만 점점 더 가난해질 뿐이었다. 열심히 일을 하면 할수록—노동은 시간이 시간을 잡아먹는 형식이었는데—재산은 점점 더 줄어드는 것 같았다. 그게 바로 모리스 보버라는 사람이었고 더 불운한 사람은 없는 듯 했다. 그런 이름을 가졌다면 재산을 모을 수 없다는 뜻이었다. 재산을 가질 수 없다는 것이 타고난 피와 운명 속에 정해져 있는 것 같았다. 어떤 기적에 의해 무엇인가 소유하게 되더라도 놓칠 것 같은 아슬아슬한 순간에 겨우 차지할 수 있었다. 결국 60세가 되어 30세 때보다 가진 것이 더 줄어든 형편이었다. 딸의 생각에는 그것 역시 분명히 일종의 재간이었다.)

⁜ 해설(강도가 유대교 신자로) ⁜

맬라머드는 거의 모든 작품에서, 기본 구조가 되는 신화적 패턴(mythic pattern)을 원용하고 있다. 작품의 신화적 패턴은 구약 욥(Job)의 이야기로 보인다.

의인 욥은 아무 잘못도 없이 하루아침에 자식들과 재산을 잃고 불치병에 걸려 고생한다. 무서운 고통을 받는 욥에게 아내는 신을 욕하고 죽으라고 악담한다.[40] 신은 의롭기 때문에 의인에게 복을 주고 악인에게 벌을 내린다는[41]

---

40) *Job* 2:9

41) *Deuteronomy* 28:1~8

신앙이 무너져 욥은 더 고민한다. 헬렌의 아버지 모리스는 큰 꿈을 품고 러시아에서 미국으로 온 사람이다. 그러나 아무리 일해도 장사는 안 되고 가난에서 벗어날 수 없다. 자기의 이익을 위해 남을 속이는 일이 없고 율법(律法)을 절대로 어기지 않는다. 이것은 아무리 무서운 불행과 절망에 빠져도 신에게 감사하고 원망치 않는 욥의 태도와 유사하다. 그의 아내 아이다는 욥의 아내보다는 낫지만 경건하고 이해성 있는 여자는 아니다. 모리스는 미국에 와서 청춘을 허송하고 기회를 상실하고 아들을 잃었으며, 동업자 찰리에게 속아 재산을 탕진했다. 그의 재산을 드러먹은 찰리는 거부가 되었는데 모리스는 알거지가 된 것이다. 불의가 상 받고 선이 벌 받는 부조리한 현실을 바라보고 모리스도 욥처럼 신에게 질문을 던졌을 것이다.

마침내 신은 욥에게 나타나 협소하게 선악과 응보의 문제에만 집착해서는 안 된다고 책망한다. 그 후 신은 욥에게 10명의 자녀와 잃었던 재산을 배로 늘려준다. 욥은 다시 축복을 받은 것이다. 모리스에게도 마침내 행운이 찾아온다. 이프레임을 대신하는 아들 격인 프랭크가 나타난 것이다. 비록 처음에 부랑자였고 강도였지만 모리스에게 율법을 배우고 감화를 받아 마침내 참된 유대교 신자가 된다. 모리스가 죽은 후 프랭크는 부인을 돕고 모리스의 생전(生前)의 꿈인 헬렌의 대학교육을 위해 온 힘을 기울인다. 남을 위해 고난을 자취하는 율법의 정신을 그대로 실천하고 있다.

작품의 마지막 장면인 프랭크의 환상은 의미심장하다. 숲에서 나온 성 프랭시스(St. Francis)는 가게 앞 쓰레기통에서 나무로 깍은 장미꽃을 줍는다. 이것은 전에 프랭크가 자신의 사랑을 보여주기 위해 헬렌에게 바친 것이다. 그녀는 공원에서 자기를 욕보인 그의 잘못을 용서할 수 없어 쓰레기통에 던져버렸다. 성 프랜시스는 이 나무꽃을 공중에 던졌고 받아 보니 진짜 생화로 변한다. 이 변화는 프랭크의 저속한 정욕이 순수한 사랑으로 승화(昇華)되었음을 상징한다. 성 프랭시스는 헬렌에게 인사하고 꽃을 바쳤으며 그녀는 꽃을 받아 든다. 성 프랭시스는 프랭크를 상징하기 때문에, 장차 두 남녀가 행복하게 결합될 것이 암시된 셈이다.

작품은 전편에 걸쳐 종교적 무드, 특히 유대교의 분위기가 짙게 나타나있다. 배경은 유대인이 경영하는 가게이고, 주인공은 유대인과 이탈리아인이고 원용된 신화적 원형은 욥의 이야기이며, 주제도 강도가 유대교 신자로 변신하는 정신적, 도덕적 성장이다. 그리고 작가는 자기 구제 능력(自己救濟能力)을 주장하는 유대교 정신을 바탕으로 작품을 서술하였다. 만약 인간이 자연주의가 주장하는 대로 유전과 환경, 본능의 지배를 받는 동물 같은 존재에 불과하다면 프랭크는 깡패나 강도로서 일생을 마쳤을 것이다. 그러나 프랭크는 율법을 배워 유대교 정신을 터득함으로써 남을 위해 희생하는 진정한 유대교 신자로 자라난 것이다.

(33) 『수리공』 (*The Fixer*, 1966)

⁑ 작품 내용 ⁑

주인공 유대인 야콥(Yakov)의 어린 시절도 『점원』의 주인공 프랭크와 비슷하고 몹시 비참하고 암울하다. 야콥의 어머니는 아이가 태어나자마자 곧 사망하였고, 아버지는 1년 후 제정 러시아에 유대인 대학살(pogrom)이 일어났을 때 코사크(cossack) 병에게 살해되었다. 고아가 된 야콥은 고아원에서 자라났고, 장성하여 키예프(Kiev) 근교의 유대인만 모여 사는 슈테틀(shtetl)에서 수리공을 하며 근근히 살아간다. 야콥은 20세 때 레이즐(Raisl)이라는 유대인 여자와 결혼했는데 5년이 지나도 아이가 없다. 레이즐은 고민하다가 남편마저 냉담해지자 다른 남자를 따라 집을 나갔다. 홀로 남은 야콥도 장인 슈무엘(Shmuel)의 만류를 뿌리치고 대도시 키예프를 향해 길을 떠난다. 새 도시에서 돈을 벌어 팔자를 고치고 새로운 인생을 살아보겠다는 것이다.

어느 날 야콥은 러시아 노인 레베데프(Lebedev)를 눈길에서 구해준다. 이 노인은 흑백단(Black Hundreds)ㅡ유대인을 박해하는 극단적 반유대주의 단체ㅡ에 속한 사람이고 또 큰 벽돌공장의 주인이다. 레베데프를 도와 준 것이 인연이 되어 야콥은 벽돌공장의 감독이 되었고 45루불이라는 많은 월급을 받게 된다. 그러나 몇 달 후 공장 근처의 동굴에서 러시아 소년 제니아(Zhenia)의 시체가 발견되자 살해범이 유대인이라는 삐라가 뿌려지고 유대인 학살이 일어날 듯한 살벌한 움직임이 돌기 시작한다. 겁이 난 야콥은 기거하던 벽돌공장을 나와 다른 나라로 도망치려 했지만 소년 제니아의 살해범으로 체포된다.

러시아인이지만 양심적인 수사과장 비비코프(Bibikov)는 감방에 야콥을 찾아와 제니아 살해사건의 진상을 들려준다. 소년 살해범은 그의 어머니마르파(Marfa)와 가까운 도적들이라고 알려 준다. 구루베쇼프(Grube- shov) 검사는 진범을 찾는 것이 아니라, 이 사건을 계기로 극악한 흑백단 등 반동집단의 앞잡이가 되어 야콥이 소년을 죽였다는 거짓자백을 받아내려 한다는 것이다. 자백을 근거로 유대인 학살을 일으키려는 것이다. 비비코프는 부패한 러시아에도 법은 살아 있으니 법을 믿고 인내하여 재판을 받으라고 충고한다. 야콥이 구루베쇼프 검사의 요구를 끈질기게 거부하자 검사의 지시를 받은 간수는 야콥의 음식에 독을 섞어 고통을 줌으로써 억지로 거짓 자백을 얻어내려고 한다. 얼마 후 야콥의 감방에 그론파인(Gronfein)이라는 유대인 위조범이 들어와 만약 야콥이 친구에게 도움을 청하는 편지를 써주면 자기가 석방된 후 그것을 부치겠다고 유혹한다. 야콥이 편지를 써주자 그론파인은 배신하고 편지를 부전옥에게 넘겨준다. 얼마 후 잡히면 죽을 위험을 무릅쓰고 장인 슈무엘은 밤중에 몰래 감방에 갇힌 야콥을 만나러 온다. 절박한 짧은 시간에도 장인은 사위에게 신을 믿고 의지하라고 권면한다. 구루베쇼프 검사는 야콥의 아내 레이즐에게 남편과의 면회를 허락하는 대신, 유대인들이 소년을 살해하는 것을 목격했다는 자백서에 야콥이 서명하도록 유도한다. 그 후 검사는 감방에 들어와 야콥에게 거짓자백하면 국외로 도피시키겠다고 유혹하지만 단호히 거절한다. 변호사 오스트로프스키(Ostrovsky)가 찾아와 야콥을 위로하고, 유대민족을 포함한 소수 민족은 러시아인과 동등한 기본권을 쟁취함으로써 부당한 박해에서 벗어나야 한다고 강조한다.

간수(看守) 코긴(Kogin)은 러시아인 간수치고는 자비로운 사람이며, 아들이 시베리아로 끌려가다 자살한 뒤에는 야콥을 친자식처럼 대하게 된다. 마침내 야콥이 재판받으러 가는 날 부전옥의 총구에서 야콥을 보호하려다 자신이 총에 맞아 죽는다. 작품은 야콥이 재판을 받기 위해 법정으로 마차를 타고 가는 장면에서 끝난다. 길 양 쪽에 많은 군중이 서서 마차를 탄 야콥을 지켜본다. 유대인들은 비통한 나머지 양손을 쥐어틀며 울기도 하고 그의 이름을 부르고 크게 격려하기도 한다.

다음의 인용은 추운 겨울 날 감방에서 슬픈 환상(幻想)에 빠져 홀로 고민하는 야콥의 모습이다.

The fixer shivered for hours, plunged in the deepest gloom. Who would believe it? The Tsar himself knew of him. The Tsar was convinced of his guilt. The Tsar wanted him convicted and punished. Yakov saw himself locked in combat with the Russian Emperor. They wrestled, beard to beard, in the dark until Nicholas proclaimed himself an angel of God and ascended into the sky.

"It's all fantasy," the fixer muttered. "He doesn't need me and I don't need him. Why don't they let me alone? What have I truly done to them?"

His fate nauseated him. Escaping from the Pale he had at once been entrapped in prison. From birth a black horse had followed him, a Jewish nightmare. What was being a Jew but an everlasting curse? He was sick of their history, destiny, blood guilt.

(수리공은 여러 시간 떨고 있었고 지독한 슬픔 속에 빠져들어 갔다. 누가 그의 말을 믿을 것인가? 차르 자신도 알고 있다. 차르는 그가 유죄임을 확신하고 있다. 차르는 유죄 선고를 받고 처형되기를 바라는 것이다. 야콥은 자기가 러시아 황제와 격투하고 있는 모습을 상상해 본다. 그들은 수염을 맞비비고 암흑 속에서 싸웠는데 드디어 니콜라이는 자기가 천사라고 선언하고 승천해 버린다.

"이건 모두 환상이야," 수리공은 중얼거렸다. "차르는 나를 필요로 하지 않고 나도 그를 필요로 하지 않아. 왜 그들은 나를 내버려두지 않을까? 내가 정말 그들에게 무슨 일을 했다는 건가?"

자기의 운명을 생각하면 구역질이 났다. 거주제한구역에서 빠져나오자 즉시 감옥에 갇히는 신세가 되었다. 태어날 때부터 검은 말이 따라다녔다. 유대적 악몽이었다. 유대인이라고 하는 것은 영원한 저주에 지나지 않는다는 말인가? 유대민족의 역사에도 운명에도 예수를 죽인 죄에 대해서도 진저리가 났다.)

해설(민족을 위한 사명의 자각)

작품의 주제는 고난을 통한 성숙, 그리고 자신의 사명의 자각이라고 할 수 있다. 이러한 관점에서 본다면 작품의 신화적 패턴은 구약 요나(Jonah)[42]의 이야기로 보인다. 신은 이스라엘의 예언자 요나에게 니네베(Nineveh)－이스라엘 민족의 적인 아시리아(Assyria) 왕국의 수도－에 가서 회개할 것을 외치라고 명한다. 잔인한 적이 회개하여 살아남게 되면 이스라엘 민족에게 큰 위협이 될 거라 생각하고 요나는 신의 명령을 거역하고 스페인으로 가는 배를 탄다. 배는 무서운 폭풍우를 만났고 요나는 배에서 투척되어 큰 고기에 먹히게 된다. 고기 뱃속에서 잘못을 뉘우쳤고, 마침내 니네베로 가서 자기의 사명을 완수한다.

야콥의 장인 슈무엘은 외국에 가고 싶으면 유대민족의 성지인 팔레스타인(Palestine)으로 가라고 야콥에게 충고한다. 야콥도 요나처럼 장인의 충고를 거역하고 키예프로 간다. 요나가 바다에 투척되어 고기 뱃속에 들어갔듯이 야콥도 경찰에 체포되어 감방에 감금된다. 2년 반의 옥고를 치른 후에도 요나 같은 진정한 신앙인으로 자라나지 못했지만, 유대 민족의 결백을 온 세계에 입증할 막중한 사명을 자각한다. 그는 온갖 유혹과 고통을 참고 인내하여 재판을 받아 사명을 완수하려고 한다.

다음으로 고난을 통한 성숙과 사명의 자각이라는 주제에 대하여 생각해 보겠다. 야콥은 30세까지 유대인들만 모여 사는 슈테틀이라는 좁은 지역에서 살았고, 직업도 수리공이라 많은 사람을 접하지 못했으며, 교육도 받지 못하였

42) *Jonah* 1~4

다. 사람을 보고 판단하는 통찰력, 그리고 국내실정을 올바르게 파악할 수 있는 식견(識見)이 거의 없다.

야콥이 경찰에 체포된 후 구루베쇼프 검사는 방에서 발견된 피 묻은 셔츠에 대하여, 또 제니아 소년을 공장 내에서 쫓아 다닌 일이 있는지 여부를 캐묻는다. 야콥은 검사가 무슨 의도로 그런 질문을 하는지 알 수 없어 "그게 저와 무슨 상관이 있소?" 하고 되풀이한다. 야콥에게 살인죄를 씌워 유대인 학살을 계획하는 검사의 속셈을 알게 된 것은, 비비코프가 감방에 찾아와 그의 저의(底意)를 알려준 때부터이다. 얼마 후 그론파인이라는 유대인 위조범이 감방에 들어와 야콥을 동정하는 척하고 접근한다. 야콥이 편지를 써주면 석방된 후 부치겠다고 유혹한다. 야콥이 편지를 써주자 배신하여 부전옥에게 넘겨주었고 그는 "법을 지키는 사람"(law- abiding person)이라는 칭찬을 받고 옥에서 석방된다. 이방인인 러시아인 비비코프는 야콥을 위해 위험을 무릅쓰고 진범을 찾고 있으며, 후일 간수 코긴은 야콥을 보호하려다 부전옥에게 사살되는데, 동족의 한 놈은 야콥을 무서운 재난에 빠뜨린다. 야콥은 이런 쓰라린 경험을 함으로써 그론파인의 "표면"(appearance) 밑에 숨은 "실체"(reality), 근성(根性)을 파악하게 된다. 사악한 인간의 적나라한 내면(內面)을 봄으로써 야콥은 개안(開眼)의 성숙을 이룩하는 것이다.

구루베쇼프 검사는 수단과 방법을 가리지 않고 야콥의 거짓 자백을 받아내려 온 힘을 기울인다. 야콥의 체력을 약화시켜 고통을 주려고 음식에 독을 넣게 했고, 아내 레이즐의 면회를 허락하는 조건으로 거짓자백서에 야콥이 서명하도록 유도한다. 다시 야콥을 국외에 안전하게 도피시킬테니 자백하라고 요구한다. 검찰도 국민의 요망에 따라 사건을 공판(公判)에 부쳐야겠는데, 야콥이 살인한 증거는 없고 기껏해야 "상황증거"(狀況證據) 밖에 없으니 거짓자백을 받아내려 전력을 기울이고 있는 것이다.

슈무엘이 몰래 감방에 찾아온 사실이 발각되자 야콥은 쇠사슬에 묶였고, 하루에 여섯 번씩 혹한 속에서 옷을 벗고 몸수색을 받아야 한다. 고통을 참다못해 차라리 죽는 편이 낫겠다고 생각하며, 신속히 죽을 수 있는 방법을 궁리하기 시작한다. 그러다가 꿈에서 슈무엘이 죽은 것을 보고, 자신의 죽음 때문에 유대인이 하나라도 목숨을 잃어서는 안 된다고 절감한다. 순간 "나는 살아야겠다."("I'll live.")라고 소리친다. 이것이 바로 나에 대한 "계약"(covenant)이라고 다짐한다. 온 유대민족을 위한 사명을 분명히 자각한 것이다. 이때부터 야콥의 책임감은 전 유대민족에 미치기 시작한다고 애브람슨은 지적하고 있다.[43] 야콥은 육체를 가진 인간으로서 도저히 참을 수 없는 온갖 고통을 참아냈고, 비비코프가 가르쳐 주었듯이 재판을 받아 온 유대민족의 결백을 입증할 수 있게 된다. 전세계에 유대민족은 3,000년 이상 율법을 지켜온 선민(選民)임을 증명하려고 한다.

야콥은 전에 감방에서 열병에 걸렸을 때, 꿈속에서 러시아 황제 차르를 만난 적이 있었다. 황제 앞에 무릎을 꿇고 자기는 러시아를 사랑하는 유대인이며 러시아 소년을 살해한 일은 전혀 없으니 살려달라고 애원하였다. 그런데 법정으로 가는 마차 속에서 다시 차르와 만나는 환상이 나타난다. 2년 반의 시련을 겪은 야콥의 태도는 이제 완전히 달라졌다. 러시아 통치자로서의 차르의 잘못을 열거하고 특히 유대인들에 대한 대량학살의 책임을 묻는다. 차르는 유대인 학살은 러시아 국민의 의사에서 나온 것이라고 발뺌을 한다. 야콥은 차르의 가슴에 권총을 겨누고 가슴에 사무치는 원한을 열거한 후, 방아쇠를 당겨 쓰러뜨린다. 이 장면은 정치와 자기는 아무 관계도 없다고 생각한 무식한 수리공이, 강인한 정치적 인간—유대민족의 자유를 위해 최후까지 싸울 것을 다짐하는—으로 자라났음을 상징한다.

작품은 전술한 바와 같이 전미도서상과 퓰리처상을 받았으며, 많은 독자의 심금을 울린 걸작이다.

---

43) Edward A. Abramson, *Bernard Malamud Revisited* (New York : Twayne Publishers, 1993),P.44.

솔 벨로우(Saul Bellow, 1915~2005)

(34) 『오늘을 잡아라』(*Seize the Day*, 1956)

⁑ 작가의 경력 ⁑

솔 벨로우는 1915년 6월 캐나다 퀘벡(Quebec) 주 라신(Lachine)에서 1915년 6월 유대계 이민의 아들로 태어났다. 아홉 살 때 미국 시카고로 이주하였고, 시카고 대학에 다니다가 노스웨스턴 대학으로 전학했으며, 문화인류학과 사회학을 전공했다. 제 2차 세계 대전 중에는 상선대의 선원으로 근무했고 전후에는 뉴욕 대학과 프린스턴 대학에서 강의했다. 1962년 시카고 대학의 강사가 되었으며, 네 번 결혼했다.

처녀작 『허공에 매달린 사나이』(*Dangling Man*, 1943)는 군대에 징집되기를 기다리는 젊은이의 이야기이다. 두 번째 장편 『희생자』(*The Victim*, 1947)는 유대인과 비유대인의 대립을 중심으로 가해자와 피해자(被害者)의 의미를 추구하고 있다. 『오기 마치의 모험』(*The Adventures of Augie March*, 1953)은 여러 가지 인생의 경험을 쌓으면서 성장해가는 소년의 이야기이며 피커레스크(picaresque) 소설이다. 『우왕 헨더슨』(*Henderson the Rain King*, 1959)은 부유한 미국인이 아프리카에 가서 여러 모험을 하는 내용이며, 『허족』(*Herzog*, 1964)은 아내와 친구와의 관계 때문에 고민하는 지성인의 내면을 묘사하고 있다. 『새믈러 씨의 혹성』(*Mr. Sammler's Planet*, 1970)은 어지러운 광란의 사회 속에서 주관을 올바르게 지키려는 남자의 이야기이며, 『훔볼트의 선물』(*Humboldt's Gift*, 1975)은 은인인 시인에 대한 한 작가의 죄의식을 다루었다. 그 밖에도 『학생처장의 12월』(*The Dean's December*, 1982), 『어떤 도둑질』(*A Theft*, 1989), 『벨라로사 비밀조직』(*The Bellarosa Connection*, 1989) 등의 장편, 단편집 『모스비의 회상집』(*Mosby's Memoirs*, 1968), 희곡

『최후의 분석』(*The Last Analysis*) 등이 있다. 1976년에 영예로운 노벨문학상을 받았다.

작품 내용

주인공 타미(Tommy Wilhelm)는 44세의 유대인 중년 남자이다. 아버지 애들러(Adler) 박사는 권위 있는 내과 의사이자 대학교수였다. 어머니는 명문여대를 졸업했고 여동생 캐더린(Catherine)도 대학을 나왔는데 타미만 대학 중퇴자이다. 비록 2년간 대학을 다녔지만 대학생활의 가치를 제대로 인식하지 못하고 있었다. 그 무렵 탤런트 스카우트 모리스(Maurice)로부터 스크린 테스트를 받아보라는 제의를 받는다. 대학 신문에 난 타미의 사진을 보고 모리스가 편지를 보낸 것이다. 뉴욕에 가서 모리스를 만나자 대학을 졸업하고 성공하려면 50년은 걸리는데 배우로 나가면 당장 성공할 수 있다고 부추긴다. 당시 타미는 빨리 사회생활을 하고 싶었다. 대학은 단지 사회진출의 시기를 지연시키는 걸림돌에 불과하다고 생각했다.

그러나 스크린 테스트의 결과를 보자 타미를 부추기던 모리스는 태도를 바꾸어 배우가 될 생각을 버리라고 종용한다. 타미의 음성, 걸음걸이, 몸가짐 등이 배우로서 성공할 것 같지 않다는 것이다. 전문가인 모리스의 충고를 받아들여야 함에도 불구하고 배우의 꿈을 버리지 않았으며, 할리우드에서 7년간 성공하려고 힘썼지만 엑스트라 밖에 되지 못하였다. 그 후 타미는 어린이용 가구를 취급하는 로젝스(Rojex) 회사에서 일했다. 10년간 열심히 일한 대가로 사장은 앞으로 부사장으로 승진시키겠다고 약속하였다. 그러나 사장은 약속을 위반하고 자기의 사위를 부사장의 자리에 앉혔으며, 타미는 화가 나서 회사에서 뛰쳐나왔다. 현재 그는 실업중이다.

아내 마거릿(Magaret)과 두 아이들과 별거하고 있으며 매월 아내에게 많은 생활비와 양육비를 보내고 있다. 아내가 이혼조건에 동의하지 않기 때문에 애인 올리브(Olive)와 결혼할 수 없다. 은퇴한 아버지는 재산이 많지만 아들을 조금도 도와주려고 하지 않는다. 아들러 박사가 타미를 도와주는 것은 돈을 지불할 필요가 없는 충고에 국한된다. 건강에 좋다는 러시아탕, 터키탕, 일광욕, 마사지 등을 권하고 몸에 해로운 여러 알약을 먹지 말라고 권고한다. 그는 아무런 부담 없이 안락하게 노후를 보내려고 생각하고 있다.

타미는 아버지와의 관계가 점점 멀어지게 되었고, 자기에게 관심을 보이는 자칭(自稱) 의사 탬킨(Tamkin)과 가까워지기 시작한다. 같은 호텔에 살고 있는 탬킨의 정체를 파악하려고 몇 번 시도하지만 알아낼 방법이 없다. 탬킨은 증권시장에서 요령 있게 사고팔면 돈 버는 것은 문제가 없다고 장담하여 타미의 마음을 움직인다. 타미는 망설이다가 자기의 마지막 재산인 700불을 내놓고 공동으로 돈지와 호밀에 투자한다. 그러나 기대와는 달리 돈지와 호밀 가격은 폭락하여 타미는 알거지가 되고 탬킨은 사라져 버린다. 증권사 사무실에서, 노인 로우랜드(Rowland)로부터, 탬킨이 피서차 메인(Maine)으로 간다고 했다는 말을 듣는다. 타미는 자기가 입체(立替)한 200불이라도 탬킨으로부터 받아내려고 황급히 거리로 나간다. 길가에서 탬킨의 모습을 언뜻 본 듯하여 급히 달려가지만 순경과 군중에 떠밀리어 자기도 모르게 장례식장 안으로 들어간다. 타미는 사람들의 행렬에 끼어 관 앞으로 접근하여 시체의 얼굴을 바라본다. 그러자 나직하게 흐느끼기 시작했고, 점차 감정이 격화되어 소리 내어 운다.

다음의 인용은 타미와 별거중인 아내 마거릿과의 좋지 않은 사이를 묘사한 내용이다.

> Once again she was reminding him that it was he who had left her. She had the bringing up of the children as her burden, while he must expect to pay the price of his freedom.
>
> Freedom! he thought with consuming bitterness. Ashes in his mouth, not freedom. Give me my children. For they are mine too.
>
> Can you be the woman I lived with? he started to say. Have

you forgotten that we slept so long together? Must you now deal with me like this, and have no mercy?

He would be better off with Margaret again than he was today. This was what she wanted to make him feel, and she drove it home. "Are you in misery?" she was saying. "But you have deserved it." And he could not return to her any more than he could beg Rojax to take him back. If it cost him his life, he could not. Margaret had ruined him with Olive. She hit him and hit him, beat him, battered him, wanted to beat the very life out of him.

(그녀는 집을 나간 사람이 자기가 아니라 타미였다는 사실을 다시 한번 일깨워 주었다. 그녀가 아이들을 양육하는 책임을 지고 있는 대신 타미는 자유의 대가를 지불해야 한다는 것이다.

자유! 쓰디쓴 맛을 느끼며 생각했다. 입에서는 재를 씹는 맛이 난다. 자유의 맛은 전혀 아니다. 아이들을 내게 내놓으라는 말이다. 내 자식들이기도 하잖아.

나와 같이 산 여자가 어떻게 그럴 수 있느냐고 속으로 말하기 시작했다. 우리가 오랫동안 동침한 사실을 잊었어? 이제 와서 나에게 이렇게 대하여야겠어? 인정사정없이.

오늘날 같이 산다면 차라리 마거릿과 함께 사는 편이 나을 성 싶다. 이것이 바로 아내가 느끼게 하고 싶은 내용이었다. 그렇게 느끼게끔 힘을 기울인 것이다. "괴로운가요?" 그녀의 말이었다. "하지만 마땅히 그래야죠." 다시 취직시켜 달라고 로젝스 회사에 간청할 수 없듯이 아내에게도 돌아갈 수 없었다. 죽는 한이 있어도 그렇게 할 수는 없었다. 마거릿은 그와 올리브의 관계를 망쳐 놓았다. 아내는 타미를 치고 또 치고 때리고, 두들겨 패고, 숨이 끊어지기를 바랐던 것이다.)

해설(본래적 자아의 발견)

이 작품은 주인공 타미가 뉴욕 글로리아나 호텔과 증권거래소를 중심으로, 아침부터 오후까지 하루 동안에 겪는 일을 다루고 있다. 3인칭 서술로 타미의 시점과 아버지 애들러의 시점 사이를 움직이면서 심리의 움직임을 정확하게 묘사하고 있다.

작품에는 처음부터 끝까지, 등장인물들의 돈에 대한 애착과 탐욕에 대한 작가의 비판이 예리하게 나타난다. 타미의 아버지는 돈을 달라는 아들이나 딸의 성가신 말을 일체 듣고 싶지 않다. 한 번 도와주기 시작하면 버릇이 되어 끝없이 도움을 요청할 것이므로 도와줄 수 없다고 잘라 말한다. 의사였던 아버지는 의사가 환자를 과학적으로 진찰하고 치료하듯이, 자식에게도 합리적인 규칙(rule)을 세우고 그대로 실천하려고 한다. 이 규칙에는 동정심이나 자비심 같은 비합리적, 감정적 요소는 전혀 들어갈 수 없다. 또 아버지는 어머니와 달리 유대인이면서도 유대교에 관심이 없고, 유대교가 가르치는 자비, 사랑, 동정심 등의 덕목도 지니지 못한 사람이다. 타미는 도움을 거절하는 아버지를 몹시 원망하지만 시간이 지나자 아버지든 누구든 자기를 도와줄 아무런 이유도 없다고 생각한다. 타미는 고통에 찬 현실에 직면하여 마침내 아버지에 대한 의뢰심을 버리고 자기의 힘으로 곤경을 극복하려고 결심한다. 차를 팔아 호텔 방세를 물고 친구를 만나 일자리를 구하려고 한다. 궁경(窮境)은 이처럼 자기신뢰(自己信賴)의 정신을 길러준 것이다.

부자간에 드러난 냉혹한 인간관계는 아내와의 관계에서도 나타난다. 아내로부터 "지급 전화요망"이라는 전갈을 받고 타미가 전화하자 아내는 연수표(延手票)를 보낸 사실에 항의하고 속히 양육비를 보내라고 독촉한다. 알거지가 된 처참한 입장을 설명해도 그녀의 태도는 조금도 변하지 않는다. 아버지는 아들을 도와주려하지 않고 아내는 남편의 돈을 짜내려하는 점에서 양자는 서로 다르지만, 둘 다 사람보다 돈을 더 섬기는 점에서 동일하다. 타미는 인간의 탐욕이 얼마나 무섭고 한이 없는 것인지 깨달아야 하고, 돈 앞에는 부성애(父性愛)도 부부애도 없다는 사실을 분명히 인식해야 한다. 의사라고 자칭하고, 금전적인 보상이 없을 때, 즉 정신적 보상만을 목표로 할 때 진단을 더 잘 한다고 떠벌리던 탬킨도 돈에 눈이 어두운 비정한 사기꾼이다. 타미를 투자하도록 유인하고 증권시세가 폭락하자 어디론가 사라져 버린다. 어리석은 타미는 막대한 손해를 본 후에 비로소 외관 밑에 숨은 실상을 파악하는 개안(開眼)의 성장을 이룩하는 것이다.

타미가 장례식장에 밀려들어가 알지도 못하는 시체의 얼굴을 보고 우는 것은, 여러 가지 해석이 가능하다. 그 중에서도, 고난과 짝짓도록 유도한, 허위를 사랑하는 "거짓 영혼"(pretender soul) 때문에 운다고 포터(Porter)는 지적하고 있다. 고통의 눈물을 통해 가슴 속의 "거짓 영혼"이 죽었으므로 타미는 이제 진리를 사랑하는 "참 영혼"(true soul)을 받아들일 단계에 이른다.[44) "거짓 영혼"에 의해 지배되어 온 비본래적 자아(非本來的 自我)—허영에 들떠 배우가 되려고 할리우드로 가고, 경솔하게 결혼을 하고, 사기꾼과 더불어 일확천금을 꿈꾸던 소아(小我) 또는 가아(假我)—를 떠나 "참 영혼"이 지배하는 본래적 자아, 대아(大我) 또는 진아(眞我)를 찾게 된 것이다. 타미는 또 인류를 위해, 고민과 고독으로 울부짖는 수백만의 사람들을 위해 운다는 것이다.[45) 따라서 이 울음은 이해심과 동정심이 결여되었던 타미가 진심으로 이웃을 사랑하게 되었음을 드러낸다. 클레이튼(Clayton)은 타미가 관 앞에 선 순간은 며칠 전 지하도 안에서 사랑을 느낀 순간과 매우 유사하며, 그 사랑은 "참 영혼"의 표현인 만인에 대한 사랑, 공통적인 인간성에 대한 인식이라고 설명한다.[46)

---

44) M. Gilbert Porter, *Whence The Power?* (Columbia, Missouri : University of Missouri Press, 1974), P.125.

45) *Ibid*, P.125.

46) John J. Clayton, *Saul Bellow : In Defense of Man* (Bloomington : Indiana University Press, 1979), P.133.

타미는 지금 관 앞에서 눈물을 흘리며 물속에서 익사하는 경험을 한다. 이 비유적인 익사는, 동시에 그가 받는 세례이고 재생이며,[47] 성숙의 계기가 된다. 무서운 곤경에 빠진 타미가 쓰러지지 않고 이처럼 재생하고 성장하여 새로운 삶을 살려고 하는 것은 궁극적으로 유대교의 신앙 때문이라고 생각된다. 비록 회당에는 나가지 않지만 자기 방식대로 기도를 올리며 어려움을 당할 때 진지하게 신을 찾는 것이다. 이 신앙 때문에 타미는 지하도에서 신비로운 에피파니(epiphany)를 체험하여 만인에 대한 사랑을 느꼈고, 관 앞에서 눈물을 흘리는 중에 본래적 자아를 발견한 것이다.

마지막으로 작품의 제목인 『오늘을 잡아라』의 의미를 간단히 살펴보겠다. 이 말은 원래 호레이스(Horace)의 송시(Odes), I. xi에서 나온 것이다. 라틴어로 카프디엠(Carpe Diem)이라고 하고, 서정시에서 흔히 발견되는 모티프의 명칭이다. 최대한으로 현재의 쾌락을 즐기도록 상대방을 설득하기 위해, 인생은 짧고 세월은 빠르다는 사실을 강조하고 있다. 이 말은 작품에서 탬킨이 정신병 환자를 치료하는 방법을 타미에게 설명할 때에 처음으로 언급된다. 쓸모없는 과거나 미래의 불안에서 현재의 순간, 즉 현실세계로 환자를 끌어 들여 치료한다는 것이다.

탬킨은 증권시세가 호전되자 증권을 팔자고 서두르는 타미를 진정시키기 위해, 미래의 불안을 버리고 "여기-지금"(the here and now)에만 정신을 집중하라고 충고한다. 이 말에는 현재의 순간에 의식을 집중시킴으로써 불필요한 고통이나 불안에서 구해주려는 지혜와 사랑의 정신이 들어있다고도 볼 수 있다.

---

47) Porter, P.125.

(35) 『허조그』(*Herzog*, 1964)

⁑ 작품 내용 ⁑

주인공 허조그는 중년의 유대계 미국인이다. 시카고 대학에서 역사를 강의하였고 조교수로 근무했다. 저서 『낭만주의와 기독교』(*Romanticism and Christianity*)는 학계에서 높은 평가를 받았고, 박사학위논문 『17·8세기 영불 정치철학에 나타난 자연의 양상』(*The State of Nature in 17th and 18th Century English and French Political Philosophy*)도 좋은 평을 받아 독일어와 불어로 번역되었다. 그 후 허조그는 두 번째 아내 매들린(Madeleine)의 말을 듣고 저술에 전념하기 위해 시카고 대학에서 사직하고 시골인 매사추세츠 주 루디빌(Ludeyville)에 가서 살게 된다. 아버지가 물려준 2만 불로 낡은 별장을 사서 수리했으며, 이웃이라고는 유대인 거스박(Gersbach)과 피비(Phoebe) 부부 밖에 없다. 현재 허조그는 두 번째 저술 작업이 뜻과 같이 되지 않아 어려움을 겪고 있다.

약 1년이 지나자 변덕이 심한 매들린은 단조로운 시골 생활을 견딜 수 없다고 불만을 터뜨렸고 딸 준(June)을 데리고 시카고로 간다. 대학원에서 슬라브(Slav)어를 연구하여 박사학위를 받겠다는 것이다. 1년이 지나자 갑자기 이혼을 요구했으며, 허조그는 큰 충격을 받는다. 그는 신경쇠약 증상에서 벗어나려고 유럽 강연 여행을 떠난다. 돌아와 보니 아내는 자기의 친구 거스박과 동거하고 있음을 알게 된다. 허조그는 거스박을 위해 F.M. 방송국의 교육프로그램 책임자로 일자리까지 찾아 주었는데 친구를 완전히 배반한 것이다. 허조그는 정신착란에 빠지지 않고 정신건강(sanity)을 유지하기 위해 마음 내키는 대로 편지를 쓰기 시작한다. 수신인도 각양각색이며 편지 쓰는 기법도 다양하다.

허조그는 야간대학에서 자기의 강의를 듣는 30대 후반의 여대생 라모나(Ramona)를 사귀기 시작한다. 그녀는 허조그가 매들린에서 받은 정신적 질환을 치유하여 학자로서 재기시키고, 정력을 회복시켜 결혼하려고 생각하고 있다. 허조그는 상대방의 마음을 눈치는 채고 있지만 세 번째 결혼은 신중히 결정하려고 생각중이다. 기분전환을 위해 옛날 여자 친구 리비(Libbie)의 집으로 여행을 떠났으며, 도중 우드 홀(Woods Hole) 강가에서 자연의 아름다운 경치를 바라보고 심신의 상쾌함을 오랜만에 느낀다.

그 후 허조그는 우연히 뉴욕의 어떤 법정에서 유아살해사건에 대한 재판을 방청한다. 혹시 매들린과 거스박이 딸 준을 학대하지 않을까 근심이 되어, 시카고로 날라가서 밤중에 찾아간다. 거스박이 준을 정성껏 목욕시키는 장면을 보고 권총으로 사살하려던 생각을 접는다. 친구 애스팔터(Asphalter)의 도움으로 허조그는 딸 준을 만나 즐거운 시간을 보냈는데, 돌아오는 길에 교통사고를 일으켜 경찰서에 연행된다. 매들린이 경찰서로 준을 데리러 오자 오랜만에 이혼한 아내를 만난다. 경찰관이 허조그가 휴대한 권총을 보여주면서 전에 본 적이 있느냐고 질문한다. 매들린은 본 일은 없지만 자기를 죽이려고 권총을 휴대했을 거라고 매우 불리한 증언을 한다. 이 마지막 대면을 계기로 허조그는 매들린과 배신자 거스박에 품고 있던 모든 미련, 증오, 복수심 등을 깨끗이 버리게 된다.

형 윌(Will)의 도움으로 경찰서에서 풀려나와 루디빌의 옛집으로 돌아간다. 허조그는 애인 라모나에게 전화를 걸어 함께 저녁을 먹자고 초대한다. 결혼을 결심한 것은 아니지만, 결혼문제를 진지하게 생각해 보려는 것이다. 마음의 안정을 되찾았기 때문에 이제는 편지를 쓸 필요성도 없다. 아름다운 자연 속에서 여유 있는 마음으로 마을을 둘러본다. 식탁 위 꽃병에 꽂을 꽃을 꺾어 왔고, 식모에게 집 청소를 부탁한다.

다음의 인용은 허조그가 결혼하려고 생각하는 라모나를 만난 후, 형 윌을 소개하는 장면이다.

> Ramona was waiting, smiling, a few minutes later. She stood beside her black Mercedes in shorts and sandals. She wore a Mexican blouse with coin buttons. Her hair glittered,

and she looked flushed. The anxiety of the moment threatened her self-control. "Ramona," said Moses, "this is Will."

"Oh, Mr. Herzog, what a pleasure to meet Moses' brother."

Will, though wary of her, was courteous nevertheless. He had a quiet, tidy social manner. Herzog was grateful to him for the charming reserve of his courtesy to Ramona. Will's glance was sympathetic. He smiled, but not too much. Obviously he found Ramona impressibly attractive. "He must have been expecting a dog." thought Herzog.

"Why, Moses," said Ramona, "you've cut yourself shaving. And badly. Your whole jaw is scraped."

"Ah? He touched himself with vague concern.

"You look so much like your brother, Mr. Herzog. The same fine head, and those soft hazel eyes.…"

(몇 분 후 라모나는 미소를 지으며 기다리고 있었다. 반바지에 샌들을 신고 흑색 메세데즈 자동차 옆에 서 있었다. 경화(硬貨) 단추가 달린 멕시코 블라우스 차림이었다. 머리는 번쩍이고 얼굴은 홍조되어 있었다. 그 순간에 대한 불안 때문에 자제력이 무너질 것 같았다. "라모나, 우리 형 윌이요."하고 허조그가 소개했다.

"허조그 선생님, 모세의 형님을 만나 뵈어 참 반갑습니다."

윌은 라모나를 경계하면서도 정중한 자세를 취하고 있었다. 차분하고 말쑥한 사교상의 태도를 지니고 있었다. 형이 라모나에게 젊잖게 매력있는 태도로 대하는 것을 보고 고맙게 생각하였다. 윌의 시선은 인정있는 시선이었다. 미소를 지었지만 지나치지도 않았다. 윌은 분명히 라모나가 몹시 매력 있는 여자라고 느끼고 있었다. 허조그는 "형은 형편없는 여자를 예상했었구만."하고 마음속으로 생각하였다.

"아니, 모세, 당신 면도하다가 베었구만요. 그것도 심하게. 턱이 모두 긁혔군요."

"그래요?" 대수롭지 않은 듯이 손으로 만져보았다.

"허조그 선생님, 아우님과 참 많이 닮으셨네요. 멋진 머리 모양, 부드러운 담갈색 눈, 모두요.…")

해설(긍정적인 생의 욕구) : 작품에는 여러 주제가 나타나지만, 가장 중요한 것은, 긍정적인 생의 욕구-어려운 사태가 호전되기를 기다리고 최선을 다해 살려는 의욕(意慾)(a willingness to wait things and live as best he can)[48]-라고 할 수 있다.

허조그는 박사 학위가 있고 시카고 대학 교수이며, 훌륭한 저서가 있고 연구를 위한 몇몇 장학금도 받았다. 이처럼 전도유망한 주인공에게 닥쳐온 고난과 위기는 두 번째 책의 저술이 진척되지 않는데서도 다소 나오지만 주로 두 번째 아내 매들린이 갑작이 이혼을 요구한 데서 나타난다. 그는 첫 번째 아내 데이지(Daisy)와 이혼하지 말았어야 하며 두 번째 아내 매들린과 결혼하기 전에 신중했어야 했다. 이처럼 세상물정에 어둡고, 정욕에 빠져들고 여자를 보는 통찰력이 부족하다는 점에서 성격적 결함을 찾을 수 있다.

데이지는 정숙한 유대인 여자이다. 가정 내에서 질서, 규율, 안정감 등을 유지하려고 힘썼다. 결점이 있다면 좀 냉정하고 남편의 학문적 야망을 제대로 이해하지 못했다는 점일 것이다. 허조그는 그녀와의 안락하고 평범한 생활이 지루하고 나태한 생활로 생각되어 헤어지기로 결심했다. 데이지와 이혼하기 전부터 사귀게 된 일본 여자 소노(Sono)는 데이지와 정반대로 성격이 따스하고 사랑스럽고 남자를 떠받드는데 능숙하다. 한 동안 소노와 즐겁게 동거생활

48) James T. Callow and Robert J. Reilly, *Guide To American Literature from Emily Dickinson to the Present* (New York ; Harper & Row, Publishers, Inc., 1977), P.147.

을 하지만 마음에 차지 않아 헤어지고 만다. 다음에 나타난 매들린은 미인이고 허영심이 강하며 모든 사람의 주목과 사랑을 갈망하는 여자이다. 야망 있는 남성을 좋아하며 허조그가 야심 있는 학자임을 알게 되자 접근한 것이다. 매들린은 허조그가 가진 모든 것-명성, 돈, 학문까지 차지하고 더 이상 받을 것이 없게 되자 정력이 왕성한 거스박에게 가버린다. 허조그는 또 유럽 여행 중 완다(Wanda)라는 여자를 사랑했는데 마음씨는 착하지만 성병을 옮겨 주었다. 그 후 라모나와 가까이 지내는데, 일시적인 쾌락과 위로 이외에 마음의 평안을 찾을 수 없다. 그는 종종 과거의 수많은 로맨스를 회상하고 연애가 자기의 직업이 아닐까하고 반성할 때도 있다. 현재 매들린이 준 무서운 쇼크로 인해 우울증과 정신이상의 징후가 점점 악화되어 간다.

이런 비참한 시련을 유대교의 인과론적 관점(因果論的 觀點)에서 살펴본다면 데이지와 억지로 이혼한 죄악의 대가라고 볼 수밖에 없다. 허조그가 데이지에게 이혼을 요구할 무렵, 장모 폴리나(Polina)가 나타나 창녀들에게 빠져 조강지처와 아들 마르코(Marco)를 버려서는 안 된다고 무섭게 책망한다. 유대교는 부부간의 결혼계약을, 이스라엘 민족이 신과 맺은 성약(聖約)에 비유하여 준수를 강조한다. 이스라엘 민족이 사신, 우상을 섬기는 것은 영적인 음행을 의미하며 신의 징벌을 피할 수 없다.[49] 허조그가 정당한 이유 없이 데이지와 이혼하고 엽색(獵色)을 자행하는 것은 음란의 죄이며 징벌을 받아 마땅한 것이다.

매들린에게 이혼 요청을 받은 후부터 허조그는 편지를 쓰기 시작한다. 자신의 울분과 증오와 회한(悔恨)을 밖으로 배출시킴으로써 정신착란에 빠지지 않고 정신건강을 유지하는데 목적이 있다. 편지를 쓰는 중에 현실을 직시(直視)하고 여러 문제에 대처할 수 있는 통찰력과 지혜를 얻게 된다. 허조그는 과거를 깊이 회상하며 유대적 정체성, 전통, 관습, 가족의식 등을 되새긴다. 정통

---

49) *Ezekiel* 23:30.

파 유대교 신자는 아니지만 신앙 깊은 어머니의 영향을 받아 죄를 뉘우치며 유대교의 계명을 명상한다. 죄의식에 고통을 받으면서도 한 편 회개하고 기다리면 다시 복을 받게 된다는 가르침을[50] 거듭 생각한다. 라모나와의 세 번째 결혼을 서두르지 않고 신중히 검토하는 것도, 매들린과 서둘러 결혼한 잘못을 반성한 결과이며, 기다리며 숙고해 보겠다는 것이다.

허조그는 우연히 유아살해사건의 재판을 방청한 결과, 딸 준이 혹시 학대를 받고 있지 않을까하고 근심한다. 그러나 거스박이 준을 웃어가며 목욕시키는 장면을 보자, 순간적으로, 심한 고통이 가슴을 뚫고 지나는 듯한 충격을 받는다. 배신자이긴 하나 선한 면이 있다는 인식-인간에 대한 새로운 인식을 얻었기 때문이다. 허조그는 다시 거스박의 아내 피비를 찾아가 이혼소송을 제기하라고 부추긴다. 피비는 죄를 용서해주고, 힘써도 뜻대로 되지 않을 때에는 깨끗이 잊는 편이 낫다고 충고한다. 피비의 신앙 깊은 아량 있는 말에 깊은 감명을 받는다. 그 후 오랜만에 자기를 배신한 매들린을 경찰서에서 만난다. 매들린의 악의에 찬 증언을 듣게 되자, 허조그는 모든 미련과 증오를 깨끗이 버리게 되었고, 마음이 한결 평안해진다. 그를 둘러싼 모든 환경과 문제는 시간이 지나자 점차 호전되었고, 라모나와의 세 번째 결혼을 진지하게 생각하기 시작한다.

허조그는 마지막으로 시골 루디빌의 옛 집으로 돌아간다. 자연의 치유하는 힘을 흡족히 받아 심신을 회복시키려는 것이다. 옛 여자 친구 리비를 찾아가는 도중 우드 홀 강변에서도 이와 같은 신비로운 경험을 한 적이 있다. 허조그는 사회에서 물러나와 자연 속에서 한가로이 은거하겠다는 뜻이 아니다. 내일의 사회 참여를 위한 휴식과 미래의 활동을 위한 준비를 하겠다는 것이다. 그 증거로 라모나를 만나고, 또 아이들과 데이지를 찾아갈 계획을 세운다.

아름다운 자연 속에서 마음을 활짝 열어 현실을 수용하고, 모든 분노와 증

---

50) *Isaiah* 30:18, *Psalms* 40:1.

오, 아집을 버리고, 만사를 신에게 맡기고 기도할 수 있는 경지에 이른 것이다. 정신이상의 무서운 증세까지 보였던 허조그는 정신적 건강을 회복하고, 고결한 신앙심까지 얻은 것이다. 이제는 편지를 쓸 필요가 없다. 울분과 분노, 불안과 공포 등 모든 부정적 요소가 사라지고, 어떤 현실에도 대처할 수 있는 통찰력과 지혜, 그리고 신앙마저 얻었기 때문이다. 시련을 거쳐 이제는 긍정적인 생의 욕구가 충만하게 된 것이다.

작품을 발표한 후 벨로우는 많은 독자들로부터 편지를 받았다. 편지의 내용은 대체로 소설의 주인공과 독자들의 인생이 너무나도 흡사하다는 것이다. 그 결과 작품은 대중에게 뜨거운 공감을 불러일으켰고 좋은 찬사를 받았다.

존 업다이크(John Updike, 1932~2009)

(36) 『달려라, 토끼』 (*Rabbit, Run*, 1960)

작가의 경력

업다이크는 펜실베니아 주 리딩(Reading)에서 외아들로 태어나 실링턴(Shillington)에서 자라났다. 1954년 하버드 대학을 수석으로 졸업한 후 『뉴요커』(*New Yorker*) 지에 취직하여 단편을 발표하기 시작했고 정기적으로 기고하였다.

1959년 첫 장편 『구빈원 축제』(*The Poorhouse Fair*, 1959)라는 미래소설을 발표하여 미국 예술원 로젠탈상을 받았고, 1960년에는 제 2작 『달려라, 토끼』를 출간하여 동시대 대표작가의 자리에 오르게 되었다. 1963년의 『켄타우로스』(*Centaur*, 1963)는 혼란과 과오의 3일간에 걸친 미국 고교 교사의 생활을 교사 아들의 눈을 통해 관찰하고 있다. 1968년에 나온 『쌍쌍놀이』(*Couples*, 1968)는 열 쌍의 부부에게 나타나는 성적 관계를 기술한 작품으로 작가는 독자들로부터 많은 비난을 받았다 『돌아온 토끼』(*Rabbit Redux*, 1971)는 과거의 번영에서 몰락해가는 펜실베니아의 작은 도시를 보여주며 베트남 전쟁과 흑인 혁명도 함께 다루고 있다. 『토끼는 부자다』(*Rabbit is Rich*, 1981)에서는 할아버지가 된 주인공이 순응된 삶을 살아가는 슬픈 기록이다. 1990년에는 『휴식하는 토끼』(*Rabbit at Rest*, 1990)를 발표하였다. 단편집으로는 『같은 문』(*The Same Door*, 1959), 『비둘기의 날개』(*Pigeon Feathers*, 1962), 『음악 학교』(*The Music School*, 1966), 『베크 : 한 권의 책』(*Beck : A Book*, 1970), 그 속편 『베크 돌아오다』(*Beck Is Back*, 1982), 『박물관과 여자들』(*Museums and Women*, 1972) 등이 있다. 최근에 발표된 장편으로는 『이스트윅의 마녀들』(*The Witches of Eastwick*, 1984), 『로저의 판본』(*Roger's Version*, 1986), 『에스』(*S*, 1988) 등이 있다. 그 밖에 시집, 회고록, 평론 등을 발표하였다.

작품 내용

별명이 토끼(Rabbit)인 해리 앙스트롬(Harry Angstrom)은 26세의 청년이다. 직업은 잡화점에서 매지필 필러(MagiPeel Peeler)라는 주방용품을 시연(試演)하는 일이다. 야채 껍질 벗기는 기구의 사용법을 고객들에게 보여주는 것이다. 고교를 졸업한지 2년밖에 안된 재니스(Janice)와 결혼했으며, 아들 넬슨(Nelson)은 두 살 반이다. 아내는 현재 두 번째 아이를 임신하고 있다. 재니스는 가정의 살림에 서툴고 절제(節制)가 부족하며, 텔레비전과 술을 몹시 즐긴다. 아름다웠던 부인의 용모도 많이 변하여 해리는 전처럼 매력을 느끼지 못하고 있다. 고교시절 1류 농구선수였는데 지금은 화려했던 시절을 그리워할 뿐이며, 현재의 평범한 가정생활을 지루하게 여긴다. "지금의 나"는 덫에 걸려 있는 것 같고 감방에 갇혀 있는 듯한 느낌이다.

어느 날 아내가 해리의 차를 아버지 스프링어(Springer) 씨의 집 앞에 주차시켰다고 하자 해리는 차를 가져오려고 집을 나간다. 밤중에 차를 타고, 충동적으로 펜실베니아 주 교외의 마운트 저지(Mt. Judge) 시에서 남쪽으로 계속 달려 웨스트 버지니아(West Virginia)까지 간다. 다시 차를 돌려 집으로 오는데 도중 선샤인 체육협회 앞에서 차를 세운다. 거기서 우연히 고교시절의 농구 코치 토세로(Tothero)를 만나 함께 중국 음식점으로 갔으며, 창녀 루스(Ruth)를 만나게 된다. 해리는 동갑인 루스의 매력에 끌려 그녀의 아파트에서 동거 생활을 시작한다. 그 후 우연히 알게 된 성공회 목사 에클스(Eccles)와 함께 매주 화요일 골프를 치게 된다. 해리는 목사의 소개로 늙은 스미스 부인(Mrs. Smith)의 정원에서 정원사로 일하게 되었고 매주 40불을 받는다. 얼마 후 목사로부터 해리의 아내 재니스가 병원에서 출산한다는 말을 듣고 루스에게 양해를 구하고 병원으로 달려간다. 재니스는 딸을 순산한다. 두 달 이상 집을 나간 남편을 병원에서 다시 만나자 그녀는 남편을 너그러이 용서하고 키스를 한다. 장인 스프링어 씨는 해리가 다시 집을 나가지 않도록 자기의 매장(賣場) 한 곳에 중고차거래소를 설치하여 사위가 일하도록 주선한다. 그러나 해리는 재니스와 아기와 함께 병원에서 귀가한 후 며칠이 지나자 다시 답답해져 집을 나와 버린다. 재니스는 울적하여 술을 마셨는데 취한 탓으로 아기를 욕탕에 떨어뜨렸고, 아기는 익사한다. 해리는 장례식에 갔지만 사람들의 비난하는 시선을 참을 수 없어 다시 루스에게 돌아간다. 루스는 줏대 없이 우왕좌왕(右往左往)하는 해리에게 재니스에게 돌아가라고 고함을 친다. 그녀는 지금 해리의 아기를 임신한 상태다. 재니스와 이혼을 하던가 아니면 다시 오지 말라는 것이다. 그는 당장 결정을 내릴 수 없어 어찌해야 좋을지 모르겠다고 얼버무린다. 배가 고프니 식품점에 가서 먹을 것을 사다 먹고, 생각해 보자고 말한다. 해리는 밖으로 나와 또 달리기 시작한다.

다음의 인용은 해리가 이웃 아이들과 잠깐 농구를 한 후, 벗어놓은 옷을 집어 들고 집으로 달려가는 모습이다.

> Rabbit picks up his folded coat and carries it in one hand like a letter as he runs. Up the alley. Past the deserted ice plant with its rotting wooden skids on the fallen loading porch. Ashcans, garage doors, fences of chicken-wire caging criss-crossing stalks of dead flowers. The month is March. Love makes the air light. Things start anew; Rabbit tastes through sour aftersmoke the fresh chance in the air, plucks the pack of cigarettes from his bobbling shirt pocket, and without breaking stride cans it in somebody's open barrel. His upper lip nibbles back from his teeth in self-pleasure. His big suede shoes skim in thumps above the skittering litter of alley gravel.
>
> Running. At the end of this block of the alley he turns up a street, Wilbur Street in the town of Mt Judge, suburb of

the city of Brewer, fifth largest city in Pennsylvania. Running uphill. Past a block of big homes, small fortresses of cement and brick inset with doorways of stained and bevelled glass and windows of potted plants; and then half-way up another block, which holds a development built all at once in the thirties.

(래빗은 접혀진 웃옷을 집어 들고, 편지처럼 한 손에 들고 달려간다. 골목길을 올라간다. 쓰러진 하역장 입구 위로, 목제 스키드가 썩어가는 황폐한 얼음 공장을 뛰어 지나간다. 쓰레기통, 차고문, 시든 꽃이 달린 줄기가 엇갈린, 닭장으로 쓰이는 쇠줄로 된 담장. 때는 3월이다. 사랑은 공기를 가볍게 한다. 만물이 새 출발을 시도한다. 래빗은 담배를 피운 뒤의 시큼한 미각으로 대기 속의 새로운 기회를 맛본다. 깐닥깐닥 움직이는 셔츠 호주머니에서 담뱃갑을 꺼내어 보조(步調)를 유지한 채, 뚜껑이 열려 있는 어느 집 쓰레기통에 던져 넣는다. 자기만족에 빠져 윗입술이 이에서 조금씩 올라간다. 신은 큰 스웨이드 구두가 잽싸게 흩어지는 골목길 자갈 위를 쿵쿵거리며 스쳐간다.

달려가고 있다. 골목길 한 블럭 끝에 있는, 마운트 저지 시내 윌버 가(街)인 큰 길에 이른다. 펜실베니아 주에서 다섯 번째로 큰 도시인 브루어 시의 교외(郊外)이다. 비탈길을 계속 달려 올라간다. 시멘트와 벽돌로 된 작은 요새 같은, 큰 집들이 있는 블럭을 지나간다. 채색된 사각(斜角)의 유리가 박힌 문간이 있고, 창틀에는 화분에 심은 식물(植物)이 있다. 또 다른 블럭을 반쯤 올라간다. 이 블럭에는 30년대 갑자기 만들어진 단지가 있다.)

해설(신의 섭리의 추구)

하이(High)는 업다이크의 주인공들의 불만과 불행의 원인을 작가가 다음과 같이 생각한다고 지적하였다. 그들은 "생활 속의 일들의 표면만 피상적으로 접촉하며"(skimming the surface of things with their lives) 살아간다는 것이다.[51] 해리는 고등학교 시절 농구 선수로 이름을 날린 자신의 성공을 잊을 수 없다. 현재 결혼 생활을 하면서도 일상적인 생활에 불만을 느끼고 도피하려고 한다. 그는 소년 시절의 일시적 인기, 목전의 쾌락(sex), 이익 등 피상적인 것에 집착하고 깊은 신앙생활, 진정한 이웃 사랑 등을 소홀히 여긴다. 이 잘못된 가치관에서 불만과 불행, 혼란 등이 야기되며 마음의 평화와 참된 행복을 이룩할 능력을 상실하게 되는 것이다.

성공회 목사 에클스는 해리에게 신의 사죄(赦罪)를 받기 위해 힘써야 하고, "모든 것 뒤에 있는 것"(that thing behind everything)을 볼 수 있는 영안(靈眼)을 가져야 한다고 충고한다.[52] "모든 것 뒤에 있는 것"은 자기를 구(救)해줄 어떤 심오한 정신적인 것, 즉 눈에 보이지 않는 신의 섭리(攝理) 또는 신의 뜻을 상징한다고 할 수 있다.

에클스 목사는 깨진 가정(broken homes), 달아나는 남편들(fleeing husbands)의 문제를 해결하고, 신의 뜻을 알려주는 의로운 예수 그리스도의 종이다. 해리가 아내와 직장에서 도피하여 루스와 동거하게 되자 쾌락에 빠져 아내를 괴롭히는 것은 신의 뜻이 아니라고 충고한다. 집으로 돌아가 주정뱅이인 아내를 선도하는 것이 남편의 본분(本分)이라고 깨우쳐 준다. 해리는 고난과 궁핍 등은 일종의 교육, 말하자면 입문(initiation)에 불가결한 요소라고 강조하는 설교를 들은 적이 있다.[53] 그리스도를 따라가려는 사람은 시련과 어려움이 다가

---

51) High, P.195.

52) JohnUpdike, *Rabbit, Run* (New York: Penguin Books Ltd., Harmondsworth, 1960), P.227.

53) *Ibid.*, P.192.

와도 욥(Job)처럼 꿋꿋이 인내하여 신의 뜻에 순종해야 한다고 가르친다. 딸 쥰의 장례식 전날 밤, 해리는 목사에게 "저는 무엇을 해야 합니까?"(What shall I do?)라고 묻는다. 자기 자신에 대한 신의 뜻을 알려달라는 것이다. 목사는 "착한 남편이 되고, 착한 아버지가 되시오."(Be a good husband. A good father.)[54]라고 대답한다. 평범한 일꾼으로서 일하고, 가정을 성실하게 지키고 일상 생활에 만족하라는 것이다. 이것이 바로 작품의 주제라고 할 수 있다. 아담(Adam)과 하와(Eve)가 에덴 동산의 생활에 만족하지 못하고 금단(禁斷)의 열매를 따먹었듯이, 해리도 일상생활에 불만을 품고 가정에서 도피하고 육체의 쾌락만 추구하여 창녀와 동거하지 말라고 타이른다. 경건한 신앙생활을 영위하고 신의 뜻에 순종하라고 강조한다.

장례식이 끝난 후 해리는 아내와 장인이 마련해 준 직장을 다시 떠났고 루스에게 돌아간다. 루스는 임신한 사실을 알려주고 아내와 이혼하고 자기와 결혼하든지 아니면 깨끗이 잊고 다시 오지 말라고 호통을 친다. 양자택일(兩者擇一)의 중대한 문제에 직면하자 대답을 얼버무리고 밖으로 나와 다시 달리기 시작한다.

작품에는 주인공의 달리는 모습이 처음부터 끝까지 수없이 나온다. 함정에 빠지고, 감옥에 갇힌 듯한 초조감(焦燥感)에서 벗어나려고 출구(出口)를 찾는 토끼처럼 무조건 달리는 것이다. 그 과정에서 주위의 사람들-장인, 장모, 부모, 목사, 아내, 아들, 애인 등-에게 심한 상처를 주고 배신감을 안겨준다.

해리는 무신론자가 아니다. 다급하면 신에게 간절히 비는 사람이다. 아내가 진통을 일으키자 순산을 위해 간절히 빈다. 루스의 아파트에서 신자들이 교회에 가는 모습을 보고 식구들을 위해 축복을 빌고 사죄의 기도를 드린다. 그러나 평소(平素)에는 계명(誡命)을 어기고 음란의 죄를 범하고 방종한 생활에 빠져든다. 현대 청년들의 타락하고 무책임한 생활상과 방황하고 고민하는 심리

54) *Ibid.*, P.227.

상태를 고스란히 엿볼 수 있다.

작가는 예민한 감각과 섬세한 문체로 미국 중류사회의 풍속을 그리고 있으며, 일상생활에서 청년들이 겪는 불만, 불안감과 초조감, 그리고 쾌락을 추구하는 욕망 등을 여실하게 들어냈다. 이 작품으로 업다이크는 미국 문단에 큰 획을 긋게 되었다.

찾아보기(인명)

찾아보기(인명)

찾아보기(작품명)

찾아보기(작품명)

찾아보기(작품명)

찾아보기(작품명)

찾아보기(작품명)

찾아보기(작품명)

▌참고문헌▐

Abramson, Edward A. *Bernard Malamud Revisited.* New York: Twayne Publishers, 1993.

Blake, Fay M. *The Strike in the American Novel.* Metuchen, New Jersey : Scarecrow Press, 1972.

Callow, James T. And Reilly, Robert J. *Guide to American Literature from its beginnings through Walt Whitman.* New York: Harper & Row, Publishers, Inc., 1977.

Guide to American Literature from Emily Dickinson to the present. New York : Harper & Row, Publishers, Inc., 1977.

Clayton, John J. *Saul Bellow : In Defense of Man.* Bloomington: Indiana University Press, 1979.

French, Warren. *A Companion to Grapes of Wrath.* New York: Penguin, 1989.

High, Peter B. *An Outline of American Literature.* New York: Longman, 1986.

Lass, Abrasham H. ed. *A Student' s Guide to 50 American Novels.* New York : Washington Square Press. 1966.

Lewis, Edith. *Willa Cather Living.* Lincoln : University of Nebraska Press, 1953.

Porter, M. Gilbert. *Whence The Power?* Columbia, Missouri: University of Missouri Press, 1974.

Silver, Mildred. *A Brief History of American Literature.* Zentsuji, Japan: Shikoku Christian College, 1966.

Smith, Guy E. *American Literature.* AMES, Iowa: Littlefield, Adams & Co., 1957.

안병욱, 『現代思想』 서울 : 삼육출판사, 1987.

▶ 저자약력

*** 현 광 식(玄光植)**

고려대학교 영문과 대학원 졸업
고려대학교 문학박사(영문학)
미국 Georgetown University 객원교수
서울대, 강원대 강사
현재 한림대학교 영어영문학과 명예교수

*** 편저**

버나드 맬라무드의 『점원』 (The Assistant)(신아사)
윌러 캐더의 『나의 안토니아』 (My Antonia)(신아사)
헨리 제임스의 『애스펀 페이퍼즈』 (The Aspern Papers)(한림대출판부)

*** 역서**

버나드 멜라무드의 『요술통』 (한신문화사)
W.S. 모옴의 『새 경험』 (신아사)
W.S. 모옴의 『빨래통』 (신아사)
『여자의 선택』 (공역)(대학출판사)
『美國의 유대계작가』 (한신문화사)
『두 쌍의 결혼』 (한림대출판부)
『열두 번째 아내』 (공역)(대학출판사)

*** 저서**

『상설 미국문학사』 (공저)
『버나드 맬라무드의 문학세계』
『윌러 캐더의 문학세계』

미국 명작소설 산책 (대표작 36 입문작)

초판 1쇄 인쇄 | 2014년 5월 19일
초판 1쇄 발행 | 2014년 5월 30일

저 자 | 현광식
발행인 | 노건일
발행처 | 한림대학교 출판부
(200-702) 강원도 춘천시 한림대학길 1 (옥천동 1)
출판등록 제48호(1983. 3. 10)
전화번호 033) 248-2875~6 팩스 033) 248-2879
전자우편 press@hallym.ac.kr
홈페이지 press.hallym.ac.kr
인쇄처 | 프린아트

ISBN 978-89-6402-043-2 93840

정가 12,800원